贵州省检察体制改革
第三方评估报告

■ 宋　强　主　编
■ 孙　犇　副主编

中国政法大学出版社

2019·北京

图书在版编目（CIP）数据

贵州省检察体制改革第三方评估报告/宋强主编. —北京：中国政法大学出版社，2019.3
ISBN 978-7-5620-8845-5

Ⅰ.①贵… Ⅱ.①宋… Ⅲ.①检察机关－司法制度－体制改革－研究报告－贵州 Ⅳ.①
D927.730.64

中国版本图书馆 CIP 数据核字（2019）第 039275 号

出 版 者　中国政法大学出版社
地　　址　北京市海淀区西土城路 25 号
邮寄地址　北京 100088 信箱 8034 分箱　邮编 100088
网　　址　http://www.cuplpress.com（网络实名：中国政法大学出版社）
电　　话　010-58908285（总编室）58908433（编辑部）58908334（邮购部）
承　　印　保定市中画美凯印刷有限公司
开　　本　720mm×960mm　1/16
印　　张　20.5
字　　数　336 千字
版　　次　2019 年 3 月第 1 版
印　　次　2019 年 3 月第 1 次印刷
定　　价　85.00 元

　　党的十八大报告提出，要"进一步深化司法体制改革，坚持和完善中国特色社会主义司法制度，确保审判机关、检察机关依法独立公正行使审判权、检察权"。随后，党的十八届三中全会通过的《中共中央关于全面深化改革若干重大问题的决定》进一步明确了深化司法体制改革的具体要求。检察机关作为法律监督的专门机关，不仅自身应该严格依照法定权限、程序行使权力，而且应该监督行政机关、人民法院依法用权，推进依法行政、司法公正。建设公正高效权威的社会主义检察制度，既是全面推进依法治国的重要内容，也是建设社会主义法治国家的重要保障。实事求是地说，由于原有体制存在的弊端和对检察工作认识的偏差，长期以来，人民检察院的法律监督工作没有完全实现权能设置的初衷。深化司法体制改革，确保检察机关依法独立公正行使检察权，才能在全社会建立"有权必有责、用权受监督、违法受追究、侵权须赔偿"的法治秩序，才能切实维护国家法制统一、尊严、权威。

　　贵州省地处中国西南部云贵高原，山地居多，素有"八山一水一分田"之说，论自然资源、交通情况和经济发展现状在全国属于较为落后地区。但是，近年贵州省的发展有目共睹，2017年、2018年上半年GDP增速全国最高，在发展的同时又力图保住绿水青山，这使得贵州省成为全国范围内经济社会发展的模范地区。2015年1月，贵州省作为全国第一批司法体制改革试点省份，在遵义市汇川区、贵阳市花溪区、黔南州贵定县和黔东南州榕江县四个区县开展首批试点；2015年6月5日，省司法体制改革领导小组同意在六盘水市中级人民法院、市人民检察院及安顺市平坝县、毕节市织金县、铜仁市碧江区、黔西南州兴义市 4 个基层人民法院及人民检察院推进第二批试点工作；到 2016 年 11 月，在全省各级人民检察院全面开展司法体制改革。自改革推进以来，贵州取得了一系列改革成就并积累了大量的有益经验，不少经验在全国范围内有着较大影响力。然而，没有任何改革是只有成效和亮点而没有任何问题和缺陷的。检察体制改革的成功与否，不是也不应当是体制内"自说自话""自吹自擂"。从 2015 年第一批试点开始，迄今为止，改革的情况到底如何，有何经验和亮点，有何问题和改进建议，只有第三方评价才能做到相对客观和公正。

这次，贵州省人民检察院主动邀请了贵州民族大学法学院作为第三方对全省检察体制改革的情况进行评估。为了确保第三方评估的客观性、公正性，以及研究成果的科学性，该项目的设计体现出以下几个特点：第一，研究团队优秀。贵州民族大学法学院组建课题组，课题组共十人，除一名硕士研究生作为课题组秘书外，其他成员均是副教授以上，均是法学院的中青年骨干力量。第二，研究资料充分。涉及检察体制改革的文件基本都没有对社会公开，本次调研中，检察机关主动提供了所有改革文件。第三，研究条件便利。调研组与相关人员进行了座谈，对领导团队进行了访谈，对工作情况进行实地考察。人民检察院尽可能提供相应支持，例如考评档案的查阅、各类数据的提供，等等。

本调研报告中评估指标体系中的指标设计根据的是党的十八届三中全会通过的《中共中央关于全面深化改革若干重大问题的决定》，中共中央政法委员会关于印发《关于司法体制改革试点若干问题的框架意见》的通知，中共中央办公厅、国务院办公厅印发的《关于深化司法体制和社会体制改革的意见及其贯彻实施分工方案》，党的十八届四中全会通过的《中共中央关于全面推进依法治国若干重大问题的决定》，中共中央办公厅、国务院办公厅 2015 年 4 月印发的《关于贯彻落实党的十八届四中全会决定进一步深化司法体制和社会体制改革的实施方案》，贵州省人民检察院发布的《贵州省人民检察院司法体制改革试点工作实施方案》等一系列文件。针对检察体制改革涉及的事项，制定了有针对性的评估指标体系，包括人员管理、责任体系、职业保障和财物管理 4 个一级指标体系，分为 12 个二级指标和 39 个三级指标，覆盖全面，并参考改革前的数据进行比较。最后，基于对上述指标的统计分析，课题组总结了贵州检察体制改革的特色和亮点，指出了存在的问题并提出了改进建议。

检察体制的改革不可能一蹴而就，这部第三方评估报告，将给未来的检察改革提供重要参考。望改革砥砺前行，为健全社会主义法治作出应有的贡献！

中国人民大学法学院教授

二〇一八年八月二十日

作者简介和编写说明

主 编

宋强 贵州民族大学教授，法学博士，澳大利亚国立大学高级访问学者，博士研究生导师。在《法学》《法学评论》《社会科学研究》等刊物上发表专业论文40多篇。出版个人专著3部，参编教材4部，主持省级以上课题6项、厅级课题6项，横向课题多项。

副主编

孙韡 贵州民族大学教授，法学博士、硕士研究生导师，挪威奥斯陆大学访问学者。在《广西民族大学学报》《学术论坛》《学术探索》等刊物上发表专业论文10多篇。出版个人专著2部，主持省级以上课题1项、厅级课题3项，横向课题多项。

成 员

傅智文 贵州民族大学法学院副教授，法学博士，西南政法大学和贵州省社科院联合招收博士后研究人员。在《法学杂志》等刊物发表论文多篇，副主编、参编著作多部，主持国家社科基金、司法部项目等课题多项。

付璇 贵州民族大学副教授，法学硕士，硕士研究生导师。主要研究刑事诉讼法学。发表专业论文数篇、主持纵横向课题多项。

傅贤国 贵州民族大学教授，法学博士，硕士研究生导师。在《法学评论》《甘肃政法学院学报》《山西师大学报（社科版）》等刊物上发表专业论文30多篇。出版个人专著1部，合著2部，主持省级以上课题2项、厅级课题2项等。

唐英 贵州民族大学法学院教授，法学博士，硕士研究生导师。在《中国法学》《法学论坛》《学术交流》《河北学刊》《湖南社会科学》《江西社会科学》等学术期刊上公开发表专业论文近 40 篇，其中在核心期刊上公开发表法学专业论文 10 篇，被中国人民大学复印报刊资料全文转载法学专业论文 1 篇；公开出版个人专著 1 部、副主编《商法学》教材 1 部；主持省部级、厅级及校级科研课题共计 9 项。

李小红　贵州民族大学法学院副教授，法学硕士、在读博士研究生，硕士研究生导师。在全国中文核心期刊《商业时代》《理论与改革》《前沿》等刊物及省级公开刊物上发表文章近 20 篇。负责贵州省哲学社会科学社科规划项目 1 项、负责贵州省教育厅人文社会科学基金项目 1 项、教育厅专项课题 2 项、教育厅基地项目 2 项；负责贵州民族大学校级教改课题 2 项；负责贵州民族大学校级教师基金课题 2 项、负责贵阳市人大法规清理 1 部。参与省部级等各类项目 5 项。

姚知兵　贵州民族大学法学院副教授，法学硕士，硕士研究生导师。已在《前沿》《贵州民族学院学报》等刊物上发表专业论文 10 余篇。合著、参编教材各 1 部，主持厅级课题 3 项，获省级科研成果奖 3 项（集体成果）。参与省部级项目 5 项，参与贵州省人大、政府等部门横向合作项目 6 项。

潘志成　贵州民族大学教授，法学博士，硕士研究生导师。出版专著有《西南民族传统法文化的历史与现状考察》《清代贵州苗疆的法律控制与地域秩序》2 部，合著有《清水江文书·土地关系及其他事务文书》《清水江文书·林业经营相关文书》《清水江文书·清江四案研究》《黔法探源》《西南少数民族习惯法研究》等多部，发表学术论文 20 余篇。主持各类课题多项。

本书由宋强主编，孙鞻任副主编，主编和副主编负责全书的统稿与定稿。第一编撰写的具体分工如下：

绪言和结语：宋强 孙鞻

第一部分 检察人员分类管理：姚知兵

第二部分 检察官办案责任制

办案组织构建：付璇

检察工作机制改革：傅智文

检察委员会机制：李小红

办案组织的监督制约：傅贤国

第三部分 检察人员职业保障：孙鞻

第四部分 省以下人财物统一管理：潘志成

第五部分 特色和亮点：李小红

第六部分 存在的问题及建议：唐英

目录
CONTENTS

◆ 第一编　贵州省检察体制改革第三方评估报告 ◆

绪言：评估依据、对象、指标及方法 ································· 003

一、检察人员分类管理 ································ 004

二、检察官办案责任制 ································ 013

三、检察人员职业保障 ································ 057

四、省以下人财物统一管理 ································ 066

五、特色和亮点 ································ 069

六、存在的问题及建议 ································ 078

结　语 ································ 094

◆ 第二编　贵州省检察体制改革调研文章 ◆

司法体制改革后全省检察机关财物统一管理情况调研报告 ·············· 097

刑事司法体制改革背景下刑事公诉职权运行机制之改造 ·············· 109

检察机关三类人员绩效考核调研报告 ················ 125

全省市县两级人民检察院业务建设情况调研报告 ················ 136

检察权运行机制视野下检察改革刍议 ················ 154

司法责任制改革背景下检察官办案组织内外部关系探讨 ·············· 162

司法体制改革背景下审查逮捕专家论证制度初探 …………………… 172

论以审判为中心的诉讼制度改革下如何做好公诉工作 …………… 183

基层检察机关内设机构调整的改革设想…………………………… 192

黔西南州检察机关司法责任制改革的实践与思考 ……………… 198

实行检察官办案责任制改革背景下的办案质量保障与控制 …… 209

司法体制改革视域下检察委员会宏观业务指导职能的思考

——以凤冈县人民检察院为视角 …………………………… 221

浅议司法体制改革背景下检察机关的司法公信力建设 ………… 229

司法体制改革背景下检察人员思想状况研究 …………………… 237

◆ 第三编　贵州省检察体制经验做法 ◆

统筹兼顾　以点带面——科学制定省、市、县三级权力清单 …… 245

贵州省检察机关五招并举　强力推进司法责任制改革试点工作 … 248

贵州省人民检察院初步建立案件质量标准体系　着力推动案件质量

评查"六化"建设 ………………………………………………… 253

强办案，调结构，增活力——毕节市检察机关做足用活人员分

类管理大文章 …………………………………………………… 257

贵阳市：检察长亲自出庭办案——引领全市检察机关领导干部

带头办案新常态 ………………………………………………… 260

贵定县人民检察院积极探索不断健全完善检察官司法办案责任制

——贵定县院制定检察官办案责任制"9+1"制度体系 …… 263

注重放权与监督并重　着力构建检察权运行内部监督制约工作机制…… 265

以服务群众为导向推进司法改革　榕江县人民检察院走向群众"满意度"

全省第一名 ……………………………………………………… 269

刑事速裁为办案提速增效，让公正驶入"快车道" …………… 271

大数据让"汗水检务"变为"智慧检务" ……………………… 275

黔东南州注重"双语检察官"的遴选与培养 …………………………… 278

铜仁市实现司法体制改革下经费保障目标经验做法 …………………… 280

◆ 第四编　制度选录 ◆

遵义市汇川区人民检察院《关于完善司法责任制明确检察官
权限的暂行规定》 …………………………………………………… 285

贵阳市花溪区人民检察院《加强司法办案内部监督暂行规
（试行）》 …………………………………………………………… 297

贵定县人民检察院《检察官司法档案管理办法（试行）》 ………… 302

榕江县《轻微刑事案件快速办理实施办法（试行）》 ……………… 310

附　件 ………………………………………………………………… 314

◆ 后　记 ◆

第一编

贵州省检察体制改革第三方评估报告

绪言：评估依据、对象、指标及方法

贵州民族大学接受贵州省人民检察院委托，对贵州省开展检察体制改革以来取得的绩效进行第三方评估。贵州民族大学法学院成立了以宋强院长为负责人的课题组，并抽调 8 名相关领域的专家、博士参与。课题组与贵州省人民检察院法律政策研究室密切合作，积极推动贵州省检察体制改革绩效评估的顺利开展，讨论形成了评估指标体系，并下发全省各级人民检察院，获得了大量的第一手材料。下面先就评估的基本情况进行概括介绍。

（一）评估依据

本评估指标体系中的指标制定是根据党的十八届三中全会通过的《中共中央关于全面深化改革若干重大问题的决定》，中共中央政法委员会关于印发《关于司法体制改革试点若干问题的框架意见》的通知，中共中央办公厅、国务院办公厅印发的《关于深化司法体制和社会体制改革的意见及其贯彻实施分工方案》，党的十八届四中全会通过的《中共中央关于全面推进依法治国若干重大问题的决定》，中共中央办公厅、国务院办公厅 2015 年 4 月印发的《关于贯彻落实党的十八届四中全会决定进一步深化司法体制和社会体制改革的实施方案》，贵州省人民检察院发布的《贵州省人民检察院司法体制改革试点工作实施方案》等一系列文件。

（二）评估对象

本次评估的对象为贵州省全省检察系统。省级 1 家、市州级 9 家是评估重点。检察系统上下级之间是领导关系，本次司法体制改革也是省人民检察院自上而下主导的工作，很多改革的内容都是由省人民检察院出台文件统一执行。改革后人财物根据贵州省的实际情况是市州级统管，到县级人民检察院主要是观察改革实现的程度和存在的问题。

（三）评估指标

评估课题组针对检察体制改革涉及的事项，制定了有针对性的评估指标体系，包括人员管理、责任体系、职业保障和财物管理体系等 4 个一级指标体系，分为 12 个二级指标和 39 个三级指标，覆盖全面，并参考改革前的数据进行比较。

（四）评估方法

1. 通过贵州省人民检察院，发送材料清单，由各人民检察院提供评估指标体系中列明的各项内容。

2. 到人民检察院实地走访，发放问卷调查，对相关项目进行量化考察；对各类人员访谈，对相关数据和改革措施进行实地调查。

（五）评估内容时间区间

贵州省检察体制改革的时间表：2015 年 1 月，贵州省作为全国第一批司法体制改革试点省份，在遵义市汇川区、贵阳市花溪区、黔南州贵定县和黔东南州榕江县四个区县开展首批试点；2015 年 6 月 5 日，省司法体制改革领导小组同意在六盘水市中级人民法院、市人民检察院及平坝、织金、碧江、兴义 4 个基层人民法院、人民检察院推进第二批试点工作；到 2016 年 11 月，在全省各级人民检察院全面开展司法体制改革。

课题组开展检察体制改革绩效中期报告评估的区间，涉及数据统计的，全面铺开的，统计时间为 2016 年 11 月 1 日至 2017 年 12 月 31 日；第一批试点院统计时间为 2015 年 1 月 1 日至 2017 年 12 月 31 日。涉及比对的，采用前后时间对等时间段进行对比。

一、检察人员分类管理

十八届三中全会提出必须深化司法体制改革；十八届四中全会强调了完善司法体制，推动实行审判权和执行权相分离的体制改革试点；改革司法机关人财物管理体制，探索实行人民法院、人民检察院司法行政事务管理权和审判权、检察权相分离，这是实施此次检察改革的直接政策依据。中央全面深化改革领导小组审议通过《关于司法体制改革试点若干问题的框架意见》则标志着我国司法体制改革的正式启动。

最高人民检察院出台了《关于深化检察改革的意见（2013—2017 年工作规划）》（2015 年修订版）明确提出将建立符合职业特点的检察人员管理制度。为了全面贯彻党的十八届三中、四中全会精神，依据中央《关于司法体制改革试点若干问题的框架意见》，按照最高人民检察院的规划及贵州省的实际情况，贵州省检察系统进行了检察人员分类管理制度改革试点工作。

（一）检察官员额制实施情况

贵州省检察体制改革以中央政策为指导，依据贵州省检察机关 2014 年的业务总量，以全省人民检察院政法专项编制总数为基数，划定了该省检察官入额总数不超过政法专项编制的 39%，具体办法以案件量为基础来分别测算，从而进行了检察官员额制改革。

1. 贵州省入额检察官人数统计（截至 2017 年底数据）

表1-1 贵州省入额检察官人数统计表

	政法专项编制数（人）	入额人数（人）	入额比例（%）
省院	354	101	28.53
铁检院	49	17	34.69
贵阳市	951	326	34.28
遵义市	927	324	34.95
六盘水市	458	151	32.97
安顺市	476	142	29.83
毕节市	735	250	34.01
铜仁市	559	178	31.84
黔东南州	804	253	31.47
黔南州	691	225	32.56
黔西南州	508	158	31.10
合计	6512	2125	32.63

从"贵州省入额检察官人数统计表"数据来看，贵州省此次改革通过遴选入额检察官人选的比例为 32.63%，没有超过 39% 的上定红线。9 个地州市的检察官入额比例都保持在在编人数的 39% 以内，遵义市最高，为 34.95%，安顺市最低，为 29.83%。该数据可以表明此次贵州省检察官员额制实施效果好，圆满完成改革预期所设定的目标。

2. 贵州省入额检察官年龄结构统计

表1-2　贵州省入额检察官年龄结构统计表

	35周岁以下		36周岁-50周岁		51周岁以上		合计（人）
	人数（人）	比例（%）	人数（人）	比例（%）	人数（人）	比例（%）	
省院（含铁检院）	15	12.71	97	82.20	6	5.08	118
贵阳市	101	30.98	164	50.31	61	18.71	326
遵义市	88	27.16	174	53.70	62	19.14	324
六盘水市	55	36.42	82	54.30	14	9.27	151
安顺市	61	42.96	66	46.48	15	10.56	142
毕节市	90	36.00	114	45.60	46	18.40	250
铜仁市	49	27.53	88	49.44	41	23.03	178
黔东南州	53	20.95	110	43.48	90	35.57	253
黔南州	73	32.44	114	50.67	38	16.89	225
黔西南州	48	30.38	75	47.47	35	22.15	158
合计	633	29.79	1084	51.01	408	19.20	2125

从"贵州省入额检察官年龄结构统计表"可以看出，在全省入额检察官总人数中，35周岁以下青年检察官占总人数的比例为29.79%，接近全省入额检察官人数的1/3；50周岁以下36周岁以上中青年检察官占总人数的比例为51.01%，是全省入额检察官人数的一半多，是中坚力量；51周岁以上的老年检察官占总人数的比例为19.20%，约为全省入额检察官的1/5。通过数据表可以看出，这种"两头小，中间大"的人员数据已达到了检察官老中青结合，青壮年为主体的优化效果。

3. 贵州省入额检察官岗位配置（以部分地州市为例）

基于贵州省各级人民检察院具体岗位设置的不同，无法统一衡量和测算，现仅以六盘水市、黔南州、黔西南州为例进行说明。

（1）六盘水市检察体制改革前后岗位配置。改革前岗位配置：人民检察院领导30人，政治部（政工科）4人，办公室、研究室4人，计划装备处（科）2人，纪检组2人，总支委2人，案管办4人，反贪污贿赂局（含职务犯罪预防）28人，反渎职侵权局7人，侦查监督处（科）6人，公诉处（科）37人，控告申诉处（科）4人，民事行政检察处（科）8人，生态环境保护检察处（科）5人，未成年人刑事检察处（科）5人，刑事执行检察局3人。

改革后岗位配置：反贪污贿赂（含反渎职侵权、预防职务犯罪）业务40人，公诉业务45人，侦查监督业务27人，民事行政检察业务8人，未成年人刑事检察业务6人，生态环保检察业务5人，刑事执行检察业务7人，控告申诉业务5人，案件管理（含研究室）业务8人。

（2）黔西南州检察体制改革前后岗位配置。改革前岗位配置：反贪、反渎、预防局共有检察官身份87人，公诉部67人，侦监部25人，刑检部43人，民行部26人，案管办13人。

改革后岗位配置：反贪局共有员额制检察官54人，公诉部43人，侦监部（仅州院、兴义市院设立）9人，刑检部30人，民行部12人，案管办8人。

（3）黔南州检察体制改革前后岗位配置。改革前岗位配置：院领导56人，公诉部29人，反贪局30人，案管办10人，刑执部10人，未检部6人，反渎16人，侦监15人，控申12人，生态4人，民行部11人，政工或机关党委4人，办公室2人，纪检监察3人，技术3人，专委6人，预防9人。

改革后岗位配置：反贪局73人，公诉部60人，刑检部36人，民行部20人，案管办16人，其他部门21人。

通过以上三个地州市的改革前与改革后入额检察官岗位配置数据来看，改革后入额检察官的岗位主要配置在院领导（专委）、反贪局、公诉部、刑检部、民行部、生态部、未检部、侦监部、刑执部等人民检察院的司法办案部门，在案管、控申、研究室、预防等其他业务部门的人员配置则明显减少。这不但符合国家宪法与法律赋予检察机关的法定职能，更达到了改革过程中要求"凡是入额的检察官，都必须直接办案。担任人民检察院领导职务的入额检察官办案要达到规定的数量，综合部门不配置检察官岗位，书记员统一由辅助文员担任"的改革预定目标。

4. 贵州省入额检察官学历、专业结构统计

（1）学历结构统计

表1-3　贵州省入额检察官学历结构统计表

	本科以下		本科		硕士		博士		合计（人）
	人数（人）	比例（%）	人数（人）	比例（%）	人数（人）	比例（%）	人数（人）	比例（%）	
省院	1	0.99	52	51.49	47	46.53	1	0.99	101
铁检院	0	0.00	16	94.12	1	5.88	0	0.00	17
贵阳市	4	1.23	273	83.74	48	14.72	1	0.31	326
遵义市	15	4.63	291	89.81	18	5.56	0	0.00	324
六盘水市	6	3.97	119	78.81	26	17.22	0	0.00	151
安顺市	6	4.23	114	80.28	22	15.49	0	0.00	142
毕节市	10	4.00	227	90.80	13	5.20	0	0.00	250
铜仁市	6	3.37	160	89.89	12	6.74	0	0.00	178
黔东南州	17	6.72	217	85.77	19	7.51	0	0.00	253
黔南州	9	4.00	205	91.11	11	4.89	0	0.00	225
黔西南州	8	5.06	140	88.61	10	6.33	0	0.00	158
合计	82	3.86	1814	85.36	227	10.68	2	0.09	2125

　　通过"贵州省入额检察官学历结构统计表"可以看出，所有入额检察官本科以上学历已到达96.14%，其中本科学历占85.36%，硕士研究生学历占10.68%，在地州市一级已突破博士学历。长期以来，检察机关人员管理体制与一般行政机关没有区别，检察官身份与行政级别挂钩，造成检察官队伍庞大，人员冗杂，素质参差不齐，而行使检察权的检察官与做辅助事务的人员界限模糊，从而影响了办案一线检察官的职业发展。而此次改革中贵州省人民检察院严格规定了入额检察官的政治素质、职业操守、办案经历、学历等基本资格条件。该项数据表明改革过程中对入额检察官的学历要求是严格的，96.14%的本科以上学历层次已经表明了改革的学历要求目标得以严格执行。

（2）专业结构统计

表1-4　贵州省入额检察官专业结构统计表

	法学		非法学		合计（人）
	人数（人）	比例（%）	人数（人）	比例（%）	
省院	91	90.10	10	9.90	101
铁检院	16	94.12	1	5.88	17
贵阳市	289	88.65	37	11.35	326
遵义市	294	90.74	30	9.26	324
六盘水市	126	83.44	25	16.56	151
安顺市	137	96.48	5	3.52	142
毕节市	215	86.00	35	14.00	250
铜仁市	154	86.52	24	13.48	178
黔东南州	233	92.09	20	7.91	253
黔南州	203	90.22	22	9.78	225
黔西南州	120	75.95	38	24.05	158
合计	1878	88.38	247	11.62	2125

通过"贵州省入额检察官专业结构统计表"可以看出，入额检察官中法学专业出身的已到达88.38%，其中安顺市的法学专业毕业人数已达该市入额检察官总人数的96.48%；而非法学专业毕业的人数仅占总人数的3.52%。非法学专业出身的人数除了黔西南州超过地区总人数的1/5外，其余地州市均在本地区的1/5以内。这样的数据表明，贵州省此次改革对入额检察官法学专业出身的要求是符合改革要求的。

（二）检察官单独职务序列管理

中央全面深化改革领导小组第十六次会议审议通过《法官、检察官单独职务序列改革试点方案》，该改革方案要求开展法官、检察官单独职务序列和工资制度改革试点，目的在于促进法官、检察官队伍专业化、职业化建设。突出法官、检察官的职业特点，对法官、检察官队伍给予特殊政策，建立有别于其他公务员的单独职务序列。同时要求要注重向基层倾斜，重点加强市

（地）级以下人民法院、人民检察院。

此次贵州省检察体制改革出台了有关检察官、检察辅助人员、司法行政人员分类管理实施办法，截至 2017 年底已遴选任命 2125 名员额制检察官。全省 88 个县级人民检察院的改革已基本完成，人员分类定岗已全部到位，此次改革确保了 85% 的检察人员充实到办案一线。

1. 等级设置及管理

依据《中华人民共和国检察官法》（以下简称《检察官法》）关于检察官的等级规定，我国检察官的等级分为四等十二级。最高人民检察院检察长为首席大检察官，二至十二级检察官分为大检察官、高级检察官、检察官。在改革之前，由于受我国干部人事制度的影响，检察官的管理沿用了党政干部（主要是行政机关工作人员）的单一管理模式，导致了检察官"行政化"严重。其主要问题表现为检察官职务行政化，即套用行政机关职务级别来划分检察官职务的职级层次。根据《检察官法》的规定，我国检察官职务是指各级人民检察院检察长、副检察长、检察委员会委员、检察员、助理检察员。从检察长职务到助理检察员职务，法律是按照自高向低的排列顺序表述的，这是对检察官职务层级的一种确认。这种确认在人民检察院无疑是十分清楚的，但是当全国各级人民检察院的检察官作为一个单独职务序列时，从最高人民检察院到县一级人民检察院，四级人民检察院的检察长、副检察长、检察委员会委员、检察员、助理检察员共 20 个检察官职务，分别对应从国家级副职至科员的 10 个职务层级，这 10 个职务层级就是我们常说的检察官"职务配备规格"或检察官的"行政职级"，也就是套用国家行政机关职务层次划分的检察官职级层次，从而形成改革前的检察官行政职级序列。

当前检察官单独职务序列管理改革显然就是要改变以往人民检察院内部人员拥有的行政职务地位高低掩盖了检察官级别地位的高低问题。依据《检察官法》第 22 条的规定，检察官等级的确定，以检察官所任职务、德才表现、业务水平、检察工作实绩和工作年限为依据。显然，检察官等级的升降不仅仅依赖于其在人民检察院所任职务上的表现，还包括了业务水平、工作实绩、年限与德才表现。但是受"行政化"的影响，检察官在人民检察院内部的身份地位高低却主要依据其所任行政职务的高低来衡量。因此，这种状况不利于检察官办理检察案件，更不利于检察官专业水平的提升，从而影响办案质量，最终影响司法公正。

贵州省在检察官单独职务序列管理改革过程中，其等级设置及管理在改革前主要依据《检察官法》《中华人民共和国检察官等级暂行规定》《贵州省法官、检察官职务套改实施方案》等法律法规文件来执行。在改革实施后，依据中央关于《法官、检察官单独职务序列改革试点方案》（中组发〔2015〕19号）、最高人民法院和最高人民检察院印发的《关于〈法官、检察官单独职务序列改革试点方案〉若干问题的答复意见》（法政〔2016〕233号）、中共中央组织、最高人民检察院《检察官职务序列设置暂行规定》《贵州省人民检察院关于确定员额制检察官单独职务序列等级的决定》《贵州省法官、检察官等级升降办法（试行）》《贵州省法官、检察官等级逐级遴选办法（试行）》等文件规定来执行。

省人民检察院对全省各地人民检察院的检察官数量在员额制范围内按各级人民检察院的实际需求实施动态调节。各人民检察院在检察官员额制总数内对各个年龄段的检察官合理分配比例，防止论资排辈，促使检察官队伍形成较为合理的年龄梯次结构。从贵州省人民检察院至县（区）一级，设置了从二级大检察官至五级检察官等级。

通过检察官员额制实施情况数据系列调查表可以看出，此次改革对中央、贵州省的改革文件要求的执行是非常准确的，对人民检察院工作人员实施分类管理的成果是显著的。

但是，通过此次改革我们也发现了各种新问题和新情况。宏观上的检察官员额制改革确定了检察官办案的自主机制，也确定了司法责任制。但是，在确定办案依法自主和依法担责的同时，依法享受应有的待遇问题上的制度改革未能跟上。绝大多数的保障制度还在沿用旧的规定，这是当前检察官员额制改革碰到的最为困难的改革领域。

2. 检察官选任机制

贵州省在检察人员分类管理改革过程中，出台检察官、检察辅助人员、司法行政人员分类管理办法。在检察官选任机制上，这次改革通过遴选的办法来进行检察官选任，除了依照中央的文件规定外，具体实施上还按照贵州省出台的《贵州省人民检察院关于确定员额制检察官单独职务序列等级的决定》《贵州省法官、检察官等级升降办法（试行）》《贵州省法官、检察官等级逐级遴选办法（试行）》等改革规范文件来执行。

依据《检察官法》规定，担任检察官除必须具备第12条、第13条规定的条件外，改革前实际上初入职的人民检察院检察工作人员还得通过公务员招录考试来录用。另外，检察官职务的任免，还得依照宪法和法律规定的任免权限和程序来办理。

改革过程中，贵州省在职务选升上按以下原则执行：省人民检察院不担任领导职务选升的一级高级检察官、二级高级检察官、市（州）人民检察院不担任领导职务选升的二级高级员额制检察官不超过 3 人；市（州）人民检察院不担任领导职务选升的三级高级检察官和县（市、区、特区）人民检察院不担任领导职务选升的四级高级员额制检察官若干，按标准选任。同时，还制定了检察官可以从优秀的律师和具有法律资格的法学学者等法律职业人才中公开选拔或调任，通过专门考试，符合条件的律师可依法任命为检察官的规定。

当前，入额检察官全部从已有检察官中通过遴选来产生，其实施结果已圆满完成改革目标。只是对于初次入职检察官的招录考试措施上还未实施，员额制检察官从优秀律师和具有法律资格的法学学者等法律职业人才中公开选拔或调任，通过专门考试从符合条件的律师中来依法任命检察官的措施也没有开始实施。

3. 检察官晋升机制

贵州省检察体制改革前，检察官的晋升主要依据《中华人民共和国检察官等级暂行规定》、最高人民检察院《关于再次调整部分检察官的等级和按期晋升检察官等级的通知》等文件规定来执行。改革实施后则主要依据《贵州省法官、检察官等级升降办法（试行）》来执行。

贵州省检察体制改革实行检察官领导职务与专业等级并行的制度。首次任命的检察官应从现有检察员和助理检察员中通过竞争选拔产生。改革后，检察官主要从检察官助理中择优选任。晋升机制主要按以下原则来执行：检察官助理任职满 5 年，符合条件可选任检察官。上级检察机关的检察官原则上从下级检察机关中择优遴选。在各级检察机关检察官员额制限度内，符合任职条件的，省人民检察院三级高级及以下等级检察官、市（州）人民检察院四级高级及以下等级检察官、县（市、区、特区）人民检察院一级及以下等级检察官按期晋升；省人民检察院二级高级检察官及以上等级检察官、市（州）人民检察院三级高级及以上等级检察官、县（市、区、特区）人民检察院四级高级检察官择优选升，每晋升一级一般不少于 4 年。

与改革前相比较，此次改革仅仅完成了对入额检察官人选的确定，这只涉及选任机制，涉及检察官晋升机制及制度的改革还需要时间才能实现。所以，其晋升机制效果如何，需要通过时间来检验。

4. 检察官退出机制

改革前依据《中华人民共和国人民检察院组织法》（以下简称《人民检察院组织法》）和《检察官法》等来执行。改革后则主要依据最高人民检察院《关于完善人民检察院司法责任制的若干意见》《贵州省法官、检察官等级升降办法（试行）》以及地方人民检察院出台的文件规定来执行。例如贵阳市人民检察院《贵阳市人民检察院绩效考核及奖金分配办法（试行）》第五章第22条规定，黔西南州人民检察院《黔西南州人民检察院关于完善司法责任制明确检察官职责的暂行规定》，开阳县人民检察院《开阳县人民检察院检察官绩效考核及奖金分配办法》，等等。

入额检察官退出机制与改革前相比较，此次改革刚刚完成了对入额检察官人选的确定，这只涉及选任机制，涉及检察官退出的机制及制度的改革还需要时间才能实现。所以，其晋升机制效果如何，需要这些入额检察官通过时间来检验。另外，从《人民检察院组织法》及《检察官法》来看，这些有关检察官退出机制的改革文件与现有法律法规的对接还需要认真考量，尤其是改革过程中已突破现有法律规定的事项还需要国家顶层来依法设计或依法变通执行。

二、检察官办案责任制

作为全国司法体制改革的7个试点省份之一，贵州省检察机关自从2015年1月以来，执行中央批准的贵州检察体制改革方案，落实中央、贵州省委和最高人民检察院的改革试点任务。各级人民检察院以检察官办案责任制为核心，以中央《关于司法体制改革试点若干问题的框架意见》及最高人民检察院《关于完善人民检察院司法责任制的若干意见》《贵州省司法体制改革试点工作实施方案》等为依据，按照中央、贵州省委和最高人民检察院司法改革部署，出台《贵州省人民检察院司法体制改革试点工作实施方案》等一系列改革文件，逐步推进检察体制改革。

（一）办案组织构建

1. 检察官主体地位情况

首先，贵州各级检察机关建立以检察官为核心的人力资源体制，实现检察机关三类人员分类管理。员额制检察官全部在一线办案岗位从事司法办案工作，全省85%的检察人员在一线办案。并且完成检察官等级套改工作，实行检察官单独职务序列管理。贵州省人民检察院制定的《关于完善省院机关司法责任制明确检察官权限的暂行规定》《关于完善市（自治州）级人民检察院司法责任制明确检察官权限的暂行规定》《关于完善县（市、区、特区）级人民检察院司法责任制明确检察官权限的暂行规定》明确了各类人员的职权职责和办案定位，突出检察官主体地位；还规定在对检察辅助人员的履职情况进行绩效考核时，必须征求员额制检察官的意见。从项目组的调研情况看，实际运行中，对检察辅助人员的考核，人民检察院的考核小组基本采纳了检察辅助人员所在办案组织的员额制检察官对其检察辅助人员的评价意见，该评价意见对检察辅助人员的考核结果的影响较大。

其次，司法责任制改革的主要内容就是要放权给检察官，让检察官成为真正的办案主体，主要体现在权力清单授权上。全省三级检察机关的《关于完善司法责任制明确检察官权限的暂行规定》赋予了检察官办案决定权。除最高人民检察院明确规定的重大复杂案件由检察长或检察委员会决定外，大部分办案事务均由员额制检察官独立作出决定，检察官主体地位得到显现。而改革前，检察官没有所办案件的决定权，只能是提出处理意见，要经过部门领导、检察长审批或检察委员会讨论决定。改革后的情况和改革前截然不同，如遵义市汇川区人民检察院自2015年3月改革以来，受理并办结的侦监案件100%由检察官独立作出决定，受理并办结的审查起诉案件96.4%由检察官独立作出决定。自2016年11月以来，全省三级人民检察院96.5%的批捕案件和97.2%的起诉案件由检察官独立作出处理决定，提交检察委员会审议案件数量下降32.31%，讨论个案同比减少46.8%。

再次，建立了突出检察官主体地位的办案组织。实行独任检察官或检察官办案组的办案形式。独任检察官或检察官办案组在职责范围内，根据事实和法律独立办理案件。独任检察官或检察官办案组与业务部门并存，各办案组的主任检察官负责管理本办案组与案件有关的事项。原业务部门负责人主要履行日常行政管理、案件调配、召集检察官联席会议等职能，不再对本部门其他检察官所办案件进行审批。

总的来说，检察体制改革以前，检察业务决策机制属于"双轨多元制"，行政化色彩较浓、信息源呈递减状态，检察业务的决策权高度集中。决定权主要集中于内设机构负责人、检察长和检察委员会，检察官没有独立的办案地位。而改革后，在一定程度上去除了行政化，尊重了检察活动作为司法活动应当具有的亲历性，内设机构负责人、检察长、检察委员会均在不同程度上将原本由其行使的权力下放给检察官，检察官在检察工作中的主体地位和司法办案的亲历性特点得到凸显和保障，提交检察委员会审议的案件大幅减少。通过扁平化管理模式，改变过去"三级审批"为"两级审批"，减少了中间审核环节时间，大大提高了办案效率，还赋予了检察官独立对所办案件作出决定的权力，实际上提高了检察官的地位和作用。

从全省各级人民检察院的实际情况看，检察官主体地位普遍落实较好。科学配置办案主体权力，确定合理的权力配置标准，使原来处于"承办人"地位的检察官走到执法办案决策的"前台"。以检察官为中心，落实检察官办案司法责任制，按照权力清单独立行使检察权的权益得到充分保障，办案履职中减少了外界干涉，检察官主体地位在制度规范、司法实践和内心观念中都得到进一步突出。较好落实了"谁办案，谁决定；谁决定，谁负责"的司法责任制改革要求。全省检察机关司法责任制逐步健全，检察官办案主体地位凸显。

2. 办案组织构建模式

办案组织是检察权运行的载体和细胞，也是司法责任制的基础。2015 年9 月中央通过的《关于完善人民检察院司法责任制的若干意见》第 4 条明确规定，根据履行职能需要、案件类型及复杂难易程度，实行独任检察官或检察官办案组的办案组织形式。该文件确定了检察机关两种基本的办案组织形式。

贵州省人民检察院检察体制改革领导小组办公室以此为依据下发《贵州检察机关办案组织设置指导意见（试行）》。各级人民检察院都制定了自己的《办案组织设置办法》，改变以往科室设置模式，在不同类别业务部门建立独任检察官和检察官办案组两种办案组织形式，构建新的检察办案组织单元。

检察官办案组可以固定设置，也可以根据司法办案需要临时组成，办案组负责人为主任检察官。如贵定县人民检察院还规定主任检察官应为检察长、副检察长、专职检委员、办案业务能手；查办职务犯罪以检察长或分管副检察长、局长、办案业务能手为主任检察官。

独任检察官承办案件，配备检察官助理及必要的检察辅助人员。独任检察官办案组织一般为独任检察官+检察官助理（书记员）形式，检察官办案组采取N名检察官（至少2名）+N名检察官助理（书记员）形式。

以员额制检察官为核心，全省三级人民检察院迄今为止共组建检察官办案组278个（其中省院16个，各市州院262个）；确认独任检察官1390名（其中省院50名，各市州院1340名）。根据人民检察院内设机构改革情况，各人民检察院内设机构整合模式有所区别，根据不同业务属性，考虑到工作的难度和复杂性，各人民检察院办案组织设立上根据各自情况不尽相同，但原则上在反贪污贿赂部门转隶到监察委员会以前通常都以检察官办案组为主、独任检察官为辅的办案组织形式呈现，在其他业务部门通常实行独任检察官为主、检察官办案组为辅的办案组织形式，这些部门的检察官办案组一般是根据案件情况需要临时组建；案件管理办公室实行独任检察官办案组织形式。

改革后，贵州省各人民检察院公诉、批捕、民行等多数业务部门采取独任检察官为主的办案组织形式，赋予检察官以独立承办、决定的权力是合理的。因为公诉、批捕等检察业务的司法属性较强，体现着司法权的独立性与判断性，需要承办检察官独立思考与判断。而职务犯罪侦查权作为一种行政性的权力，具有主动性、效率性、强制性和秘密性的特点。职务犯罪侦查难度大，取证困难，对侦查能力、侦查组织和侦查纪律有着很高的要求，因此在自侦部门转隶到监察委员会以前，采取上令下从、统一调配力量方式的检察官办案组完成侦查任务更为适宜。

同时，各人民检察院基本遵循了"以案定额"和"以职能定额"相结合的标准构建办案组织，对批捕、起诉、职务犯罪侦查等业务，以"案"定员，对诉讼监督、综合业务等，以"岗"定员。这样的设立方式有效地促进了检察官队伍专业化、职业化发展。只不过因为各人民检察院内设业务机构和办案业务情况的不同，办案组织的数量有所不同。

如作为贵州省第一批改革试点的贵阳市花溪区人民检察院，其在反贪污贿赂局转隶以前采取"1名主任检察官+1至2名检察官+若干名检察辅助人员"的模式组建了3个主任检察官办案组，在主任检察官的负责下依法行使检察权，简单案件可以由独任检察官办理。另外，在其他6个业务部门办案组织主要是设立独任检察官办案模式，采取"1名检察官+1至2名检察辅助人员"的模式组建了21个相对固定的独任检察官办案组织，同时，重大疑难复杂案件可以临时组建主任检察官办案组办理。

又如遵义市人民检察院根据《贵州省检察机关办案组织设置指导意见（试行）》，制定了《遵义市检察机关办案组织设置及检察辅助人员配备指导意见（试行）》，对其侦监、公诉、民行、刑执、控申、预防、生态环保检察、检委办、案管办案，由独任检察官承办，重大、疑难、复杂案件，经检察长（副检察长）决定，可以临时组成检察官办案组承办。自侦部门转隶以前直接受理立案侦查的职务犯罪案件，由检察官办案组承办。

从效果上看，构建新型办案组织与突出检察官主体地位相辅相成，并且明确了司法责任主体，也提高了司法办案效率。办案组织是司法责任制的基础，司法责任制是办案组织的落脚点，办案组织形式决定着办案责任的分配。检察体制改革以前，检察机关办案组织的行政审批制色彩浓。改革后，新的办案组织模式改以往"三级审批"行政化流程即"承办检察官负责案件审查→部门负责人负责审核把关→检察长或者检察委员会负责审批决定"为"检察长→检察官"的扁平化管理模式，大量减少了审批事项，事务性文书签发、风险评估等程序性事项均由检察官直接处理。自2016年11月以来，全省三级人民检察院批捕案件办案时限平均缩短20.16%，起诉案件办案时限平均缩短27.05%，民事行政案件办案时限平均缩短32%，执行案件的办案时限平均缩短18.17%。

而且，目前全省各级人民检察院为提高办案效率，保证办案质量，进一步促进办案专业化，正在逐步探索建立专业化办案组织模式和对案件繁简分流，并取得了初步成效。比如遵义市汇川区人民检察院在公诉部门实施专业化办案组，并且为解决刑事案件数量上升快的问题（比如2017年全年汇川区人民检察院公诉、侦监案件一共1600多件，员额制检察官人均工作量大大超过省人民检察院核定的员额制检察官每年人均50件案件的工作量），尝试以刑事案件按难易程度不同设立"轻快组"和"大案组"两种办案组织，以实现"轻案快办、繁案精办"。又如危险驾驶、交通肇事这两类案件占到了贵阳市花溪区人民检察院年均办案总量的15%-20%，而且量刑结果多为缓刑，以案件处理适当繁简分流为着眼点，花溪区人民检察院正在进行专门化的办案组织改革，对这两类案件设立专门办案团队，即将出台相关制度规定。还有的人民检察院在公诉部门抽调骨干力量成立"职务犯罪检察部"这样的专门办案团队，做好监察委员会移送案件和人民检察院公诉的衔接工作。

新型办案组织按照业务条线，根据履行职能需要、案件类型及复杂难易程度，努力实现案件繁简分流，围绕简易程序、速裁程序、认罪认罚从宽制度，落实"以审判为中心的诉讼制度改革"的要求，以案件质量保证为基本前提，以检察官专业化、职业化、专案专办、术业有专攻的原则来建设办案组织。并且在办案组织构建上，还出现了独具特色、切合实际需要的情况，如榕江县人民检察院在检察官办案组中，根据案件需要，当事人是少数民族时，由检察长指定懂该民族语言的"双语检察官"为主任检察官，在办案过程中易与当事人沟通，消减当事人和检察办案人员的对立，案件容易达成刑事和解，办案效果好。

全省各级人民检察院根据办案实际需求，通过调整和优化办案组织结构，科学划分内部办案权限，既保证司法效率，又能在办案效果上实现法律效果和社会效果的有机统一，形成权责明晰、权责统一、管理有序的检察权运行机制，这是值得肯定的，但同时，新型办案组织的建设也还面临一些困难，存在一定问题。

比如各人民检察院对办案组织的设立都制定了具体设置方案，但因为有的人民检察院在实践中需要成立临时检察官办案组的情况很少，特别是成立跨部门的临时专案办案组的情况几乎没有发生过，所以造成有的人民检察院对成立临时检察官办案组及临时组织跨部门的检察官组成专案办案组的程序没有作出明确的规定。这可能造成重大疑难案件成立临时检察官办案组或专案办案组的随意性，影响案件处理，相关制度需要进一步明确和完善。

另外，实践中尤其是基层人民检察院，一般除了转隶以前的反贪部的案件适用检察官办案组外，其他部门的案件通常适用独任检察官办案。少数检察人员素质能力面对司法体制改革的新要求，司法办案理念、方式等需要进一步转变。除此以外，虽然对案件处理的独立自主权更大，但由于某些独任员额制检察官业务能力的原因，对案件难易的把控能力相对较弱，可能会对办案带来一定影响。

还有由于政法编制数的限制、待遇等原因，尤其是在基层人民检察院普遍存在检察官助理、书记员人数少，检察辅助岗位留不住人，难以实现"1名员额制检察官+1名检察官助理+1名书记员"的办案组织形式，存在多名员额制检察官共用检察辅助人员的情况，员额制检察官仍然承担办案的大量事务性工作，办案压力大。即使是进行案件繁简分流、构建专业化的办案组织，人手问题也是需要考虑的因素。全省各级人民检察院尤其是基层人民检察院案多人少的问题亟待解决，其对办案组织工作效能的进一步提高有一定影响。

3. 办案组织责任体系

办案责任的承担原则上各人民检察院按照最高人民检察院《关于完善人民检察院司法责任制的若干意见》和贵州省人民检察院制定的《关于完善省院机关司法责任制明确检察官权限的暂行规定》《关于完善市（自治州）级人民检察院司法责任制明确检察官权限的暂行规定》和《关于完善县（市、区、特区）级人民检察院司法责任制明确检察官权限的暂行规定》执行。

另外，部分人民检察院根据以上文件精神，结合实际情况，制定了更多细化办案组织责任体系的规定。如贵定县人民检察院制订出台了检察官办案责任制"9+1"制度体系，即《贵定县人民检察院员额制检察官业务考核办法》《检察官执法办案监督办法》《检察长办案规定》《检察官办案质量评查办法》《加强检察官内部监督意见》《检察官司法档案管理规定》《检察官执法过错责任追究办法》《检察官、检察辅助人员岗位职责规范》《人员分类管理绩效考核办法》9个配套制度文件和《检察官岗位说明书》。

这些规定中明确的主要办案责任分配有：①除应由检察长或者检察委员会行使的职权之外，其余职权授权检察官依法行使。独任检察官或检察官办案组独立办理案件。②属于检察长或检察委员会决定的执法事项，检察官只对事实和证据负责；检察官的决定被全部或部分改变的，对改变的部分不承担责任，但检察官故意隐瞒、歪曲事实，导致案件出现差错的，由检察官承担责任。对重大、疑难、复杂案件，涉及国家安全、外交、社会稳定的案件，由检察委员会讨论决定。③独任检察官、主任检察官在各自职权范围内对案件质量终身负责，检察官对所办案件质量负责，检察辅助人员对主任检察官、检察官的指示和命令负责。检察官助理需要在检察官的指导下办理案件，检察官负责审核，并对案件承担责任。

这些规定中明确了检察委员会、检察长、副检察长、主任（独任）检察官、承办检察官、检察官助理各自的办案责任。严格司法责任认定和追究，包括故意违反法律法规责任、重大过失责任和监督管理责任及追究程序都作了相应规定。

权责一致是法治的基本要求。权责明晰是实施司法责任制的前提，权责一致是有效运行司法责任制的保障。员额制检察官要独立承担办案任务，承担司法责任，就必须赋予其依法履行职责的相应职权。因此，各级人民检察院的办案组织责任体系的规定首先应该是以明确科学的权力清单为前提的。在这一点上，贵州省人民检察院在全国率先制定下发了省、市、县三级人民检察院权力清单，分配了1606项检察权限，具体明确全省三级人民检察院检察官的办案职权。进一步扩大了检察官办案授权范围，特别是将办案重点环节的实体性处置和决定权，如普通刑事案件批捕权，非重大案件提起公诉并提出量刑建议权、决定变更（补充）起诉等，均授予检察官行使。这项位居全国前列的"权力清单"改革奠定了办案组织权责统一的基础。

各级人民检察院的办案组织责任体系科学界定了各层级的办案责任，改变了承办人员在以往行政审批式办案模式中的依赖心理和错案责任追究很难落实的情况。办案质量终身负责制和错案责任追究制的明确，体现了权责明晰、权责统一、权责相当的要求，责任明确、责任承担划分清楚。基本改变了以往权责不明，责任难认定难追究的情形，符合中央提出的"谁办案谁负责，谁决定谁负责，办案责任终身负责"的司法责任制要求。同时检察官容错机制的建立，符合司法规律，为检察官敢于承担责任、敢于依法办案提供了制度保障。

与此同时，在落实办案人员责任承担和追究上，全省各级检察机关的多种监督方式起着重要作用。司法体制改革强调放权给员额制检察官，但放权后的监督管理也是不容忽视的问题，因为"绝对的权力会导致绝对的腐败"，没有监督，也就谈不上责任承担和追究。各级人民检察院在外部监督上，一是主动纳入人大法律监督，将司法改革情况向同级人大常委会汇报；二是加大案件公开审查、听证力度。对重大敏感案件和社会关注度高的案件处理时邀请人大代表、政协委员、人民监督员、律师、群众代表参与公开审查和听证；三是与律师事务所建立合作机制，邀请律师事务所对案件质量进行评查，评查结果对员额制检察官的每季度绩效考核产生影响；四是由上级人民检察院、政法委对案件进行评查。在内部监督上，一是通过案件管理部门的案件评查、流程监控来发现办案人员的办案问题；二是建立司法档案，全程留痕。将检察官办案质量和绩效考核挂钩，对案件评查中出现的问题，对责任检察官进行相应处罚。司法责任制考核主要是对案件质量进行评查。

从实际运行效果来看，办案组织责任体系的确立，严格按照检察官权限配置办案权力，明确岗位职责，保障检察官独有的办案审批权力和职责担当，将责任主体、责任程序和责任追究进一步明确和细化，用倒逼机制促进司法规范化，能为高素质司法队伍的形成提供有效的制度保障，促进办案质量提高。比如，司法体制改革以来，检察官办案的责任心普遍增强。司法体制改革以前，检察官遇到不能确定处理结果的案件，最后往往把案件推到检察委员会。而现在办案检察官责任变大，独立性要求更高，办案中对证据要求及法律适用等更严格，只有重大疑难案件才能提交检察委员会讨论，即使要上检察委员会讨论也要承办检察官先提出对案件的意见。因此，责任压力转化为学习动力，检察官比司法体制改革前更好学习，办案更认真、负责、审慎，办案质量得到较大提高。

如在贵州省第一批司法体制改革试点的人民检察院中，从 2015 年开始司法体制改革至 2017 年底，检察机关公诉部门退回侦查机关的补充侦查的案件和不起诉案件比例大幅上升，不捕率也比改革前提高，对犯罪嫌疑人的权利保障、对侦查机关的侦查监督和引导加强；司法体制改革后，公诉案件被人民法院变更起诉罪名的下降幅度大，公诉案件有罪判决比例达 100%；没有涉检上访案件；在全省政法机关满意度测评中，满意率达 99.6%，司法公信力提高。

表 2-1　花溪区人民检察院退回补充侦查案件情况

年份	受理案件数（件）	退侦数（件）	退侦比例（%）
2013 年	745	125	16.8
2014 年	851	154	18.1
2015 年	874	291	33.3
2016 年	1035	320	30.9
2017 年	1124	387	34.4

表 2-2　花溪区人民检察院不诉率变化情况

年份	2013 年	2014 年	2015 年	2016 年	2017 年
不诉率（%）	1.4	1.2	2.4	2.7	11.6

从全省范围看，如2016年11月以来，全省三级人民检察院审查逮捕案件中公安机关提出复议复核的下降19.39%。全省涉检信访案件同比下降63.44%。每起案件中的司法不规范等瑕疵问题比改革前下降了67.32%，没有发生一起办案安全事故。贵州省委政法委对第一、二批9个试点人民检察院进行案件质量评查，所查案件全部合格。

相对而言，改革前人民检察院的三级审批制造成承办责任与决定权完全分离，不符合检察权运行规律，只有检察长负责制，没有真正意义上的办案组织责任制，造成一线办案人员缺乏荣誉感和责任心，留不住法律精英，妨碍了办案质量，对检察官队伍建设不利。而新一轮司法体制改革的目的就是要赋予检察官相对独立性，以及更大权力和责任，以提高检察工作质量和效率。贵州省检察体制改革将建立司法责任制，包括办案组织责任体系尤其是将检察官办案责任制作为重点，这一安排，既符合司法规律，又切中时弊，意义重大。

总的来说，办案组织责任体系对检察官方面的责任规定尤其是错案责任追究的规定是清晰并落实到位的，有权力和责任清单予以体现，实际中操作性也比较强。但是该责任体系还需要进一步改革，针对检察辅助人员的责任规定还比较模糊。检察辅助人员在检察官指导下办案，履行办案辅助义务，对检察官负责，办案事项来源于检察官的安排，办案效果也归属于检察官，没有明确的办案权限，也没有相应明确的责任承担规定。比如对检察官助理的错案责任追究缺乏硬性规定，现在主要是通过所属人民检察院内部的扣分、处分等考核方式进行责任追究。由于检察官助理工作错误而造成错案，由员额制检察官承担错案责任的做法不尽合理。因此，需要进一步厘清检察辅助人员尤其是检察官助理和检察官的办理案件行为的性质和界限，明确助理的具体办案职责，调动其办案积极性，强化对其的考核机制；更重要的是，检察辅助人员参与司法办案，应该根据其职责和分工承担相应的司法责任，把司法责任制进一步推向深化。

4. 检察官协作办案制度情况

对办案组中主任检察官与普通检察官的职能分配和权责分担，各人民检察院原则上都是按照贵州省人民检察院制定的《关于完善省院机关司法责任制明确检察官权限的暂行规定》《关于完善市（自治州）级人民检察院司法责任制明确检察官权限的暂行规定》（黔检发〔2015〕25号）和《关于完善县

（市、区、特区）级人民检察院司法责任制明确检察官权限的暂行规定》（黔检发〔2015〕26 号）、贵州省人民检察院《关于印发〈贵州省检察机关关于加强司法办案内部监督的规定（试行）〉的通知》（黔检发〔2015〕23 号）等规定执行。同时，部分人民检察院也出台了自己的细化规定，如榕江县人民检察院制定的《榕江县人民检察院办案团队成员职责》。这些规定的主要内容为：

主任检察官职责主要为：①主任检察官（独任检察官）根据检察长授权，对本办案组的办案工作负全部责任；②对本办案组所办案件的事实和证据负责；③对有权决定的法律适用、案件处理负责；④对本办案组工作人员的办案情况进行监督和管理，对检察官助理的履职情况提出考核意见。

普通检察官在办案组中的职责主要为：①对所办理的主任检察官有权决定案件的法律适用、案件处理问题，向主任检察官提出明确意见，并就自己的意见承担责任；②参与本办案组的办案工作。

两者责任划分为：主任检察官办案组内其他检察官承办的案件，如果主任检察官与承办检察官意见相同，由主任检察官与承办检察官共同承担责任；如果主任检察官改变承办检察官的意见，由主任检察官对案件的处理决定负责，承办检察官对事实和证据负责。

改革后，贵州省检察机关通过强化检察官协作办案制度，办案组织的司法属性更加凸显。同时，厘清办案组内主任检察官和普通检察官的责任，对办案人员行为进行区分和认定，继而在发生冤假错案等违法行为时，才能有效启动责任追究程序。另外，权限与风险同步增加强化了检察官责任意识，完善了主任检察官办案责任制。"谁办理、谁决定、谁负责"司法责任的明晰化，也在于规范检察官的办案行为，促使主任检察官更为关注办案质量和效果。检察官协作办案制度中划定了主任检察官可以自主决定的事项和范围，在这些自主决定的事项和范围之内，主任检察官应独立承担相应的责任，从而督促主任检察官从原来部门内的管理事务中剥离，专心办理案件和指导业务，有利于提升办案质量。权责明晰、终身负责的长效机制，为防止冤假错案提供了有力的制度保障，对推进检察体制改革具有重要意义。

以上办案组中主任检察官与普通检察官的职能分配与权责分担的界定在全省各人民检察院中的做法基本相同，但是也存在一定区别。一是省人民检察院规定主任检察官对本办案组的办案工作负全部责任，应享有相应范围的案件决定权，但是安顺市人民检察院的材料反映他们的做法是在检察官办案组中，重大案件才需要由主任检察官决定，一般案件由普通检察官决定。该做法和省人民检察院的规定精神不符。二是《贵定县人民检察院司法体制改革试点检察官、检察辅助人员岗位职责规范（试行）》第23条规定："检察辅助人员伪造、隐瞒、遗漏案件事实、证据或者重要情况，导致主任检察官作出错误决定的，由辅助人员承担责任。主任检察官有过错的，也应当承担相应责任。"第24条规定："检察官伪造、隐瞒、遗漏案件事实、证据或者重要情况，导致检察长、检察委员会作出错误决定的，由主任检察官承担责任。"在这两条规定上，对检察辅助人员和检察官适用标准不一，后一条加重了主任检察官的责任。而且后一条规定和省人民检察院规定中"办案组提请检察长或检察委员会作决定的案件事项，同意主任检察官意见，主任检察官对汇报事实证据负责；同意承办检察官意见的，由承办检察官对汇报事实和证据负责"的精神有冲突。

5. 检察官联席会议制度

根据最高人民检察院的相关规定，通过召开检察官联席会议，对重大、疑难、复杂案件进行讨论，为承办案件的检察官或检察官办案组提供参考意见，也是检察官协作办案的体现。检察官联席会议通过提供咨询意见和法律参考，能增强检察官的自信和提升研判能力，从机制上确保检察官协作办案，保证办案质量。

如根据《贵州省检察机关检察官联席会议制度暂行规定》，九类重大疑难复杂案件必须经检察官联席会议讨论。各人民检察院根据该规定精神，进一步明确了本人民检察院召开检察官联席会议的程序和案件范围。制度运行中，检察官联席会议主要是各人民检察院的公诉、侦监部门针对重大疑难案件召开。全省各地人民检察院案件数量不同，案件类型和难易程度也有所区别，因此各人民检察院召开检察官联席会议的次数不尽相同。如2017年贵阳市花溪区人民检察院召开79次联席会议，讨论案件390件；而榕江县人民检察院则召开得不多，自2016年以来，仅召开了10余次。

通常检察官联席会议是在案件承办检察官对案件难以形成确定意见，或者分管检察长不同意办案组织提出的不批捕意见，又难以决定提出直接改变意见时，申请或要求召开的。联席会议原则上是由本部门员额制检察官参加，必要时参会的员额制检察官不限于本部门。如榕江县人民检察院规定，检察官联席会议的参会人员由承办检察官根据案件情况及本院员额制检察官的业务素养提出参加人选后报分管检察长决定。检察官联席会议制度赋予了办案检察官案件讨论权，特别是在对争议案件拿捏不定时，可以听取他人的意见和建议，全面考虑，更加谨慎地作出决定，保证办案质量。

全省的检察官联席会议在制度规定和程序运行上都比较明确，而且它的重要性体现为在司法体制改革以前，业务部门遇到重大疑难复杂案件难以解决时，通常是由科室讨论或提交检察委员会讨论决定。而司法体制改革后，重大疑难复杂案件可以提交检察官联席会议讨论，但联席会议形成的意见仅仅具有参考价值，办案检察官仍应当根据自己的思考和经验对案件作出最后决定并独立承担责任。

司法体制改革以来，提请检察委员会讨论的案件，必须经检察官联席会议讨论。作为检察委员会讨论的前置程序，检察官联席会议制度对提交检察委员会讨论决定的案件进行了过滤，在司法体制改革后，大大减少了检察委员会讨论决定的案件数量。如榕江县人民检察院 2017 年只有 1 件案件提交检察委员会讨论，一般需要讨论的案件都提交检察官联席会议。而且检察长、副检察长在联席会议中只能以员额制检察官身份参加讨论，只提供参考意见，不决定。办案组织要根据案件情况自行决定案件事项，办案组织责任体系中的权责规定也因此得到了保障和落实。

但是在项目组调研过程中，也发现目前检察官联席会议在实际运行中需要进一步提高检察官参会的积极性，杜绝发表建议的随意性。原因在于：

（1）目前普遍存在案多人少的情况，如果要在联席会议上发表对讨论案件的有效意见，必须要在会议召开以前花时间认真研究案件，但在员额制检察官本身工作量大的情况下，检察官参会的积极性不高，尤其是在每年办案量大的一些人民检察院更是存在这种情况。

（2）办案责任还是由承办案件检察官自己承担，其他参会的员额制检察官发表意见不需要承担责任。没有压力就没有动力，因此参会讨论容易泛泛而谈，影响检察官联席会议讨论案件的效果。

（二）检察工作机制改革

1. 检察官全员办案机制

与法官认定案件标准比较清晰简单不同，在认定检察官的哪些工作属于案件这个问题上，各地理解偏差较大。检察官既负责刑事案件审查、公诉，又负责自侦案件，这三类不存在异议。但是另外一些工作，比如监狱、看守所监督、巡查，人民检察院领导开展职务犯罪预防，案件质量评查等工作，是否可以纳入案件，各地理解不一。为此，贵州省人民检察院结合相关精神和检察工作实际，制定了《全省检察机关领导干部司法办案管理办法（试行）》，以统一案件认定标准。

根据该办法的规定，检察官司法办案是指：领导干部根据贵州省省、市、县三级人民检察院《关于完善司法责任制明确检察官权限的暂行规定》的授权，组织、领导、指导、审查、审批、决定案件及监督类事项，或以主任检察官、独任检察官身份直接办理案件或监督类事项。以主任检察官、独任检察官身份直接办理案件或重大监督事项是指：根据亲历性要求，在职务犯罪侦查案件、审查逮捕案件、审查起诉案件、刑事上诉及抗诉案件、公益诉讼案件、刑事申诉案件、国家赔偿案件、民事行政申诉案件、减刑假释案件、羁押必要性审查案件、没收违法所得案件、强制医疗案件、审查提请核准追诉案件、延长侦查羁押期限案件以及监督类事项办理过程中亲自完成《关于完善人民检察院司法责任制的若干意见》中规定应由检察官亲自承担的事项。

该办法以列举的方式，把纳入统计的检察官办案的案件标准进行了规定。根据司法体制改革相关精神，该办法规定了：领导干部每年应当办理一定数量的案件或监督类事项。具体办案量根据本单位业务工作情况，由各级人民检察院探索确定。人民检察院领导干部入额后应当办理一定数量的案件，并带头办理重大疑难复杂案件。其中，处（科）长应当达到本部门检察官平均办案量的50%-70%；基层人民检察院检察长办案量应当达到本院检察官平均办案量的5%-10%，其他院领导应达到30%-40%；地市级人民检察院检察长应当达到5%，其他院领导应当达到20%-30%。省人民检察院进入检察官员额制的领导干部按最高人民检察院要求办理案件。

表2-3 市州、县市两级人民检察院领导与员额制检察官办案情况表[1]

	贵阳	毕节	六盘水	黔南	黔西南	铜仁	遵义	安顺
领导数（人）	60	59	30	72	49	70	94	39
办案数（件）	1682	1318	642	1310	1091	1108	2566	623

〔1〕 各地办案数为2017年5月8日-6月8日的数据，按照《全省检察机关领导干部司法办案管理办法（试行）》规定的统一标准统计。

	贵阳	毕节	六盘水	黔南	黔西南	铜仁	遵义	安顺
领导人均办案量 A（件）	28	22	21	18	22	16	27	16
员额制总数（人）	326	249	152	225	155	178	323	138
案件总数（件）	9500	4633	3381	3320	2516	2650	7446	4337
员额制人均办案量 B（件）	29	19	22	15	16	15	23	31
A/B（%）	97	116	95	120	138	107	117	52

从表2-3中可以看出，各地方领导办案绝对量存在较大的差异，与各地案件总量相关。各地领导办案量除了安顺市之外，其他地区的领导办案量与员额制检察官平均办案量相比，基本一致，领导办案量与平均办案量相比最多的黔西南州达到了138%，也就是说领导办案量超过了平均值1/3。比值最低的安顺市检察系统为52%，但仍高于上级文件明确要求的30%–40%的比例。应该说入额检察官应当实际参与办案这一规定已经得到了较好的落实。

2017年5月8日，全省四级人民检察院在全国率先上线运行司改版统一业务应用系统，在原有功能上增加了根据业务规则由计算机自动将案件分配到办案单元等轮案功能，确保了领导干部直接办理案件工作要求的落实。系统建立随机分案的案件承办确定机制，按照业务部门所确定的轮案序号和规则，由案件管理部门统一分配，依次分流给各条线每名入额检察官，减少了人为因素对检察官办案的影响和干预，为入额检察官特别是入额领导承办案件、完成办案任务数提供机制保障。但是在同一人民检察院中，各领导之间也存在办案量差异，而且差异还很大，这跟领导分管业务相关性较大。从提供每个领导具体办案情况的某县人民检察院来看，分管职务侦查的副检察长办案量为2件，而另一位副检察长则有42件（侦查监督案件9件，公诉案件21件，立案监督2件，刑罚执行监管活动监督2件，审查假、减、暂152人，督促履行职责8件）；一位专委办理案件157件185人，而另一位专委办案15件25人。

从实地调研情况看，院领导直接办案已经得到了很好的执行和落实。各基层人民检察院根据省人民检察院关于院领导办案量计算方法，由直接办理案件数、组织指挥办案数、决定案件数和案件评查数等工作量构成。2017

花溪区人民检察院院领导人均办案量达到 67.5 件，大大超出了全院员额制检察官人均 38.8 件的平均数。榕江县人民检察院则严格实行轮案制，将分管公诉、侦监的入额院领导配置到相应组，分管侦监的副检察长在组中每 3 轮分配 1 件，分管公诉的副检察长在组中每 4 轮分配 1 件，检察长主办民行和公益诉讼案件，因此分在公诉组，规则为每 15 轮分配 1 件案件。

2. 案件繁简分流工作机制

贵定县人民检察院于 2015 年制定了《审查起诉案件、审查逮捕案件繁简分流办理机制实施办法》。该办法将同时符合：①案情简单，事实清楚，证据充分；②犯罪嫌疑人认罪、认罚，且犯罪嫌疑人及其辩护人对指控的犯罪事实没有异议；③适用法律无争议；④属于交通肇事等特定的 15 类案件，情节较轻，依法可能判处 3 年以下有期徒刑、拘役、管制、单处附加刑或者免于刑事处罚，这 4 个条件的案件界定为简单刑事案件。简单刑事案件的办理原则包括依法从快、在法律规定范围内缩短批捕、起诉等各个环节的办案时间、简化工作流程。决定提起公诉的简单刑事案件除轻微刑事案件建议人民法院适用快速办理机制快速审理外，原则上建议人民法院适用简易程序审理。同时可以提出从轻或者减轻处罚的量刑建议。如果存在不宜继续适用简单刑事案件办理机制的案件，可以转为普通程序办理，坚持案随人走。繁类案件又分为一般繁类和特别繁类，繁类案件适用普通程序办理。一般繁类案件，在事实、证据、法律适用上存在认定困难，独任检察官可以申请召开检察官联席会议讨论，讨论意见供办案检察官参考。简单刑事案件和一般繁类案件，独任检察官享有除了不捕、不诉决定权之外的其余审批权限。特别繁类案件，由刑事检察部临时组建办案组，主任检察官任组长，根据案件具体情况设若干员额制检察官为办案组成员，协作配合共同办理案件。决定实行主任检察官负责制。

遵义市汇川区人民检察院在公诉部门实施专业化办案组，并且为解决刑事案件数量上升快的问题，尝试以刑事案件按难易程度不同设立"轻快组"和"大案组"两种办案组织，以实现"轻案快办、繁案精办"。

贵阳市花溪区人民检察院正在进行专门化的办案组织改革，鉴于危险驾驶、交通肇事这两类案件占到了年均办案总量的 15%-20%，而且量刑结果多为缓刑，以案件处理适当繁简分流为着眼点，花溪区人民检察院对这两类案件设立专门办案团队，专门办理此类案件。专门化会带来专业化，同时会提高效率。

3. 检察官办案决定机制

（1）案件办理事项决定权限划分。花溪区人民检察院规定审查逮捕、审查起诉案件，一般由独任检察官承办。独任检察官对分管副检察长负责，在职权范围内对办案事项作出决定。诉讼监督等其他法律监督案件，一般由独任检察官承办，并对分管副检察长负责，在职权范围内对办案事项作出决定。检察长（副检察长）作为独任检察官承办案件的，可以在职权范围内对办案事项作出决定。检察长（副检察长）有权对独任检察官承办的案件进行审核。检察长（副检察长）不同意独任检察官的处理意见，可以要求独任检察官复核或提请检察委员会讨论决定，也可以直接作出决定。要求复核的意见、决定应当以书面形式作出，归入案件卷宗。独任检察官执行检察长（副检察长）决定时，认为决定错误的，可以提出异议；检察长（副检察长）不改变该决定，或要求立即执行的，独任检察官应当执行，执行的后果由检察长（副检察长）负责，独任检察官不承担司法责任。

花溪区人民检察院在改革前不起诉决定须通过检察委员会讨论通过，改革后由检察官联席会议讨论决定或者分管领导审批。

汇川区人民检察院制定了《关于完善司法责任制明确检察官权限的暂行规定》，明确了除由检察长、副检察长、检察委员会履行的职责外，其余职权由检察长授予主任检察官（独任检察官）行使审批决定权。规定属于主任检察官（独任检察官）审批决定的案件或事项，主任检察官（独任检察官）审查后认为重大、疑难、复杂的，可以报请分管副检察长审查决定。主任检察官（独任检察官）应按照授权范围行使职权，原则上不得将授权范围内的案件和事项提交检察长或检察委员会决定。确需提交检察长或检察委员会决定的，须经分管副检察长审核同意。该规定以列举方式明确了检察长委托副检察长行使决定权的事项，对于这些事项，副检察长认为确有必要时，可以提请检察长或检察委员会决定。检察委员会决定的案件或其他重大、复杂或社会高度关注的敏感案件的量刑建议由分管副检察长决定。

汇川区人民检察院规定审查逮捕业务中（副）检察长保留决定权的事项：①决定不批准逮捕；②撤销逮捕决定或者撤销不批准逮捕决定；③发出检察建议或纠正违法通知书。

汇川区人民检察院规定公诉业务中（副）检察长保留决定权的事项：

①决定不起诉或报请上级人民检察院批准作出不起诉决定；②提请支持抗诉；③对于侦查机关提请的不起诉复议，决定撤销或决定维持原不起诉决定；④提出变更强制措施的建议；⑤就是否撤回起诉向上级人民检察院请示；⑥对上级人民检察院撤回抗诉提起复议；⑦决定取保候审、监视居住等涉及人身自由和财产处置的措施；⑧撤销附条件不起诉；⑨发出检察建议、纠正违法通知书；⑩启动没收违法所得程序；⑪启动强制医疗。

汇川区人民检察院规定侦查监督业务中（副）检察长保留决定权的事项：①决定通知公安机关立案或撤销案件；②要求本院侦查部门立案侦查或者撤销案件；③对公安机关就撤案通知提请的复议、复核作出决定；④对本院侦查部门违法行为情节较重、需要给予党政纪处分或者追究刑事责任的，提出处理意见；⑤决定是否排除非法证据；⑥决定发出检察建议、纠正侦查违法通知书。

汇川区人民检察院规定刑事审判监督业务中（副）检察长保留决定权的事项：①决定是否排除非法证据；②向有关机关提出释放或变更强制措施的意见；③对刑事审判活动中的违法行为提出书面纠正意见或者检察建议；④向有关机关或部门移送犯罪线索；⑤对本院提出抗诉但上级人民检察院撤回抗诉的案件提请上级人民检察院进行复议；⑥审查认为生效刑事判决、裁定确有错误，决定提出抗诉，提请上级人民检察院抗诉；⑦对被监督单位提出的异议提出复核决定；⑧审批书面纠正违法通知书、检察建议以及其他法律监督文书；⑨决定再审阶段的强制措施。

汇川区人民检察院规定民事行政检察业务中（副）检察长保留决定权的事项：①决定对民事行政申请监督案件提出再审检察建议；②决定对民事行政申请监督案件提请抗诉；③决定对民事行政申请监督案件做出不支持监督申请决定；④决定对民事行政执行案件提出检察建议；⑤决定对人民法院民事行政立案、审理、调解、执行过程中的违法行为提出检察建议（纠正违法通知书）；⑥督促行政机关依法履行职责；⑦决定检察机关提起公益诉讼；⑧决定支持起诉；⑨移送职务犯罪线索；⑩决定依职权进行监督；⑪决定撤回本院的监督决定；⑫决定不公开案件；⑬决定跟进监督；⑭决定向上级人民检察院请示重大案件。

汇川区人民检察院规定刑事执行业务中（副）检察长保留决定权的事项：①决定自行组织或者要求人民法院、监狱、看守所对暂予监外执行罪犯重新组织进行诊断、检查或者鉴定；②指令开展监管事故的审查、调查和相关处理工作，对被监管人员死亡事故，决定组织补充鉴定或者重新鉴定，审批调查处理情况报告；③经羁押必要性审查程序后，建议撤销或者变更强制措施；④移送职务犯罪案件线索；⑤对刑罚执行和监管活动中的职务犯罪案件立案侦查、职务犯罪预防工作，其具体职权参照职务犯罪侦查业务和职务犯罪预防业务执行；⑥对罪犯又犯罪案件审查逮捕、审查起诉，对立案、侦查和审判活动是否合法实行监督，其具体职权分别参照审查逮捕业务、公诉业务和诉讼监督业务执行；⑦受理辩护人、诉讼代理人对看守所阻碍行使诉讼权利的申诉、控告以及被监管人及其近亲属、法定代理人的控告、举报和申诉，其具体职权参照控告（举报）业务和刑事申诉检察业务执行。

汇川区人民检察院规定控告（举报）业务中（副）检察长保留决定权的事项：①对重要举报线索和反映检察干警违法违纪的举报线索提出处理意见；②审查本院作出不立案决定的举报线索，提出需要重新初查意见或应当立案侦查意见；③提出需要初核的举报线索；④审批初核报告；⑤提出需要保护举报人的措施和奖励举报有功人员方案；⑥提出需要进行举报失实澄清的意见；⑦审查妨碍刑事诉讼权利的控告案件，并进行调查工作，提出纠正建议；⑧审查对本院办理刑事案件中的违法行为的控告案件，提出纠正建议；⑨审查上级机关交办督办的或本院受理的涉检的及其他重大、疑难、复杂的控告案件，提出处理意见；⑩指挥、调处重大的集体访、过激访、缠访闹访以及扬言制造极端事件的案件。

汇川区人民检察院规定刑事申诉检察业务中（副）检察长保留决定权的事项：①决定立案复查，并决定进行侦查实验、鉴定或者补充鉴定；②决定立案复查案件终止办理；③决定纠正原处理决定；④立案复查后，决定提请抗诉、提出抗诉、提出再审检察建议；⑤决定将办案中发现的线索移送相关部门处理；⑥经审查认为请求赔偿的侵权事项事实清楚，应当予以赔偿的，由检察长审批决定并签发《刑事赔偿决定书》；⑦经复议认为原赔偿决定认定事实或者适用法律错误的，需要予以纠正的，或者复议认为原赔偿决定的赔偿方式、项目、数额不当的，需要予以变更的，由检察长审批决定并签发《刑事赔偿复议决定书》；⑧经复查认为检察机关原刑事案件处理决定确有错误，影响赔偿请求人依法取得赔偿的，报检察长审批决定审查处理意见；⑨决定对国家机关工作人员提出追偿和处分意见；⑩经审查认为人民法院行政赔偿判决、裁定确有错误，决定向同级人民法院提出抗诉、再审检察建议或提请上级人民检察院抗诉；⑪对于符合国家司法救助条件的，决定救助方式和金额；⑫对于急需医疗救治等特殊情况，依据救助标准，决定先行垫付救助资金。

汇川区人民检察院规定案件管理业务中（副）检察长保留决定权的事项：①决定不予受理案件；②案件流程监控中发现严重违法办案情形的，决定予以督促纠正；③结案审核中发现严重违反规定情形的，决定予以督促纠正；④法律文书监管中发现严重违反规定情形的，决定予以督促纠正；⑤涉案财物监管中发现严重违反规定情形的，决定予以督促纠正；⑥组织、指导开展案件质量评查，包括随机评查、重点评查、专项评查，批准评查方案、审核评查报告，决定评查结果的运用；⑦组织检察业务考评，确定考评方法、考评标准，审核考评结果；⑧组织开展执法风险评估预警、风险防范和矛盾化解工作，对存在违反相关规定情形的，决定予以督促纠正；⑨组织开展案件信息公开，对严重违反相关规定情形的，决定予以督促纠正。

（2）检察官亲历性要求。花溪区人民检察院和汇川区人民检察院对独任检察官（主任检察官）工作的要求有：独任检察官承办案件，依法应当讯问犯罪嫌疑人、被告人的，至少亲自讯问一次。独任检察官亲自承担以下活动：①询问关键证人和对诉讼活动具有重要影响的其他诉讼参与人；②对重大案件组织现场勘验、检查，组织实施搜查，组织实施查封、扣押物证、书证，决定进行鉴定；③组织收集、调取、审核证据；④主持公开审查、宣布处理决定；⑤代表检察机关当面提出监督意见；⑥出席法庭；⑦其他应当由独任检察官亲自承担的事项。

这些规定都突出了检察官必须在检察工作中亲自参与，不能由检察辅助人员代替。具体规定亲历性的要求，约束检察官自己参与重要证据采集、重要决定作出，保证检察权力运用基于检察官个人的认识和判断，而非他人的认识和判断。

（3）关于退回补充侦查的改革措施。贵定县人民检察院在贯彻落实推进以审判为中心的刑事诉讼制度改革中，明确了退回补充侦查的条件，建立人民检察院退回补充侦查引导和说理机制，明确补充侦查方向、标准和要求，实行各类刑事犯罪退回补充侦查提纲菜单化罗列和证据证明力说明，规范补充侦查行为，对于确实无法查明的事项，要求侦查机关书面说明理由。对于二次补充侦查后，仍然证据不足、不符合起诉条件的，依法作出不起诉决定。

限制退回补充侦查的主要理由是避免超期羁押，并明确侦查机关和检察机关之间的职权分配，以及检察机关在证据审查方面的实质性权力。这些措施可以避免检察机关成为"二传手"，保证检察机关在提起公诉前获得充分的证据，也督促侦查机关围绕证据标准收集证据，在证据充分之后再行移送。

（4）认罪认罚从宽案件办理机制改革。榕江县人民检察院制定了《关于快速从宽办理认罪认罚刑事案件的规定（试行）》，规定了认罪认罚刑事案件适用的案件条件，包括：①案件事实清楚，证据确实、充分；②全案犯罪嫌疑人或被告人均如实供述罪行，对指控的基本犯罪事实无异议，自愿接受司法机关将其行为定性为犯罪且愿意承担刑罚处罚，并积极退赃退赔。对部分共同犯罪中部分人认罪认罚的，对该部分人适用该规定。犯罪嫌疑人为本地少数民族的，案件原则上应当由熟悉该少数民族语言的"双语检察官"承办。

榕江县人民检察院办理认罪认罚案件的程序：主任检察官对公安机关提请批准逮捕的刑事案件，经审查案件材料及讯问犯罪嫌疑人后，认为符合认罪认罚刑事案件条件的，应当建议公安机关快速办理并及时移送审查起诉。符合轻微刑事案件快速办理条件的，依相关规定办理。主任检察官应当及时将已建议公安机关快速办理的认罪认罚刑事案件名称书面告知本院检察四室案件管理组。认罪认罚刑事案件移送审查起诉后，检察四室案件管理组应当当日通知检察二室公诉办案组并告知适用本规定，检察二室公诉办案组应当当日确定案件承办检察官，案件承办检察官应当当日领取案卷材料并及时进行审查。经主任检察官审查，认为符合认罪认罚刑事案件条件的，在进行权利义务告知时，应当将认罪认罚从宽处罚相关法律规定告知犯罪嫌疑人，并记录在案。主任检察官审查起诉认罪认罚刑事案件，应当简化审查报告制作。证据部分可以简单列明证据的名称、出处及所要证明的案件事实，不必详细摘录。承办人意见部分，不必展开分析论证案件事实，仅需对全案证据情况进行总结与评价，同时简要论述案件定性并说明相关量刑情节。主任检察官审查起诉认罪认罚刑事案件，应当听取当事人的意见，有辩护人的，应当听取辩护人对案件定性和量刑建议的意见。主任检察官审查起诉认罪认罚刑事案件，对符合条件的，应当建议人民法院适用简易程序审理。同时，建议法官快速审理、当庭宣判。符合轻微刑事案件快速办理条件的，依相关程序办理。认罪认罚刑事案件审查逮捕期限一般不超过 3 日，审查起诉期限不超过 15 日。案件同时符合轻微刑事案件快速办理条件的，审查起诉期限不超过 7

日。主任检察官审查起诉认罪认罚刑事案件，不得适用退侦程序。案件确需退回补充侦查的，应当终止快速办理程序。犯罪嫌疑人或被告人认罪认罚，但在起诉前反悔或违反取保候审规定情节严重的，主任检察官应当及时终止快速办理程序，在起诉后休庭前反悔或违反取保候审规定情节严重的，出庭检察官应当及时修改量刑建议。

其他试点人民检察院对认罪认罚从轻案件办理程序与繁简分流改革的结合也进行了一些有益探索。

（5）办案决定程序改革效果情况。

①退回补充侦查情况

花溪区人民检察院办理的案件中退回公安机关补充侦查的案件比例从2013年的16.8%和2014年的18.1%，提高到2015年的33.3%、2016年的30.9%和2017年的34.4%。

贵定县人民检察院2017年一次退侦的案件占公诉案件总数的36.6%，二次退侦的案件占审结案件总数的10%左右。

榕江县人民检察院2017年一次退侦的案件占公诉案件总数的40.8%，二次退侦比例为15.6%。2015年一次、二次退侦比例分别为33%和7.5%。

汇川区人民检察院2017年的退侦率为15.9%，改革前的2014年退侦率为11.5%。

从调研情况看，自开展检察体制改革，检察官独任决定起诉以来，检察官决定退回补充侦查的比例有较大幅度的提高。2017年，四个试点院中有三个院的一次退侦比例均高于33%，从一个侧面可以反映出，在检察官自主决定机制和责任终身制的制度安排下，检察官对证据充分性审查更加严格，提起公诉前的证据准备更加充分。

②作出不批捕、不起诉决定情况

花溪区人民检察院2013年和2014年公诉案件（按照案件数量）的不起诉决定比例分别为1.4%和1.2%，而2015年、2016年和2017年不起诉决定的比例分别为2.4%、2.7%和11.6%。贵定县人民检察院2017年的不起诉比例（按照受理人数）高达20%；2016年为14.8%；2015年为10.3%；而改革前的2014年为5%。汇川区2017年审查起诉审结1438人，作出不起诉决定225人，不起诉率为15.6%；而改革前的2014年，该比例为11.2%。榕江县人民检察院2017年共审结公诉案件213件284人，作出不起诉16件29人，分别占 7.5% 和 10.2%；而刚开始改革 2015 年两个比例分别为 3.3% 和 2.4%，提高非常明显。

汇川区人民检察院侦查监督部门 2017 年全年作出不批准逮捕决定的案件 187 件 327 人，分别占 24.3% 和 28.4%。榕江县人民检察院 2017 年 1 月 - 10 月共审结公诉案件 94 件 127 人，作出不批准逮捕决定的案件 24 件 41 人，分别占 25.5% 和 32.2%，其中无罪不捕 4 人，证据不足不捕 27 人，无社会危险性不捕 10 人。

从调研情况看，人民检察院作出不批捕和不起诉决定的比例在改革后有比较明显的提高，检察官在审查侦查机关移送的案件证据材料方面更加自主地开展实质性审查，检察官和人民检察院可以独立判断并作出决定。

③罪名变更或无罪判决情况

司法体制改革以来，花溪区人民检察院提起公诉的案件，有 1 件一审作出无罪判决，但经抗诉改为有罪判决，生效判决的有罪判决率为 100%。榕江县、贵定县、汇川区等人民检察院司法体制改革后提起公诉的案件，有罪判决率均为 100%。

从公诉案件被人民法院变更起诉罪名的情况看，花溪区人民法院 2013 年和 2014 年两年合计 11 件（年均 5.5 件），2015 年 - 2017 年三年合计 12 件（年均 4 件），应该说有较大幅度的下降。贵定县人民检察院起诉后被人民法院改变罪名的情况，2015 年有 6 人（当年共起诉 303 人，约占 2%），2016 年 2 人（当年共起诉 218 人，约占 0.9%），2017 年为 0 人，逐年下降。

另外，榕江县人民检察院提供了经审查改变侦查部门移送案件的定性情况，改革前一年该院改变 2 件 4 人，而 2017 年改变了 8 件 17 人涉嫌罪名的定性，提升幅度非常大。

④投入时间变化情况

从调查情况看，司法体制改革以来，办案主体权责明确，案件审批流程简化，办案效率提高幅度较大，平均办案时长降低明显。

从公诉案件平均办理时间来看，贵定县人民检察院由原来的 35 天下降到改革后的 15 天。汇川区人民检察院公诉案件的平均办案时间由改革前的 20 天下降到改革后的 12 天。

贵定县人民检察院逮捕审查期限由改革前的平均 5.8 天，缩短到 2017 年的 4.74 天。榕江县人民检察院侦监部平均办案时间为 4.5 天，轻微刑事案件一般 3 天内完成批捕审查，有 36% 的案件在 1 天内办结。

4. 速裁工作机制

（1）速裁程序的适用范围。榕江县人民检察院与人民法院、公安局和司法局会签了《榕江县轻微刑事案件快速办理实施办法（试行）》。该办法规定了快速办理轻微刑事案件的适用范围：①案情简单，事实清楚，证据确实、充分；②依法可能判处 3 年以下有期徒刑、拘役、管制、单处附加刑或者免于刑事处罚；③犯罪嫌疑人承认实施了被指控的犯罪且对指控的犯罪事实和证据没有异议；④犯罪嫌疑人对适用轻微刑事案件快速办理没有异议；⑤无民事赔偿问题或民事赔偿问题已妥善解决。符合上述条件，优先适用轻微刑事案件快速办理程序的案件包括：①危险驾驶、交通肇事犯罪案件；②盗伐林木、滥伐林木犯罪案件；③情节较轻的故意伤害犯罪案件；④情节较轻的抢夺、盗窃、敲诈勒索犯罪案件；⑤情节较轻的故意毁坏财物犯罪案件；⑥情节较轻的妨害公务犯罪案件；⑦情节较轻的寻衅滋事犯罪案件；⑧情节较轻的贩卖少量毒品犯罪案件；⑨因婚姻家庭、邻里纠纷等民间纠纷矛盾引发的轻微刑事案件。

同时，该办法还规定了不适用轻微刑事案件快速办理的范围：①复杂的共同犯罪案件；②证据认定、法律适用有分歧的案件；③有揭发、检举线索需要核实的案件；④需要退回补充侦查或者请示的案件；⑤有重大社会影响、敏感的案件；⑥当事人缠访、闹访的案件；⑦辩护人作无罪辩护或者对主要犯罪事实有异议的；⑧犯罪嫌疑人是盲、聋、哑人，或者是尚未完全丧失辨认或者控制自己行为能力的精神病人；⑨共同犯罪案件中部分犯罪嫌疑人不认罪或者对适用快速办理有异议；⑩危害国家安全、恐怖活动、黑社会性质犯罪、涉外刑事案件、国家工作人员职务犯罪案件；⑪因司法鉴定、事故责任认定、刑事和解或者犯罪嫌疑人委托辩护人、聘请翻译以及因病治疗等客观原因不具备快速办理条件；⑫存在其他情形不能快速办理。

（2）办理流程。《榕江县轻微刑事案件快速办理实施办法（试行）》规定，公安机关对于符合快速办理机制的轻微刑事案件，应及时提出适用快速办理机制的建议，由单位负责人审核批准后纳入快速办理程序，尽快完成侦查和证据完善工作，并及时将有关案件情况通报人民检察院、人民法院。在移送人民检察院批准逮捕或移送审查起诉时，在卷宗封首加盖"快速办理"印章（见附件二），提示人民检察院及时启动快速办理机制，确保案件办理程序衔接顺畅。检察机关案件管理部门应于当日将案件移送办案部门。公安机关应专门印制《快速办理提讯证通知书》，人民检察院、人民法院在案件办理中持该通知书即可提讯犯罪嫌疑人、被告人。适用快速办理机制的轻微刑事案件，审查逮捕期限一般不超过 3 日，侦查期限一般不超过 9 日，审查起诉期限一般不超过 7 日，一审审理期限一般不超过 12 日。需要开展社区调查评估的，司法行政机关一般应在 5 日内完成。需要提供法律援助的，法律援助机构一般应当在 5 日内作出指派决定。检察机关侦查监督部门对于公安机关提请批准逮捕的轻微刑事案件，经审查认为符合轻微刑事案件快速办理条件的，应当制作《适用轻微刑事案件快速办理程序建议书》（见附件一），建议公安机关启动快速办理程序、及时移送审查起诉。检察机关对适用快速办理机制的轻微刑事案件，除法律规定应由检察长或者检察委员会决定的事项，或者本办法另有规定外，由主任检察官负责审批决定。在起诉时，要随卷附适用简易程序意见函，在起诉书上加盖"快速办理"印章，提示人民法院注意。快速办理的案件，检察机关决定建议人民法院判处管制或者缓刑的犯罪嫌疑人，在提起公诉前应制作《调查评估委托函》（见附件三），委托犯罪嫌疑人居住地所在的司法所对犯罪嫌疑人居所情况、家庭和社会关系、一贯表现、犯罪行为的后果和影响、居住地村（居住）委员会和被害人意见、拟禁止的事项等开展调查报告，并监督司法行政机关 5 个工作日完成后，及时向委托单位及受理案件的人民法院反馈评估意见。人民法院审理该类案件在充分保障犯罪嫌疑人权利的情况下，可以简化审理流程。

5. 检察官联席会议工作机制

（1）联席会议提起原因。榕江县人民检察院规定联席会议的案件范围：①承办检察官对罪与非罪不能确定的案件；②承办检察官对严重影响定性的问题不能确定的案件；③承办检察官认为应当召开联席会议的其他重大、疑难、复杂、敏感性、新类型案件。

花溪区人民检察院规定具备下列情形之一的，应当经检察官联席会议讨论：①拟提请检察委员会决定的；②对案件的事实认定、证据采信、法律适用方面存在分歧的；③认为不构成犯罪的；④管辖权存在争议的；⑤拟改变移送案件定性的；⑥审查认定的事实、情节与侦查机关（部门）认定的事实、情节存在分歧，影响量刑的；⑦可能引起重大舆情的敏感案件；⑧出现的首例新类型案件；⑨承办检察官认为确有必要讨论的其他情形。

贵定县人民检察院规定：分管副检察长、主任检察官提请检察长及检察委员会决定的案件或者事项，应当经部门检察官联席会议讨论。

黔西南州人民检察院规定具备以下情形之一的案件，必须经过检察官联席会议讨论：①涉及国家外交、国家安全、民族宗教、社会稳定且重大复杂敏感的；②拟提请检察委员会决定的；③犯罪情节特别恶劣的；④造成特别严重危害后果的；⑤在法律适用方面存在重大分歧意见的；⑥涉及人大代表、政协委员、县处级以上干部、司法工作人员的；⑦可能引起重大舆情、引发群体性事件的；⑧上级人民检察院交办或本院提办的；⑨其他检察长、副检察长认为重大、疑难、复杂的。

（2）召开决定权。根据现有资料及实地调研情况看，一般由分管副检察长决定。比如榕江县人民检察院《员额制检察官联席会议暂行办法》规定，联席会议的召开由案件承办检察官提出申请，报分管副检察长审批同意。

部门（团队）检察官联席会议由部门（团队）负责人或者负责人召集。

（3）参加人员。受邀参加检察官联席会议的人员既可以为承办检察官所在办案组的员额制检察官，也可以是承办检察官认为有业务专长的其他办案组的员额制检察官。检察长、副检察长、检察委员会专职委员受邀参加员额制检察官联席会议时，以普通员额制检察官身份参加会议，且应最后发表意见和建议，所发表的意见和建议与其他检察官的一样只供参考。

花溪区人民检察院规定检察官联席会议一般要有5名以上的员额制检察官参加，检察官助理可以列席，也可以邀请相关专家学者参加，征求其意见。

黔西南州规定受邀请的副检察长或检察官，不得拒绝参加，不能委托他人代会。本部门检察辅助人员可以列席会议。其他人民检察院也有类似的约束性规定，如确实不能参加，一般要向副检察长请假，否则在绩效考核时要参考。

（4）程序。榕江县人民检察院《员额制检察官联席会议暂行办法》规定：承办检察官应当在召开联席会议3日前将召开会议的时间、案件的基本情况等书面告知参加联席会议的员额制检察官。联席会议由分管副检察长主持。首先由承办检察官汇报案件基本情况及提交讨论的原因，然后由参会检察官就相关问题进行发问，最后在参会检察官对案件事实、证据无疑问的情况下，发表个人意见和建议。参加联席会议的员额制检察官应持有高度的责任心，确保提出有理有据的参考性意见和建议，不得作不负责任的随意附和。意见和建议应当观点明确，论据充分，论证有力，同时应对不同观点依照事实、法律提出反驳理由。

有些人民检察院规定，承办检察官必须将提交讨论案件的基本案情及提交讨论的原因等提前发给受邀人员，以便提高讨论的针对性。

（5）讨论效果。检察官在检察官联席会议上发表的意见，供承办检察官决策时参考。承办检察官采纳或者不采纳其他检察官意见，不能作为免除其司法责任的依据。其他检察官对其在检察官联席会议上发表的意见，不承担司法责任。其他检察官在检察官联席会议上发表具有建设性的意见，对案件办理起到重要作用的，作为绩效考核的重要参考。

从调研情况看，规定了必须提交讨论的案件类型的人民检察院，检察官联席会议召开的次数较为频繁。以花溪区人民检察院为例，2017 年召开检察官联席会议次数达到 79 次，讨论案件 230 件。而没有规定必须提交讨论案件类型的人民检察院，年召开检察官联席会议次数不到 10 次，反差很大。

6. 检察监督和检察建议工作机制改革

本轮司法体制改革以来，检察监督工作机制也得到了完善。

花溪区人民检察院针对行政机关履职不当、人民法院诉讼和执行程序存在的问题及时发出检察建议，建议其依法履行职责，维护当事人合法权益，近 3 年平均每年发出检察建议 60 件，均得到行政机关和人民法院的回复。该院的刑事抗诉案件一般来源于市人民检察院交办和当事人申请，案件受理后，承办人及时审查案件事实、调取相关证据，对符合相关法律及相关规程规定的，依法提请市人民检察院提起抗诉或建议市人民检察院向人民法院发出再审建议，不符合条件的予以终结。近 3 年，该院平均每年建议市人民检察院抗诉 3 件，发出再审检察建议 1 件。

汇川区人民检察院在侦查监督业务中，检察监督和检察建议一般由案件承办检察官承担。刑事执行检察在刑事执行中包括司法行政机关在社区矫正管理和看守所拘留所等存在违法情形的，承办检察官报经分管领导同意后发出纠正违法通知书。民事行政检察方面，基层人民检察院需要前往人民法院调卷，而检察官的调卷权尚未明确，另外，检察建议对人民法院的拘束力也不明确，因此，基层人民检察院认为调卷有一定的障碍。汇川区人民检察院办理刑事抗诉案件要分不同情况处理：①公诉环节在办案中发现的，由原承办人提出，报检察委员会审议；②控审组在办理不服人民法院生效裁判刑事申诉案件中，案件主要来源于受害人申诉，但这类案件基本没有；③案管团队在案件评查中发现不当裁判的案件，也可以向检察长汇报后由检察委员会决定提起抗诉。

7. 审查司法化改革

（1）不起诉决定公开审查机制改革。花溪区人民检察院制定了《办理不起诉案件公开审查办法（试行）》，规定了公开审查的不起诉案件应当是存在较大争议并且在当地有较大社会影响的，经审查后拟作不起诉处理的案件。不起诉案件公开审查的目的是为了充分听取侦查机关（部门）和犯罪嫌疑人、被害人以及犯罪嫌疑人、被害人委托的人等对案件处理的意见，对案件是否作不起诉处理提供参考。

榕江县等地人民检察院也有类似探索，并取得了较好的初步经验。

（2）羁押必要性审查机制改革。最高人民检察院发布的《人民检察院办理羁押必要性审查案件规定（试行）》规定人民检察院进行羁押必要性审查，可以采取以下方式：①审查犯罪嫌疑人、被告人不需要继续羁押的理由和证明材料；②听取犯罪嫌疑人、被告人及其法定代理人、辩护人的意见；③听取被害人及其法定代理人、诉讼代理人的意见，了解是否达成和解协议；④听取现阶段办案机关的意见；⑤听取侦查监督部门或者公诉部门的意见；⑥调查核实犯罪嫌疑人、被告人的身体状况；⑦其他方式。

各试点院在最高人民检察院和省人民检察院相关规定的基础上，围绕羁押必要性审查司法化方面进行了有益探索，积极听取侦查部或侦监部、犯罪嫌疑人、被告人、被害人等方意见，探索开展引入人身危险性评估等手段，对于在当地影响较大的案件邀请人大代表等旁听，通过听取其意见等方式，探索羁押必要性审查的科学路径。

8. 围绕"智慧检务"开展的办案机制改革

贵州省检察机关充分挖掘现代信息化、大数据辅助司法办案、服务管理决策中的综合效能，着力打造"智慧检务"系统，并致力于与人民法院、公安局和监狱（司法行政机关）实现互联互通，争取实现数据互联、证据标准统一等目标。

2016年4月，贵州省公、检、法联合下发《刑事犯罪证据基本要求》（以下简称《证据基本要求》），明确对本省常见、高发的六种刑事犯罪中的常见证据提出了基本要求，强化证据意识。贵州省检察机关在《证据基本要求》的基础上，结合检察工作实际进一步梳理细化形成《证据审查指引》和

《证据风险评估指引》，镶嵌进办案辅助系统，发现证据材料缺失或存在风险的，系统自动进行预警，提高案件证据材料的审查质量和水平。依据相关法律规定，在检察机关收案和送案环节制定检查校验规则，由计算机自动进行比对校验。对于不符合收案条件的案件，由系统控制退回侦查机关。对于不符合送案条件的案件，由系统控制退回补全完善后重新移送。通过计算机在收、送案关键节点进行程序控制，有效防止不符合要求的案件进入下一诉讼环节，提升了办案质量，较好解决了过去"起点错、跟着错、错到底"的难题。

贵州省探索开发了大数据司法办案辅助系统，通过构建"犯罪构成知识图谱"和各罪名案件数学模型，将检察官案件办理流程数据和案件实体数据全部采集进行可视化分析，按照"是否认罪""是否重大疑难复杂案件"等相关分类标准，设计快速和普通审查两种模式进行繁简分流。"犯罪构成知识图谱"可以客观反映犯罪事实与证据之间的法律关联关系。通过将犯罪事实梳理细化分解为定罪要素和量刑要素等案件要素，建立起犯罪事实—案件要素—证据材料—证据要求之间的关系，从而把案件实体信息转化为计算机可以识别利用的数据，逐步实现快速检索、分析甄别、类案推送、质量分析、趋势发现、预警预测、评估研判、决策辅助等智能服务。

司法办案辅助系统通过对案件进行数据解构，自动识别关联案件要素、证据材料以及相关法条，对关键性证据进行程序管控；在出庭支持中，将案件审查过程中形成的全案数据，包括事实、罪名、证据摘要、证据分析、嫌疑人、认定要素等，按犯罪事实、犯罪嫌疑人等不同维度提供给公诉人，便于公诉人出庭时全面把握案件全貌，并建立法律法规库、案例库、出庭知识库（如答辩技巧、鉴定知识等），提供答辩提纲和多媒体出庭示证支持。同时在大数据司法办案辅助系统中，将检察官的案件审查过程通过证据摘要、证据分析、证据关联、证明要素等方式全程记录留痕。在起到"阅卷笔录"作用的同时，通过建立"没有证据材料就不能认定案件要素""证据材料之间存在矛盾的必须作出是否能够合理排除"等业务规则，由计算机程序控制，落实检察官的司法责任。

同时，该系统还为检察官在办案过程中提供法律文书辅助生成、类案推送等司法办案辅助智能化服务，提高检察官办案效率。

最后，运用案件智能研判系统，通过"证据偏离度""要素偏离度""量刑偏离度"等数据，客观反映出案件证据材料、犯罪事实在侦查机关、检察机关、审判机关之间的采信和认定差异情况，以及个案与同类案件的差异情况，为案件分析研判提供靶标。通过分析差异情况，既可以提升检察机关自身办案水平，又可以为更好履行立案监督、审判活动监督等法律监督职责提供数据支撑。

（三）检察委员会机制

检察委员会是检察机关内部讨论决定重大案件和其他重大业务事项的决策机构，在正确履行检察职能、保证严格依法办案过程中起着极为重要的作用。检察委员会制度是中国特色社会主义检察制度的一个重要内容，没有可供参照或者借鉴的模式。贵州省检察系统在坚定我国现阶段检察委员会制度具有优越性的信念前提下，认真研究了检察委员会工作中出现的新情况、新问题，坚持依法、合理、高效原则，科学选择改革的路径，不断健全、完善检察委员会制度，将检察委员会建设成为富有权威的、高效率的、民主科学的决策机构，推动了贵州省检察工作全面深入开展。

贵州省检察系统在本轮检察体制改革中认真贯彻落实了中央关于深化司法体制改革的总体部署，根据中央《关于司法体制改革试点若干问题的框架意见》《贵州省司法体制改革试点工作实施方案》《最高人民检察院检察委员会议事规则》和《贵州省人民检察院司法体制改革试点工作实施方案》，并在遵循司法规律，落实司法责任，确保检察机关依法、独立、公正行使检察权的基础上对人民检察院检察委员会的机制进行了改革。

总体而言，贵州省检察系统在本轮检察委员会机制改革中对以下几方面工作进行了改革和完善：

1. 规范议事规则，提高了检察委员会决策的民主性

民主集中制是人民检察院的根本组织原则，是检察委员会制度的灵魂。改革、完善检察委员会制度的首要目标即是为了更好地坚持民主集中制原则，提高检察委员会决策的民主性。贵州省本次检察委员会机制改革从规范、完善检察委员会议事规则入手，贯彻了民主集中制原则。在改革中完善了检察委员会发言次序、规范了表决程序、规范列席制、引进专家咨询机制，对争议较大或专业性较强的议案，会前召开专家咨询委员会或个别咨询，征求专家意见，从而提高了检察委员会决策的科学性。贵阳市花溪区人民检察院作为贵州省检察体制改革第一批试点院，严格按照贵州省人民检察院检察委员会议事议案相关规定开展检察委员会工作，在开检察委员会会议时按照少数服从多数的原则形成决定。要求参会委员必须过半数并且必须经参会委员的过

半数表决一致方可做出决定。检察委员会上每个委员均按规定的发言顺序充分发表意见，口头表决，检察长作最后的统计和发言，并在会后再签署书面意见。

2. 进一步改善委员结构，提高了检察委员会决策的权威性

检察委员会决策的权威性在很大程度上体现于委员业务素质的专家化。贵州省检察系统在本次改革中，为了树立检察委员会委员在业务工作中的权威地位，第一，扭转了目前检察委员会委员与人民检察院行政职务挂钩的传统模式。第二，明确规定了各级院检察委员会的人员组成结构及任期，规定了各业务部门负责人以及符合条件的资深检察官和优秀检察官可以担任委员。第三，明确规定了委员的更换条件和程序，委员具有《检察官法》第14条规定之情形被免除检察官职务的，由本院检察长建议，按照任免程序更换。第四，明确规定了检察委员会专职委员的任职条件、任期、职责、考核等制度，充分发挥专职委员的作用。

3. 进一步完善工作机制，增强了检察委员会的司法属性

在本轮检察体制改革中检察系统按照司法规律和办案规律的要求，进一步改革和规范了检察委员会议事程序和工作制度：其一，赋予专职委员或办事机构对议案的实体性审查权，增强检察委员会决策的亲历性。其二，完善议案标准。规定承办部门应将审查起诉阶段听取被害人、犯罪嫌疑人及其委托人员意见的情况，作为专项写进议案。其三，细化委员回避程序，增强其可操作性。其四，完善督办落实机制，保证检察委员会决定得以切实执行。其五，健全检察委员会决定的复议制度，体现了司法活动的可救济性，增强了检察委员会的权威性和公信度。

4. 建立健全了监督考核机制，完善了检察委员会工作责任制

贵州省检察系统在本轮检察体制改革中尝试建立相互配套的检察委员会监督考核机制，健全了检察委员会工作责任制。首先，实行委员定期述职报告制度。委员每年度将个人履行职责情况向检察长和检察委员会报告或向全体检察官通报，接受领导和群众的监督。其次，进一步完善岗位目标。理顺上下级院检察委员会、下级院检察委员会与上级院业务部门、主诉检察官与部门负责人、分管检察长和检察委员会之间的责任关系，明确界定各岗位职责目标，增强委员及相关人员责任意识，提高工作效能，增强检察委员会活力。

5. 进一步加强了办事机构建设，提升了服务水平和参谋质量

按照省人民检察院领导对检察委员会办事机构提出的"着力在提高水平、

提高质量、提高效率上下功夫"的要求，贵州省检察系统进一步规范和加强了检察委员会办事机构建设。一是加强办事机构组织建设，统一机构设置，强化上级院的业务指导。二是进一步规范职责范围，界定与专职委员的职能衔接与协调，积极配合专职委员做好议案的实体性审查工作。三是提高素质，发挥程序过滤职责，确保检察委员会议大事，解决带有根本性和全局性的重大问题。四是加强督办落实工作和检察委员会工作总结，保证检察委员会决定的权威，完善检察委员会制度。五是建立案例指导机制，发挥检察委员会决定案件的指导作用。

具体而言，本次评估根据《贵州省检察体制改革绩效第三方评估指标体系》，对检察委员会会议次数、讨论案件数量和讨论事项数量等几个指标进行了评估。在本次评估中发现，贵州省大部分人民检察院检察委员会的会议次数明显减少、讨论案件数量和讨论事项数量与改革前相比都急剧下降，改革成效显著，这大力保障了检察权的正确行使，使检察官的办案主体地位得到了大幅度提升，有效防止检察委员会集体决议成为检察官规避办案责任的"避风港"，把司法责任制落到了实处，提升了办案效率，确保了司法公正。

（1）检察委员会会议次数。从 2016 年 11 月至 2017 年 12 月，全省人民检察院检察委员会召开会议次数大量减少，降幅明显。具体情况见表 2-4：

表 2-4 贵州省检察机关检察委员会开会次数

人民检察院		改革前（次）	改革后（次）	下降幅度（%）
贵阳市及辖区人民检察院	贵阳市人民检察院	23	11	52
	白云区人民检察院	12	6	50
	乌当区人民检察院	10	6	40
安顺市及辖区、县人民检察院	安顺市人民检察院	7	5	28.6
	关岭县人民检察院	8	0	100
	平坝区人民检察院	29	7	75.9
	西秀区人民检察院	9	3	66.7
	紫云县人民检察院	7	4	42.9
铜仁市人民检察院		6	4	33.3

人民检察院	改革前（次）	改革后（次）	下降幅度（%）
毕节市人民检察院	172	61	64.5
黔南州贵定县人民检察院	24	8	66.7

（2）检察委员会讨论案件数量。从 2016 年 11 月至 2017 年 12 月，全省人民检察院检察委员会讨论案件数量大幅减少。具体情况见表2-5：

表 2-5　贵州省检察机关检察委员会讨论案件数量

人民检察院		改革前（件）	改革后（件）	下降幅度（%）
贵阳市及辖区人民检察院	贵阳市人民检察院	49	30	38.8
	白云区人民检察院	32	15	53.1
安顺市及辖区、县人民检察院	关岭县人民检察院	6	0	100
	平坝区人民检察院	19	6	68.4
	西秀区人民检察院	18	3	83.3
	紫云县人民检察院	10	6	40
	镇宁县人民检察院	28	19	32.1
铜仁市人民检察院		16	4	75
毕节市人民检察院		158	47	70.2
黔南州贵定县人民检察院		16	3	81.2

（3）检察委员会讨论事项数量。贵州省人民检察院检察体制改革以来，检察委员会讨论事项的数量明显下降。具体情况见表2-6：

表 2-6　贵州省检察机关检察委员会讨论事项数量

人民检察院	改革前（项）	改革后（项）	下降幅度（%）
贵州省人民检察院	6	3	50

人民检察院		改革前（项）	改革后（项）	下降幅度（%）
贵阳市及辖区人民检察院	贵阳市人民检察院	1	0	100
	南明区人民检察院	31	5	83.9
	乌当区人民检察院	3	1	66.7
安顺市人民检察院	安顺市人民检察院	7	3	57.1
	关岭县人民检察院	2	0	100
铜仁市人民检察院		6	0	100

（四）办案组织的监督制约

1. 权力清单情况

（1）先期试点的四家区县人民检察院落实权力清单的情况。花溪区人民检察院和贵定县人民检察院在落实权力清单方面所取得的效果较为突出，主要体现在两个方面：

一是形成司法办案新机制。两家基层人民检察院均依据最高人民检察院《关于完善人民检察院司法责任制的若干意见》和贵州省人民检察院《关于完善司法责任制明确检察官权限暂行规定》的要求，及时制定了《司法体制改革试点检察权权力清单》《检察官司法职权配置清单》以及《检察官办案权限暂行办法》等制度文件，用清单授权的方式厘清检察官、检察长、检察委员会之间的关系，明确各类检察人员的职责权限，将批准逮捕、决定起诉等办案权授予检察官行使，检察官直接对检察长（分管副检察长）负责，形成了权责明确、协作紧密、运行高效的司法办案新机制。

二是明确检察官权限。2016年，贵州省人民检察院制定了"谁办案谁负责、谁决定谁负责"的省市县三级人民检察院"权力清单"，对1606项检察权限进行科学分配，对不同级别人民检察院的检察官权限内容进行了划分，形成了权责明确、授权合理的权力分配体系，列举了检察长行使或委托行使的12个业务类别的127项权力，其余未明确的1000余项审批权，采取一般性授权的方式授权给检察官。在这方面，花溪区人民检察院在省市院的指导下，在统一业务应用系统完成审批权限变更，检察长、检察官、检察官助理、书记员分别严格按照权力清单的权限履行相应职责，司法办案全程留痕，司法责任一目了然。独任检察官和检察官办案组是司法体制改革后检察权运行的两种模式，贵定县人民检察院制定了《案件繁简分流处理制度》等文件，针对各项检察权的性质和特点，采取"菜单化"形式，分条建立检察长、分管检察长、检察官的司法权力界限，将审查批准逮捕、审查后移送起诉、追漏罪漏犯、检察建议提出等143项司法权力授予员额制检察官行使；对刑事案件、诉讼监督案件中的简类案件实行独任检察官办案模式，检察官依照权限对案件处理作出决定，重大复杂等繁类案件及职务犯罪案件实行检察官办案组模式，由一名检察官任办案组组长，承担案件的组织、指挥、协调以及对办案组成员的管理，在职权范围内对办案事项作出决定；同时，压缩审批层级，绝大部分案件由改革前的三级审批，改为由员额制检察官依据权力清单直接决定，中间审批层级减少，78%的批捕案件和81%的起诉案件独立作出处理决定。总之，花溪区人民检察院和贵定县人民检察院通过明确权力清单，依法赋予检察官办案决定权，初步实现了对办案模式的"去行政化"改造。

需要指出的是，花溪区人民检察院和贵定县人民检察院在权力清单中对审查逮捕、审查起诉等业务对检察官充分放权，但由于未能确定放权的标准和界限，实践中也未能对"重大复杂疑难案件"作出合理明确的界定，使得操作上具有不确定性和随意性。建议将检察官授权标准分为重大复杂疑难案件标准和办案权力属性标准，重大复杂疑难案件的决定权由检察长或检察委员会行使，其他案件则可以授权检察官行使；同时，对重大复杂疑难案件设置具体、相对确定的标准（一是以案件类型作为优先标准，二是以量刑轻重作为一般标准，三是以各方意见分歧作为补充标准）。

汇川区人民检察院共制定了三次权力清单：①2015年1月12日《汇川区人民检察院检察官岗位说明书》《遵义市汇川区人民检察院检察官职权分配办法》《办案团队及人员配置方案》；②2015年12月9日《遵义市汇川区人民检察院关于完善司法责任制明确检察官权限的暂行规定》；③2017年3月26日《关于完善司法责任制明确检察官权限的暂行规定的补充规定》。在落实权力清单方面，汇川区人民检察院情况良好，但仍存在授权幅度不大的问题。

榕江县人民检察院甚至没有另行制定，当然也就未能提供相关权力清单的文件，无法对其落实权力清单的具体情况进行有针对性的评估。

（2）省人民检察院、其他各市州人民检察院落实权力清单的情况。绝大多数市州的人民检察院都能严格执行《省以下人民检察院职能配置及内设机构改革试点工作指导意见》，以及贵州省人民检察院《关于完善市（自治州）级人民检察院司法责任制明确检察官权限的暂行规定》（黔检发〔2015〕25号）和《关于完善县（市、区、特区）级人民检察院司法责任制明确检察官权限的暂行规定》（黔检发〔2015〕26号）等文件的精神，甚至制定了适应本市州人民检察院特点的权力清单管理办法，对检察委员会、检察长、主任检察官、检察官、检察官助理等的权力进行清单式授权。以贵阳市为例，2015年贵阳市人民检察院就组织制定了检察官权力清单等制度，主任检察官及独任检察官根据授权行使300余项检察权，独立决定案件957件，办案质量效率进一步提升。相对而言，黔东南州两院落实权力清单的情况稍差，只是概要地执行贵州省人民检察院所印发的《关于完善县（市、区、特区）级人民检察院司法责任制明确检察官权限的暂行规定》，并未结合本地区的实际情况制定更为科学、针对性更强的权力清单。

2. 主体责任明确情况

（1）先期试点的四家区县人民检察院主体责任明确情况。在主体责任明确方面，先期试点的四家基层人民检察院基本上都能按照最高人民检察院和贵州省人民检察院的相关文件要求制定符合本单位特点的司法职权配置清单及其相关文件，进而构建了新的办案机制，明确了各业务条线检察官的司法权限，突出了检察官的办案主体地位，打破了层级审查，改变了过去案件承办人提出处理意见、部门负责人审核、检察长或检察委员会决定这种办案者不决定、决定者不办案的办案模式，实现办案主体与决策主体、责任主体相统一，增强了检察官司法办案责任心，减少了外部人员对司法办案的干预，保障了检察权独立行使，提升了司法公信力。具体表现如下：

花溪区人民检察院严格按照《关于完善人民检察院司法责任制的若干意见》中的内容，制定《花溪区人民检察院司法体制改革试点检察权权力清单》，科学配置办案主体权力，确立合理的权力配置标准，完善检察官办案权力的运行机制，使原来处于"承办人"地位的检察官走到执法办案决策的"前台"，办案主体地位在制度规范、司法实践和内心观念中都得到进一步凸显，检察官办案的司法属性和司法质效得到进一步突出；通过科学划分系统内部不同层级权限和改革现有办案方式，不仅减少了审批环节，还赋予了检察官独立对所办案件作出决定的权力，突出了检察官的主体地位，使检察官在司法办案中发挥主体作用，检察官独立作出处理决定的案件占总数的91.6%，增强了检察官司法办案的责任心。需要注意的是，花溪区人民检察院的办案组一般是临时组建的，目前还是以独任检察官组织为主，采取随机轮案方式办理所有类型的案件。存在的问题包括：独任检察官拥有完全的办案权限，能够独立承担责任，形成扁平化的办案模式，但承担办案的工作量也很大；入额院领导编入办案组织办案，但没有配备检察官助理，存在共用检察官助理的情况；办案组织人员搭配不合理，强弱搭配不当；检察官助理作用发挥不够；书记员系向社会招聘的，受职业前景、收入待遇等因素影响，队伍不稳定。对此，建议进一步厘清检察官助理办案权限与检察官对案件作出具体处理决定权限的性质与界限，明确检察官助理的职责权限，实行单独职务序列，调动检察官助理的办案积极性；同时，提高聘用制书记员的待遇，确保留得住人；建立完善、完整的办案组织，进一步落实司法责任；建立专业化的办案组织，适当繁简分流，把危险驾驶、交通肇事列为简单案件交由专业化办案组负责。

为了强化领导干部入额后的角色定位和职业回归，贵定县人民检察院制定了《司改试点办案团队设置方案》，将入额院领导分别编入反贪局、刑事监察部、公诉部等一线办案团队，并明确为各部负责人和主任检察官，出台了《检察长办案实施办法》，对入额院领导干部的办案数量、案件评查、业绩考核等进行规定。据统计，2017 年 6 名入额院领导共办理审查批捕、审查起诉和职务犯罪等案件 122 件，占案件总数的 37.3%。

汇川区人民检察院通过制定《岗位说明书》《权力清单》《汇川区人民检察院目标管理考核实施细则（试行）》等，对检察官的主体责任予以了明确。该院共有 24 名员额制检察官，均被依法赋予相应的办案决定权，通过认真落实检察官办案责任制，按照权力清单独立行使检察权的权益得到充分保障，办案履职中减少了外界的干涉，减少了层层审批程序，有效提高了办案时效，较好地落实了"谁办案谁决定，谁决定谁负责"，并对所办案件终身负责，实现了 87% 的检察人员直接投入到办案第一线的改革目标。

榕江县人民检察院在全面落实"谁办案，谁负责""办案责任终身制"等方面，将部分案件的决定权直接下放给承办检察官，有效减少了案件的行政审批环节，提高了办案效率，根据该院权力清单的授权，主任检察官、检察官共享有 347 项办案审批决定权，其中，公诉案件主任检察官、检察官审批权占 81%；批捕案件主任检察官、检察官审批权占 94%；职务犯罪案件主任检察官、检察官审批权占 94%。

（2）省人民检察院、其他各市州人民检察院明确主体责任的具体情况。2015 年，贵州省人民检察院制定了《关于完善人民检察院司法责任制明确检察官权限的暂行规定》和《关于完善加强司法办案内部监督的规定》，形成权责明晰、终身负责的长效机制，为防止冤假错案提供了有力的制度保障。最高人民检察院向全国转发了贵州省检察改革的经验，西藏、海南等 7 个省级人民检察院来黔考察学习。就各市州人民检察院而言，改革前大都是按照三级审批办案；改革后，这些地方的人民检察院均按照省人民检察院《关于完善市（自治州）级人民检察院司法责任制明确检察官权限的暂行规定》《关于完善县（市、区、特区）级人民检察院司法责任制明确检察官权限的暂行规定》等文件，将主体责任明确到具体员额制检察官，但毕节市、安顺市、六盘水市、黔东南州等市州人民检察院又另行制定更为详细的规定。相较而言，黔西南州、铜仁市、贵阳市和筑城地区人民检察院，尤其是遵义市人民检察院进一步对检察长、副检察长、检察委员会委员、主任检察官、承办检察官、检察官助理的主体责任予以了明确，甚至对各类人员的流程权限进行了配置，并要求在各自职责权限内对办案质量终身负责。

3. 内部监督

（1）先期试点四家区县人民检察院的内部监督情况。贵定县人民检察院通过六个方面的工作进行内部监督：一是把好案件进出口关，除特殊情况由检察长指定外，刑事案件的办理实行自动随机轮案机制，避免人为操纵案件受理；二是加强流程监控，在案件管理部门设立流程监督员、建立流程监督台账，对在办案件全面全程跟踪、预警和监控，及时发现和督促纠正违法违规办案情形，重点监督案件处理流程、法律程序、诉讼时限，违规制作、审批网上用印打印文书，违法处置涉案财物，侵害当事人诉讼权利的司法不规范等突出问题；三是重要节点环节报备，规定检察官在执法办案中出现改变犯罪定性、减少罪名、重罪改轻罪、改变强制措施、涉案财物处置等情形必须向案件管理和纪检监察部门报备（在涉案财物的处置方面，建立涉案财物保管台账，对每件涉案物品登记造册，做到一案一台账，监督管理好涉案财物的查封、扣押、冻结、处理工作，重点监督侦查部门、公诉部门在侦结、审结、裁判等节点的处理情况，建立撤销案件、不起诉案件、已判案件的案后跟踪制度，确保财随案走，案结事清）；四是开展案件质量评查工作和检察业务考评工作，采取跟庭考察、卷宗评查、个案评鉴等方式对检察官所办案件的质量、效果、规范司法情况进行全面评价，并作为业绩考评的依据；五是对不规范的司法行为实行黄牌警示制度，对司法质量评查中出现的程序性、习惯性、瑕疵性等不规范司法行为实行亮黄牌限期整改，并与绩效考核挂钩；六是按照"四统一、三覆盖"的要求建立一人一档的员额制检察官司法档案制度，着重从办案数量、质量、效果、规范司法、执行办案纪律和廉洁自律等方面进行建档，并充分利用司法档案对检察官进行考核，实行百分制倒扣计分，对得分不满 60 分的启动检察官退出机制。

花溪区人民检察院通过五个路径有效实现了内部监督：一是应用大数据辅助司法办案，实现全程留痕。作为大数据试点单位，花溪区人民检察院充分利用统一业务应用系统、司法办案辅助系统、侦查活动监督系统、流程监控系统、贵阳市政法协同办案系统等大数据应用系统辅助司法办案，实现办案信息网上录入、管理、监督，使执法规范的软约束变成信息化运行下的硬约束，做到检察官履职全程留痕，实现执法办案的全程、统一、实时、动态管理和监督。案管部门强化办案流程监控和预警，对办案效率不高的检察官实行上门催办，共针对 329 个案件开展流程监控，向办案部门发出口头办案期限预警 300 余次，确保案件走到哪个程序，流程监控就延伸到哪个程序，切实防止程序违法、案件超期等情况发生；二是强化案件质量评查。制定《案件质量评查办法》，由员额制检察官组成评查工作组，每月对已结案件逐案开展网上网下同步评查，做到"全覆盖、无死角"。评查结果以《案件评查通报》的形式在院务会上通报，并以个案清单形式要求承办检察官进行整改。对捕后不诉、撤回起诉等案件，指定专人重点评查，分析原因，组织集中学习，举一反三，防止出现类似问题。共评查案件 1000 余件，重点评查 16 件；三是建立司法档案，充分发挥考核评价功能。为解决检察官考评资料分散，记录不全面、不及时等问题，确保检察官办案责任制的落实，花溪区人民检察院制定了《司法档案管理办法》《司法办案内部监督暂行规定》，对 29 名员额制检察官全部建立司法档案，客观记录办案数量、质量、效率、效果，遵章守纪、廉洁自律、职业培训、业务研修、职业操守等方面情况，特别是案件质量评查结果、责任追究等体现司法能力的相关内容将会长期保存，作为对检察官考评、办案补贴发放的依据，有效防止了办多办少一个样、办好办坏一个样，确保检察权严格规范正确行使；四是建立检察官联席会议制度。针对办案中存在的质量问题，结合工作实际，明确拟改变案件定性、认为不构成犯罪等情形必须提交检察官联席会议讨论，在对案件进行会诊、为检察官提供咨询性意见的同时强化了对检察官行使权力的监督，防止检察权滥用。将检察官联席会议作为提请检察委员会讨论的前置程序；五是强化案件跟踪回访。制定《案件回访制度》，纪检组牵头对不捕不诉案件的侦查机关和当事人、职务犯罪发案单位等进行跟踪回访，了解检察官在执法办案中是否严格公正文明廉洁执法，回访情况记入检察官司法档案。

汇川区人民检察院采取了有别于贵定县人民检察院和花溪区人民检察院的路径：①以整合后的案件管理办公室为载体，构建"检察长—案件管理办公室—办案团队"的日常监督体系，实行实体办案权和流程监督权相分离，检察长、分管副检察长有权对各业务团队主任（独任）检察官承办的案件进行审核，不同意主任（独任）检察官处理意见的，可以书面作出改变的指令或决定，也可以提请检察委员会讨论决定；②充分使用贵州省人民检察院研发的案件质量评查系统对已结案件实行件件评查，准确掌握办案质量状况，查找影响办案质量的薄弱环节，督促业务部门整改不规范司法行为；③建立检察官业绩评价体系，评价结果作为检察官任职和晋职晋级的重要依据；强化监督机制，进一步完善检察机关自身惩治和预防腐败体系；④强化纪检监察、业务部门负责人对办案工作中执行纪律、制度情况的监督，健全防控廉政风险、防止利益冲突、防范违法办案等监督机制，进一步完善检察机关自身惩治和预防腐败体系。为此，汇川区人民检察院制定了一系列文件：《汇川区人民检察院案件质量评查办法》《汇川区人民检察院关于检察官联席会议制度的规定》《汇川区人民检察院检察委员会上会细则》《汇川区人民检察院员额制检察官业务考核办法》《遵义市汇川区人民检察院检察官绩效考核及奖金分配办法（试行）》《遵义市汇川区人民检察院员额制检察官司法档案管理实施细则》《检察官司法办案内部监督工作规定（试行）》《办案流程监控工作办法（试行）》《一案一评查工作方案》等。

相较而言，榕江县人民检察院虽也制定了诸多的文件，但却难以准确识别出哪些文件可用于内部监督，其成效又如何。

（2）省人民检察院、各市州人民检察院的内部监督情况。2016年，贵州省人民检察院探索建立了"一案一评查"的检察官执法业绩评价办法，在全国首家研发并运行案件质量评查系统，评查各类案件 9614 件，发现并纠正实体性瑕疵案件 30 余个，最高人民检察院在贵州省召开现场会予以推广。

"一案一评查"作为一项重要的内部监督机制加以确立之后，以此为契机，贵州省各市州人民检察院的内部监督机制得以完善：改革前，各市州人民检察院内部监督的机制基本一致，更多地体现为"长官意志"，主要由处室负责人和分管领导进行案件审批监督；改革后，各市州人民检察院大都建立了三类人员的业绩考核和司法档案制度，通过随机分案、流程监控、案件质量评查等方式进行内部监督，并制定了相关的文件。譬如，筑城地区人民检察院建立全院三类人员业绩档案（司法档案），以作为绩效考核的重要依据；实现案件质量评查工作常态化；明确规定三类人员的绩效考核工作由纪检监察部门全程监督；相比之下，黔东南州人民检察院的做法比较粗糙，其主要根据省院印发的《关于完善县（市、区、特区）级人民检察院司法责任制明确检察官权限的暂行规定》的通知执行，并未制定任何细化文件。

4. 外部监督

（1）先期试点的四家区县人民检察院的外部监督情况。人大监督、政协委员监督和人民检察监督员监督是传统的三种外部监督方式。检察官员额制改革之后，四家试点人民检察院均不同程度地扩展了外部监督的途径和方式，在对重大、敏感和社会关注度高的案件进行处理时，邀请人大代表、政协委员、人民监督员、律师、法律工作者和群众代表广泛参与，强化其在司法不规范、司法不廉洁等问题方面的监督作用。不过，由于理解的不同，有的试点人民检察院将案件信息公开、检务公开、检察官廉政公示等作为外部监督的内容（譬如，汇川区人民检察院、贵定县人民检察院）；有的试点人民检察院则将综合性服务平台的构建、智能查询系统的设立以及检察开放日视为外部监督的内容（譬如，花溪区人民检察院）。具体来说：

司法体制改革以后，贵定县人民检察院完善了外部监督机制：一是强化人大法律监督，员额制检察官每年向人大常委会书面或到会述职，接受代表测评；二是深化阳光司法，制定公开审查办法、公开宣告制度等，加大案件公开审查、听证力度，对重大、敏感和社会关注度高的案件在处理时邀请人大代表、政协委员、人民监督员、律师、群众代表参与公开审查和听证；三是建立律师参与涉检信访案件申诉代理机制，对涉检信访案件中存在的司法不规范、司法不廉洁等问题进行监督；四是建立第三方司法监督评查机制，与律师事务所、高校法学院进行合作，每季度对检察官所办案件进行质量评查，个案评鉴，全面客观公正地评价检察官的司法行为和案件质量（譬如，邀请贵阳听君律师事务所对员额制检察官 2016 年第四季度和 2017 年前三季度所办案件进行质量评查，分别形成了案件质量评查报告，并将评查结果装入员额制检察官司法业绩档案，实现办案留痕，监督整改，达到了预期效果）；五是实行检察官廉政公示，将员额制检察官的姓名、岗位职责、监督举报方式向社会公布，接受群众监督；六是深化案件信息公开，每月将重要案件信息及法律文书依照规定向社会公开，接受社会监督。

花溪区人民检察院制定了《花溪区人民检察院深化检务公开工作实施意见》《刑事申诉案件公开审查办法（试行）》《办理不起诉案件公开审查办法（试行）》《案件信息公开工作规定》等制度；建立集案件受理、律师接待、控告申诉、来访咨询、行贿犯罪档案查询为一体的综合性服务平台，设立检务公开栏、律师阅卷室、阳光检务智能查询系统，新建一个 50 余平方米的检察宣告室，作为公开宣告、公开审查、公开听证等案件的专门场所，定期开展检察开放日等活动，确保社会监督有序参与，把检察权置于开放、双向、动态状态下运行。

汇川区人民检察院按照依法、全面、及时、规范、便民的要求，对符合规定的案件信息实行全面公开，实行不捕、不诉案件公开听证，不诉、检察建议公开宣告处理结果等制度。该院进一步深化检务公开，全面上线使用案件信息公开系统，公开内容主要有：法律文书公开、案件程序信息公开、重要案件信息发布、律师网上预约申请；同时，该院通过人大代表、政协委员、人民监督员、律师、法律工作者等社会人员的广泛参与，强化其在监督司法权运行中的作用，让检察机关的执法活动在阳光下运行，倒逼执法规范化和司法公信。

而榕江县人民检察院只是概要地提及相关的文件名称，无法从中得知具体的外部监督措施，监督效果究竟如何也无从判断。

（2）省人民检察院、各市州人民检察院的外部监督情况。接受人大监督、政协（民主）监督和社会监督是省人民检察院和各市州人民检察院进行外部监督的常态（需要注意的是，铜仁市人民检察院的外部监督主要是政法委组织的案件评查、同级人大的监督和人民监督员监督）。譬如，2016 年，贵州省人民检察院接受各级人大代表视察、检查、评议等监督活动 1712 人（次），办理各级人大交办、督办案件 243 件，邀请各级人大代表参加检察活动 3203

人（次），主动走访各级人大代表 7697 人（次）；接受各级政协委员、民主党派、工商联和无党派人士参加"检察开放日"、视察调研等活动 788 人（次），参加案件质量评查等执法监督 675 人（次），采纳其建言献策 150 条；重视发挥人民监督员、特约检察员、专家咨询委员作用，认真办理"三员"意见建议 188 条。"贵州检察 12309 网上网下一体化服务平台"接收处理人民群众诉求工单 2764 条，处理答复率 100%。创新公开监督平台，公开案件程序性信息 53 590 条，公开法律文书 28 036 份，向律师推送案件信息 8188 条。发布法律文书占同期案件办结数比例为 93.6%，名列全国第三。

这三种常态化的外部监督方式之具体运行，各市州人民检察院之间既有共性、又略有差异。譬如，就民主监督和社会监督而言，改革前，毕节市、六盘水市和黔南州人民检察院均注重发挥人民监督员、特约检察员、专家咨询委员（"三员"）在参与检察决策、监督执法办案以及案件质量评查中的作用；改革后，毕节市人民检察院除坚持"三员"监督外，还采取邀请政法委、大学教授、律师等第三方参与案件质量评查，扩大外部监督方式及监督覆盖面，六盘水市人民检察院则将外部监督扩展至案件信息公开（黔西南州人民检察院也如此）和群众来访，黔南州人民检察院则将"检务公开"工作的创新发展、"举报宣传周"和"检察长接待日"活动的广泛开展以及"检察开放日"（黔西南州人民检察院也如此）的举办等作为外部监督的新亮点予以总结、宣传等。

5. 检察官考核惩戒机制

（1）先期试点的四家区县人民检察院的检察官考核惩戒机制的构建和运行情况。贵定县人民检察院出台了检察官办案责任制"9+1"制度体系，并取得了不错的效果。所谓"9+1"制度体系，即《贵定县人民检察院员额制检察官业务考核办法》《检察官执法办案监督办法》《检察长办案规定》《检察官办案质量评查办法》《加强检察官内部监督意见》《检察官司法档案管理规定》《检察官执法过错责任追究办法》《检察官、检察辅助人员岗位职责规范》《人员分类管理绩效考核办法》9 个配套制度文件和《检察官岗位说明书》。贵定县人民检察院确立了业绩考评机制，成立院检察官、司法行政人员、聘用制司法文员考评领导小组，建立不同类别的考核评价制度，其中员额制检察官业绩考评实行百分制倒扣计分，从办案数量、质量、效果、规范司法、执行办案纪律和廉洁自律等方面进行评价，检察辅助人员业务考核由部门员额制检察官提出考核等次意见，根据考核评价优、良、中、差结果，季度兑现绩效补贴；对员额制检察官年度综合考评得分不满60分的，启动退出机制；检察长（副检察长）办案业绩考核考评监督与其他检察官一样。但存在的问题是由于没有把目前在岗事业编制和工勤人员纳入绩效考核，影响了其工作积极性。

花溪区人民检察院制定、修订了具体的考核惩戒办法，建立了检察官绩效考核制度，并进行季度考核，根据考核结果发放绩效考核奖金，考核结果计入检察官执法业绩档案，作为评先评优、晋职晋升的重要依据。2016年，8名检察官因办案质量问题被扣发绩效奖金；但由于检察内部业务工作种类多，各种考核项目的分值很难平衡，为了提高考核效率和增强考核结果的客观性，建议引入科学方法，根据不同类别、不同岗位的要求，借鉴其他地区的"办案工作量权重评估"概念，充分运用数学方法对各业务类型案件的工作量进行科学评估，合理测算、均衡检察官的工作量，科学考核奖惩，公正评价检察官绩效。

汇川区人民检察院制定了相关制度文件（《汇川区人民检察院目标管理考核实施细则（试行）》《遵义市汇川区人民检察院检察官绩效考核及奖金分配办法（试行）》《员额制检察官司法档案管理实施细则》），强化案件质量评查结果的运用，探索质量评查与业务考评、司法档案、检察官绩效评价相结合的方式，推动建立健全相关工作制度，并根据司法瑕疵及不规范司法行为的情节轻重对承办检察官给予经济上的处罚。司法体制改革试点工作正式开展以来，汇川区人民检察院按照贵州省人民检察院《人民检察院司法瑕疵处理办法（试行）》《遵义市不规范司法行为责任追究制度》及汇川区人民检察院《案件质量评查办法》的相关规定，不定期制作《案件质量评查通报》，对案件评查中发现的事实认定、证据采信、法律适用、法律程序、法律文书、司法作风等多个方面的司法瑕疵及不规范司法行为进行通报，通报中除列明存在司法瑕疵案件的名称外，还要通报案件的承办人；在点名通报的基础上，还根据司法瑕疵及不规范司法行为的情节轻重对承办检察官给予经济上的处罚。

榕江县检察官考核惩戒机制只有相关文件的名称（《员额制检察官业绩考核细则》《检察辅助人员业绩考核细则》《员额制检察官业绩考核指标》《检察辅助人员业绩考核指标》）而未提交文件的具体内容，从其反馈的调研材料来看，无法反映出其所取得成效、也体现不出还存在的问题。

总之，先期试点的四家人民检察院，都或多或少地将绩效奖金与检察官考核惩戒机制挂钩，试图以绩效奖金的扣发或奖励作为检察官考核惩戒机制的突破口。

（2）省人民检察院、各市州人民检察院的检察官考核惩戒机制的构建和运行情况。各级人民检察院均在改革后制定了员额制检察官绩效考核和奖金分配办法、司法责任追究办法、司法业绩档案实施办法等制度。2016年11月，全省三级院按要求已全部制定了本院检察官、检察辅助人员、司法行政人员的绩效考核和奖金分配办法，对办案数量、质量、效率进行考核后，评出"优良中差"四个等次，并与绩效考核奖金挂钩。各级人民检察院认真落实《贵州省检察机关员额制检察官司法档案管理办法（试行）》，把员额制检察官履职情况全面如实纳入司法档案，作为绩效考核的重要依据。

三、检察人员职业保障

（一）职业保障体系

1. 工资待遇保障机制

改革以前，检察官职业发展空间较小、职级待遇相对偏低等问题比较突出。同样是通过法律职业资格考试，选择做自由职业的律师收入普遍高于检察官；同样是公务员，检察官的工作强度相对更大，责任更重，薪酬待遇却没有优势。这导致检察官职业尊荣感总体不高，人员流失比较严重，不利于专业队伍的形成，不利于职业素质的提升以及办案质量的保障。改革检察官工资制度是深化司法体制改革的一项重要内容，这次改革适应司法规律的要求，将人民检察院工作人员划分为员额制检察官、司法辅助人员和司法行政人员三类，实行不同的管理办法和相应的工资待遇保障。员额制检察官的基本工资应比同级公务员高出50%。检察辅助人员、司法行政人员的工资待遇也应当增加20%左右。通过基本工资的提升和科学的绩效考核，切实保证检察官职业化改革向前迈出了重要一步，有利于建设专业队伍和提高职业素养，增强司法人员的职业荣誉感和使命感。

贵州省工资待遇保障机制的主要依据性文件有《贵州省人民法院、人民检察院工资制度改革试点实施意见》《人力资源社会保障厅省财政厅关于印发贵州省法官、检察官工资制度改革试点实施意见的通知》（黔人社厅通〔2016

517 号)、《关于做好全省人民检察院系统 2015 年-2017 年绩效考核奖金分配工作的通知》（黔人社厅通〔2017〕194 号）、贵州省人民检察院印发的《贵州省人民检察院检察官绩效考核及奖金分配办法（试行）》《贵州省人民检察院检察辅助人员绩效考核及奖金分配办法（试行）》《贵州省人民检察院司法行政人员绩效考核及奖金分配办法（试行）》以及省人民检察院下发的关于分解下达到各市州市县两级或者州县两级检察机关绩效考核奖金总量的通知。

（1）落实检察官工资待遇增长

①基本工资。薪酬保障改革作为保障专业队伍建设的重要一环，早在 2015 年 1 月，司法责任制改革试点刚刚启动之时，省委政法委就将其纳入了改革总部署，提出坚持不搞"空转"，也不简单增资。按照通常的理解，基本工资是职工劳动报酬的主要部分，相对于收入中的其他组成部分具有相对稳定性。《中华人民共和国宪法》规定人民检察院是国家的法律监督机关，检察官的职业角色是法律监督者，担负着维护国家法律统一正确实施的重要职责。人民检察院不是企业，亦不是普通的事业单位。绩效考核是衡量检察人员工作量和工作效果的指标，但绩效考核津贴不应当是检察官收入的主要部分，否则容易从制度上造成检察官以绩效指标为工作目标，束缚其主观能动性，不利于检察官稳定、严肃、公平地对待每一项工作。并且，很多检察工作并不能简单地量化，例如案件的难易程度、办案质量、对监所的监督等，目前的考核指标仍有很多不尽如人意之处。2016 年 10 月全省检察机关的员额制检察官基本工资就已实转到位，按月发放。员额制检察官基本工资月人均增加 1207 元。

②津贴。除了以上改革关注的重点，检察官的收入中还有一块重要的内容——津贴，包括改革性补贴、公务电话补贴，对应等级的公务交通补贴等。津贴补贴按检察官职务等级执行。公务交通补贴、公务电话补贴等其他按职务确定的津贴补贴，参照规范津贴补贴的对应关系执行相应的标准，区分领导和非领导职务标准的按领导职务标准执行。员额制检察官、司法辅助人员和司法行政人员享受工改保留津贴的人员范围，截止时间确定为工资套改启动时，最大限度地让检察机关人员得到实惠。由于津贴不是改革关注的重点，且在中国的收入组成中，津贴总是对应有具体的项目支出，所以津贴的变动并不为大家所关注，但是对于个体来说，属于收入的重要组成部分，且使用的时候并不会真正分账户来加以区分。合理的津贴制度也确保了检察官实际

收入的增加。

③考核绩效。省委政法委明确了不搞普惠、绩效考评、鼓励办案、提升荣誉的总体思路，积极争取党委、政府和有关部门的支持，建立了"以专业等级为基础，综合办理案件质量和效果，按照因案测算、以案定补、按劳取酬、分类考核"办案补贴制度，实现薪酬补贴"实转"。省人民检察院根据各地的具体情况和原有工资待遇水平下发了差距非常细微的绩效考核奖金分解任务文件。

贵州省检察系统单独设立的绩效考核奖金，按高于当地其他公务员人均工资收入一定比例的水平，扣除各自其他工资项目的差额来确定。全省检察官绩效考核奖金核定的基数，统一按全省其他公务员人均工资收入一定比例的水平进行确定。2016和2017年贵州省员额制检察官绩效考核奖金核定标准为2729元。以黔南州为例，黔南州一名普通一级检察官（正科级），改革后每月基本工资比改革前增加886元。加上每月绩效考核奖金2728元，改革后每月总工资增加了3614元，较当地同期综合管理类公务员增长50%左右。

④年终奖。同级别党委政府每年度结束都会对辖内机关单位年终目标考核，也就包括了人民检察院。考核结束后，党委政府会根据考核结果给人民检察院发放一笔年终奖，人民检察院基本上是按人头发放年终奖。该年终奖的金额根据同级地方财政情况确定，区别较大，人均能拿到2万到5万元不等。对于普通公务员而言，这是一笔不能忽视的收入。人财物上划到州市以后，年终目标考核奖金基数市州已经核定，但是县级财政情况不一，有些贫困县，无法按照市州的文件落实到位。年终奖和当地的具体财政情况有密切关系，目前暂时不具备要求省直管或者中央下发的条件。那么能否采取不参与考核，直接拿当地年终奖的中位数这样的做法来解决问题？该问题值得进一步思考。

（2）建立科学分配绩效考核奖金制度。2016年，贵州省人民检察院对三类人员分别制定了绩效考核及奖金分配办法三个文件，全省市县两级人民检察院也分别制定了绩效考核及奖金分配办法。绩效考核奖金发放不与职务挂钩，主要依据责任轻重、办案质量、办案数量和办案难度等因素向一线办案人员倾斜。对三类人员分类开展绩效考核，考核结果统一分为优、良、中、差四个等次，作为绩效考核奖金发放、公务年度考核、评先选优、晋升职务等方面的重要依据。例如，2016年省人民检察院三类人员的绩效考核，经省院党组会议研究决定，基础性奖金根据检察人员的身份和级别按月定量足额发放，奖励性奖金以良为基数，优比良每月增加20%，中比良每月减少20%，差比良每月减少30%。每个档次相差300元左右。现行的奖金发放办法充分调动了各类人员的工作积极性，既做到了差别性对待，奖勤罚懒、奖优罚劣、公平公正，又不至于差异过大出现前述所说的情况——导致检察人员以考核标准作为工作目标。

检察辅助人员、司法行政人员工资增长主要体现在绩效考核奖金部分，基本工资并无变化，仍按综合管理类公务员基本工资制度、政策和标准执行。根据文件的精神，检察辅助人员、司法行政人员的工资待遇也应当增加20%左右。以黔南州为例，检察辅助人员、司法行政人员按照绩效考核奖金核定数1438元/月，结合考核结果，进行二次分配后发放。因此，对于这两类人员最重要的是合理的绩效评估办法。从项目组目前调研的情况来看，所有人民检察院都根据省里的文件制定了具体的绩效考核办法，不过这些文件大多是对省人民检察院文件的简单复制，彼此也相互借鉴，有一定的雷同。人民检察院作为法律监督机关，共性大于个性，在一省范围内普遍性大于特殊性也属正常。各具体院的工作总体而言共同性大于差异性，绩效的评价标准也应当较为一致，确保绩效评价具有真实性、科学性，而不是走过场，不应出现同省同城同工不同酬的现象。值得注意的是，对助理检察官和书记员的考核难度较大，因为目前大多数人民检察院不能做到1∶1∶1的检察团队配置，很多时候存在多个检察官共用助理检察官和书记员的情况。且人民检察院的工作方式和人民法院有很大区别，不限于一个个的案件，还有很多检察事务。如何更客观地评价助理检察官和书记员的工作还有进一步探讨的空间。

（3）尚需建立稳定的待遇变动制度。检察官、检察辅助人员、司法行政人员工资待遇的合理变动至少应当考虑三个因素：经济发展水平的变化、通货膨胀、本地区其他公务员的薪资水平。前两个因素的变动在社会发展的上升期变动尤为剧烈。改革的第一步通过大量的各部门协调，下发文件的方式来兑现工资待遇是合理的，但是未来应当出台能够随着情势变迁而变化的工资待遇制度，给检察人员以明确的预期和保障，并且减少行政化色彩。

2. 人员的分级管理制度

调研中，人民检察院一般都执行了2017年6月1日中共贵州省委组织部、中共贵州省委政法委、贵州省高级人民法院、贵州省人民检察院下发的《关于印发〈贵州省法官助理、检察官助理和书记员管理办法（试行）〉的通知》（黔组发〔2017〕35号），实行人员分类管理。员额制检察官已按要求进行等级划分，但检察辅助人员、司法行政人员的分级管理因为没有配套实施细则，尚未实施。司法行政人员的分级管理尚未实施，对其中党政干部，暂时参照国家公务员条例等有关规定；对司法警察还适用《中华人民共和国警察法》和《中华人民共和国警衔条例》等法律规定；对司机等职工适用国家有关工人的规定。项目组认为，对检察辅助人员的分级管理是这一块改革的重点。检察辅助人员的工作能够有效节约员额制检察官一半以上的时间，检察辅助人员需要对工作加倍的细心，有较强的保密意识和责任感，做好辅助工作亦需要较长时间的经验积累。应当抓紧对检察辅助人员进行分级管理，给检察辅助人员上升的期待和空间，并且在待遇上也应当有所区别。检察辅助人员具体而言又可分为检察官助理和书记员两大块，这两块人员的工作性质、人事关系存在较大区分。

（1）员额制检察官。《贵州省法官、检察官等级升降办法（试行）》（黔组法〔2017〕33号）文件明确"县级人民检察院三级高级检察官不超过核定检察官员额的15%，四级高级检察官不超过核定检察官员额的25%"。随着时间的推移，四级检察官员额数满以后，在基层人民检察院就会出现一级检察官难以晋升为四级高级检察官的情况，无法实现原来期待的分级制度给检察官带来的进步动力和业务肯定的目标。建议修改晋升条件及延长年限，或者动态管理，设立可上也可下的制度。

（2）司法行政人员。司法行政人员的行政职务待遇难以解决，和编制问题纠缠在一起。目前，对内设机构改革后存在的问题在于省编办批复的内设机构改革方案中，没有明确各内设机构的职级规格，在任命行政后勤部门负责人时无法解决其行政级别，一定程度上影响了行政后勤人员的工作积极性。

（3）检察官助理。检察官助理本身掌握着相当程度的法律知识，不少还是通过了法律职业资格考试的青年才俊，是员额制检察官的后备队伍。除此之外，还有部分检察官助理是从原来检察官的岗位转来的。检察官助理除了不对案件进行决策和承担责任之外，所做的大量工作和检察官并无二致，但是待遇上和员额制检察官有较大区别。如果检察官助理不进行分级，则唯一的上升空间是进入检察官员额制，而检察官员额制本身在数量上的管控较严，加之现在不少检察官助理原来就是检察官，年纪已大，再入额的可能性不大。同样是通过法律职业资格考试，当律师既自由又能有较高收入；同样是人民检察院内，当员额制检察官更有尊荣感收入也更高。因此，检察官助理的收入应当有所提升，且合理分级，以便有上升的空间，否则难以稳定这支队伍，勉强维持也难以保证工作的积极性。

（4）书记员。调研中，项目组发现，书记员的问题较之检察官助理更为严重。检察官助理身份较为确定，属于国家公务员。而书记员基本上都是聘用制的，即合同工。从省的层面上看，改革方案中缺乏对书记员来源、经费等各方面的具体制度文件保障，各人民检察院没有办法自行聘用，必须依托地方政府，于是就出现了不同的情况。有些地方书记员的收入只有1600元、1700元、有的地方能达到4000元，大多数地方都在2000多元。以第一批试点的四家人民检察院为例。榕江县人民检察院目前有4个书记员，属于公务员编制，没有聘用制的书记员。虽然之后向社会聘用了12个文员，却不敢充当书记员使用（因为书记员的工作内容可能涉密），只能做边缘的事务性工作。无法实现"1名员额制检察官+1名检察官助理+1名书记员"的办案组织模式。员额制检察官仍然承担办理案件的大量事务性工作。汇川区人民检察院在当地政府的支持下，区委、区政府核定可聘用23名书记员，2014年政府为其统一招录18人，目前在岗15人。2017年以前这些雇员每个月只有2000元左右的收入，2017年起，雇员工资参照事业编解决，扣完"五险一金"后，每月实际收入4000元左右。但是身份和待遇与正式员工仍然不能相比，按照政府统一招聘时的标准，这些雇员都是大学本科以上学历，不可能安心于合同工的身份和参照事业编的待遇，一旦考上其他单位，可能立即就辞职。书记员队伍留不住人的情况十分突出。

针对上述问题建议参考一些省的做法：这些省已经实行聘用制检察辅助人员职务等级分类管理制度，将书记员分为初级、中级、高级三个级别，将每个级别又分为三等、二等、一等三个等次，即实行"三级九等"制度。这些省份聘用制检察辅助人员的薪酬由基本工资、绩效工资、岗位津贴和工龄工资构成，基本工资不得低于当地最低工资收入标准的1.2倍，绩效工资则由各地人民法院根据岗位目标考核完成情况而定。医疗、养老、制服、休假等职业保障与正式干警一视同仁。有的省的财政厅还在财政经费中增设了"人员分类管理制度改革专项经费"项目，专门用于聘用制检察辅助人员的职业保障。通过这些方式，不仅能极大地调动聘用制检察辅助人员的工作热情和积极性，而且也能极大地提升聘用制检察辅助人员的职业尊荣感和归属感，从而为人民检察院留住人，确保工作稳定正常开展。

3. 履职保障制度

根据《贵州省人民检察院司法体制改革试点工作实施方案》的要求，健全检察官履职保障制度的主要内容是，非经法定事由，非经法定程序，不得解除检察官职务。完善检察官人身安全保障机制和名誉保护制度。针对检察官职业特点，积极推动检察官参加工伤保险制度，探索实施与检察官职业特点相适应的人身意外伤害保险制度。

从项目调研的情况看来，对这一改革内容首先从认识上就有很大差异。第一种认识：把财政保障的内容，尤其是绩效考评视作是履职保障。虽然经济保障从广义上也是职业保障的重要内容，但是在工资待遇已作为专项单列后，再将绩效等同于履职保障则是对该项改革的内核理解发生了偏差。在这种认识下，还有一种倾向，认为履职保障就是要对相关人员违法行使职权的情况进行追责。第二种认识：把依法独立公正行使审判权、检察权，防止领导干部等干预司法视为履职保障的重要内容。2015年4月，中共中央办公厅、国务院办公厅印发了《领导干部干预司法活动、插手具体案件处理的记录、通报和责任追究规定》，旨在进一步落实党的十八届四中全会精神，通过制定实施细则，一方面为防止领导干部干预司法划出"红线"，建立"防火墙"和"隔离带"，为司法机关依法独立公正行使职权提供制度保障。该规定指出，"任何领导干部都不得要求司法机关违反法定职责或法定程序处理案件，都不得要求司法机关做有碍司法公正的事情"；另一方面指出，"司法机关依法独立公正行使职权，不得执行任何领导干部违反法定职责或法定程序、有碍司法公正的要求"，这对领导干部和司法机关提出了总体要求。从该规定的出台可以看出，防止领导干部干预司法主要是从政府的角度开展工作，并不是本项改革所称的履职保障。第三种认识：履职保障，主要是检察人员在进行与职务相关的工作时，不应受到人身上非法打击和报复，更不应当因此被解除检察官职务。项目组认为，这种认知才真正把握了改革的目标。例如遵义市人民检察院，党组研究出台了《遵义市检察机关保护检察人员依法履职情况报告制度》，畅通报告渠道，明确干警遇到因依法履职遭受打击报复或不公正待遇的情况要及时向本院党组或直接向市院政工、纪检部门报告，市县两级院党组对干警报告反映的情况要进行调查核实，对可能存在的打击报复行为要协调有关部门对检察人员进行保护，对已发生的打击报复行为要商请公安机关依法处理，对遭受的不公正待遇要建议有关机关予以纠正，对领导干部违法干预司法活动、插手具体案件处理的要按干部管理权限向有关党委报告。同时，组织全体干警认真学习中共中央办公厅、国务院办公厅颁布的《保护司法人员依法履行法定职责规定》等相关文件精神，进一步提高干警自我保护的意识。

4. 退休保障制度

根据《贵州省人民检察院司法体制改革试点工作实施方案》的要求，探索实行符合检察官职业特点的退休保障制度。按照《检察官法》第 45 条的规定，根据检察工作特点，适当延长一线办案的检察官退休年龄。由本人申请，组织同意，对工作需要、业绩优秀、身体健康的一线办案检察官可延迟 3 年~5 年退休。延迟退休的检察官不占人民检察院员额，享受检察官待遇。该项制度应当属于顶层设计的范畴，市州县出台的改革配套方案均注明"具体办法由省统一制定"。

一个成熟的检察官不仅要具备良好的法律素养，还要具备成熟的分析决策问题的能力，而这些能力非经时间的磨炼和考验是不能形成的。50 岁左右正是思想成熟、经验丰富、法律素养达到一定程度的黄金年龄，以行政干部管理的思维让检察官退休是不适当的，势必造成检察官这一宝贵社会资源的极大浪费，不利于国家法治的建设。改革的思路和大方向适合基本理性，应由省级人民检察院尽快出台相关文件，配套制度，细化实施、强化可操作性，确保有能力留、想留的检察官能够继续服务于检察事业。

除此之外，对于退休检察官的待遇问题也存在认知上的差异。一些基层组织部门以员额制检察官属于单独序列为由，不按照《中共贵州省委办公厅贵州省人民政府办公厅关于印发〈贵州省县以下机关建立公务员职务和职级并行制度的实施意见〉的通知》（黔党办发〔2015〕36 号）开展职务职级并行工作。员额制检察官并非终身制，从目前看，中途退出或者退休时的工资测算是按入额前对应的公务员等级进行。所以，应当对退休检察官退休后的收入予以重视，及时出台细则解决此问题，否则没有行政级别的员额制检察官将受到较大的利益损失，从而挫伤该群体的工作热情。

（二）职业荣誉感和使命感

1. 文化建设

（1）创建"4+1"工程。各地均根据贵州省人民检察院《关于加强检察文化建设的意见》《关于基层人民检察院建设"4+1"工程创建工作的指导意见》，紧紧围绕检察文化的基本内涵，积极依托地方文化，打造体现地方特色的检察文化品牌。在文化基础设施方面，不少地方对办公大楼内外环境和室内外绿化美化亮化作了进一步改造，对荣誉室、陈列室、图书室、文化墙、文化长廊、文化橱窗、文化展板、电子阅览室等重新进行了规划和装修。不少人民检察院还建了体育健身房。在文化环境的营造中，各院纷纷结合本院特点，在办公大厅、文化长廊、文化墙等地着力营造各具特色的文化氛围。

（2）加强文化宣传。

①媒体宣传。"两微一端"实现全省全覆盖，省人民检察院"两微一端"发布信息5500余条，访问量2600万人（次），多次荣登全国检察机关影响力排行榜第一名。省人民检察院荣获"全国检察新媒体年度贡献奖"，门户网站荣获"全国检察机关十佳网站"的称号。

②推出影视作品。省人民检察院推进检察文化弘扬法治正能量，2件作品分别荣获全国检察新媒体创意大赛银奖和铜奖。《苗岭雄鹰》剧本，荣获全国检察题材优秀影视剧本一等奖。黔南州积极创作拍摄微电影近10余部，成为反映黔南检察工作、展示黔南检察形象的窗口。

2. 人文关怀

（1）开展各类文娱活动。各级各地人民检察院均开展了各种类型的文娱活动以丰富干警生活。例如，黔南州人民检察院成立了检察官文联，州县两级人民检察院成立了多个兴趣小组并积极开展活动。全州检察机关充分利用春节、妇女节、劳动节、青年节、国庆等各种节假日，开展拔河、登山、猜谜等丰富多彩的比赛和活动。贵定县人民检察院倡导"健康生活、快乐工作"，建立了廉政食堂、职工书屋、文体活动中心，在节假日组织开展趣味运动会、健步走、游园等活动。这些活动有力地丰富了干警的文化生活，为干警干事营造良好的工作生活环境。

（2）送温暖。绝大多数人民检察院都建立了谈心谈话制度、定期征求干部意见制度，了解干警的日常生活、心理动态、工作困难，以便及时处理。开展了慰问困难党员、贫困户、生病住院干警等爱心活动，节假日各级院领导走访离退休老同志、遗属等成为常态化的送温暖行动。

四、省以下人财物统一管理

(一) 检察人员的统一管理

根据司法体制改革相关工作要求，各地检察机关机构均按贵州省机构编制委员会办公室《关于确认市县两级人民法院人民检察院移交机构编制数据的函》(黔编办函〔2017〕31号) 文件要求和省人民检察院统一部分的统筹方案执行，编制管理已经移交省编制机构委员会办公室统一管理。

(二) 检察工作经费的统一管理

1. 预算编报

按照《关于印发〈贵州省省以下人民法院人民检察院经费资产由市级统一管理的意见〉的通知》的要求，全省各市 (州) 制定了《经费资产市级管理实施方案》，明确本地区县 (市、区) 级人民检察院从 2017 年 1 月 1 日起为该市 (州) 财政局一级预算单位，新的预算管理模式下，市 (州)、县两级院部门预算由市 (州) 财政统一下达。目前，大部分已经按政策要求开展预算编报工作，个别地方因为处于过渡期，预算仍向县级财政编报。

2. 预算审核机制

按照《关于印发〈贵州省省以下人民法院人民检察院经费资产由市级统一管理的意见〉的通知》的要求，市、县两级人民检察院经费资产市 (州) 统一管理体制已顺利实现。全省各市 (州) 制定了《经费资产市级管理实施方案》，明确本地区县 (市、区) 级人民检察院从 2017 年 1 月 1 日起为该市 (州) 财政局一级预算单位，新的预算管理模式下，市 (州)、县两级院部门预算由市 (州) 财政统一下达。其中，黔南州、黔东南州的各县 (市、区) 级人民检察院积极探索 "一级预算、二级管理、州级集中、县市核算" 的管理模式。

当然，经费资产统一管理后，相关经费支出前置审查主体未能及时调整和确定，影响到保障的实施。有个别地方因为处于过渡期，2015 年 - 2017 年预算未获省、州、县三级的财政批复。

3. 保障水平

(1) 公用经费保障标准大幅度提高。经市州党委、政府批准，九个市州均已确定了统管后各院的公用经费标准 (含办案业务经费)，并列入年初预算予以保障。省人民检察院保障标准不变，九个市州保障标准最高的是毕节地区：毕节市人民检察院和七星关区人民检察院为每人每年 6.5 万元，其余区县院为每人每年 5.5 万元；其次是遵义地区：遵义市人民检察院为每人每年 5.9 万元，区县人民检察院达到每人每年 4.1 万元；安顺、黔东南、黔南和黔西南这四个地区两级人民检察院均按 4 万元保障；铜仁地区市人民检察院每人每年 5 万元，区县人民检察院每人每年 4 万元；六盘水市人民检察院和钟山区人民检察院为每人每年 2.5 万元，其他区县人民检察院为每人每年 2 万元；贵阳市两级院按不低于 2015 年的保障标准安排。总体上，贵州省改革后公用经费保障平均水平达到每人每年 3.75 万元，较改革前的 2.12 万元增长了 76.89%；与其他行政单位（公安除外）平均公用经费 2.5 万元标准相比，多出将近一半，有效保障了检察机关日常运行的需要。总体上，改革后人均公用经费保障水平较改革前有较大幅度提高，全省平均每人每年达到 3.75 万元，比改革前增长了 76%。

（2）专项经费安排保证了办案及辅助工作的需要。全省七个市（州）财政建立了人民检察院大案要案办案备用金制度，其余市州明确根据办案需要据实核拨；核定聘用人员部分经费；支持检察机关信息化建设投资按项目程序报批，运行维护费按预算编报程序评审后列入部门预算。黔西南州明确对州人民检察院、兴义市人民检察院、兴仁县人民检察院、安龙县人民检察院大案要案专项经费保障标准按 300 万元/年执行，贞丰县人民检察院大案要案专项经费保障标准按 200 万元/年执行，其余县人民检察院大案要案专项经费保障标准按 100 万元/年执行，大案要案经费得到充分保障；黔东南地区明确各人民检察院大案要案备用金按每年 240 万元设立。

4. 预算执行监督

县级检察机关预算执行监督主体上提一级，即由改革前的县级财政部门和县级人大常委会变更为由市级财政部门和市级人大常委会统一实施监督。即由市级财政部门相关业务科室对预算编制、执行、调整乃至决算等活动的合法性和有效性进行日常监督，市级人大常委会对决算的审查和批准，实质上是对预算执行情况的最终结果进行监督。目前，各地基本已完成了这一工作，但仍有个别地方未能实现，例如黔东南州因经费未上划，目前所有经费开支均由县财政国库集中支付管理及监督。

5. 专项检查考核

因经费统管工作刚刚完成，各地基本上尚无时间安排相关的专项检查。

个别地方未完成经费上划，也无法开展该专项检查考核。

（三）检察资产的统一管理

1. 清产核资的进度

根据《关于司法体制改革中资产清查、财务审计及资产处置、划转等有关事宜的通知》（黔财行〔2015〕6 号），全省九个市州两级人民检察院已按照现行财务制度和资产清查工作的有关规定，完成了对本单位资产的自查清理工作，现在正委托有资质的中介机构或审计机构对单位清查结果进行专项审计，待专项审计工作完成，出具审计报告报财政部门审批后一并上划。

各地清产核资的进度不一，如黔西南州全州 8 个县（市）检察机关已于 2016 年底完成清产核资工作，2017 年 3 月前已完成资产上划。毕节市各级检察机关的资产上划工作预计于 2017 年 6 月 30 日前完成。黔东南州、六盘水市等地的清产核资专项审计工作已经完成，并提交财政部门审核批复。铜仁市、遵义市则于近期完成资产清查工作。黔南州的清产核资工作尚处于审计阶段。

2. 资产权属的明晰度

各地检察机关资产权属基本明确、清晰，无债权债务纠纷。但个别检察机关因历史原因部分资产权属不清晰，例如榕江县人民检察院房改房相关问题，已经为干警办理了房产证，但因过去管理不规范，转交时未办理下账手续。

3. 原有债务的清偿情况

大多数检察机关基本上没有任何债务，个别检察机关因"两房建设（办案用房和业务用房）"或其他基建有部分未清偿的负债，例如铜仁市的思南县、德江县、松桃县、玉屏县、万山区等人民检察院均有负债（思南县院的房屋欠款当地政府承诺今年之内拨款还清，德江县院的铜仁市西五县"指居点"基建欠款 180 万元争取审计后和政府协商归还，松桃县院前任检察长李强的接待等资金欠款正在协商归还，玉屏县院基建欠款 850 万元政府答应今年内拨款，万山区院的基建欠款正在积极协商还款），晴隆县人民检察院负债 871 042.78 元未结清，榕江县人民检察院负债 900 万元，另平塘县人民检察院的办公用房被政府用于融资抵押，龙里县人民检察院两房项目债务 300 万元还未清偿。

4. 维护、更新设备的费用保障

各地人民检察院维护、更新设备的费用基本能够得到保障，但费用开支渠道各有所不同，例如遵义市、黔西南州、毕节市各院的设备维护、更新费用均由中央及省级转移支付款予以保障，而黔东南各地、铜仁各地、六盘水各地、花溪区、贵定县等人民检察院的维护、更新设备的费用在办公经费中支出。

五、特色和亮点

贵州省作为全国司法体制改革第一批试点省份，自 2014 年司法体制改革试点工作开展以来，贵州省人民检察院有序推进贵州省检察体制改革工作，探索形成了"入额办案、权责清晰、全程留痕、终身负责、大数据助力司法运用"等特色、亮点，其中大数据助力司法运用和领导办案履职示范最为凸显。

（一）形成入额办案、权责清晰的制度

1. 择优入额

在改革试点工作中，全省检察机关坚持择优入额，推进检察人员分类管理，实现了 39% 以下的入额检察官人数比例，确保了优秀人才、业务骨干向办案一线流动。全省检察机关采取"考核+考试+答辩"方式选任员额制检察官。自 2016 年 8 月遴选启动以来，2912 名检察人员报名参加遴选，经考核、考试、答辩等遴选程序，2125 名员额制检察官脱颖而出，有效促进了检察队伍建设的专业化、职业化发展。

以贵阳市人民检察院系统检察官员额制改革为例：

（1）入额检察官人数比例：全市实有干警 888 人，首次遴选员额制检察官 326 名。全市入额检察官人数比例为 36.71%。

（2）入额检察官年龄结构比例：全市入额检察官共 326 名，其中 23 岁-25 岁为 101 人；36 岁-50 岁为 164 人；51 岁以上为 61 人。

（3）入额检察官岗位分配：入额检察官已分配到业务岗位开展业务工作。

（4）入额检察官学历及专业结构：全市入额检察官共 326 人，其中本科以下学历 8 人、本科 275 人、研究生 42 人、博士 1 人；法学专业 301 人，非法学专业 25 人。

（5）等级设置及管理：全市按照《贵州省人民检察院关于确定员额制检察官单独职务序列等级的决定》（黔检发政字〔2016〕73 号），对全市员额制检察官的等级进行设置。

（6）检察官选任机制：全市均按照上级遴选相关要求，由政工部门组织报名登记并进行资格审查，统一参加上级考试、考核，择优入额。

（7）检察官晋升机制：全市按照《关于印发〈贵州省法官、检察官等级升降办法（试行）〉的通知》，对员额制检察官进行了筛查，对符合择优选升条件的进行上报。

（8）检察官退出机制：《贵阳市人民检察院绩效考核及奖金分配办法（试行）》第五章第22条规定，检察官绩效考核连续两年评定为"差"等次的，应按照有关规定免除检察官职务，退出员额。退出员额的程序依照省遴选委员会的规定执行。

2. 领导办案履职示范

贵州省为充分发挥入额领导干部在办案中的履职示范作用，制定了《全省检察机关领导干部司法办案工作的暂行规定（试行）》，从检察机关的宪法定位、司法责任制的根本要义和检察工作的一般规律综合考虑，明确了检察机关领导干部办案的方式、类型和数量，推动领导干部办案常态化。截至2017年6月20日，全省三级人民检察院620名专委以上领导全部参与办案，共办理案件11 603件，人均办案18.71件。

3. 实现清单授权，明确权力边界

按照各项职权不同性质和特点，贵州省人民检察院在全国率先制定下发了省、市、县三级人民检察院权力清单。全面梳理了检察机关统一业务应用系统中的1606项权限配置，以正面清单的方式列举了检察长委托行使的12个业务类别127项权力，其余未明确的1000余项审批权，采取一般性授权的方式授权给检察官，形成了权责明确、关系清晰、授权合理的权力分配体系。

（1）贵阳市人民检察院权力清单制度情况。按照贵州省人民检察院规定，权力清单根据省院《关于完善市（自治州）级人民检察院司法责任制明确检察官权限的暂行规定》，在统一业务系统上重新配置权力清单。明确界定检察长、检察委员会、副检察长、检察官、检察官助理在司法办案中的职责权限，强化检察官的主体地位，突出检察官的办案责任，真正落实谁办案谁决定、谁决定谁负责，形成权责明确、协作紧密、运行高效的司法办案新机制。除应由检察长或者检察委员会行使的职权之外，其余职权授权检察官依法行使。独任检察官或检察官办案组在职责范围内，根据事实和法律独立办理案件。

花溪区人民检察院狠抓落实检察体制改革试点工作，组织制定检察官权力清单等制度，主任检察官及独任检察官根据授权行使 300 余项检察权，独立决定案件 957 件，办案质量效率进一步提升。

（2）安顺市人民检察院权力清单制度情况。改革前实行案件承办人提出处理意见、部门负责人审核、分管院领导审批的三级负责制，改革后实行独任检察官和检察官办案组决定与副检察长和检察长审批决定相结合的办案责任制度。

严格执行贵州省人民检察院《关于完善市（自治州）级人民检察院司法责任制明确检察官权限的暂行规定》（黔检发〔2015〕25 号）、《关于完善县（市、区、特区）级人民检察院司法责任制明确检察官权限的暂行规定》（黔检发〔2015〕26 号）文件规定。

4. 坚持机构扁平，入额进部

贵州省在职能配置及内设机构改革试点工作中，将市州人民检察院业务内设机构整合为 8 个，综合行政部门整合为 4 个；将县级人民检察院业务内设机构整合为 5 个，综合行政部门整合为 3 个。89 个县级人民检察院内设机构整合完成，实现了 85% 的检察人员投入办案第一线。建立了检察官办案组和独任检察官两类办案组织，全省三级院共组建检察官办案组 278 个，确认独任检察官 1390 名，改变了以往"三级层报审批"的行政化办案模式，减少了审批层级，确保检察权的高效运行。

（1）贵阳市人民检察院部门设置情况。贵阳市检察机关按照省院的统一部署，根据《省以下人民检察院职能配置及内设机构改革试点工作指导意见》开展了内设机构改革工作，各基层院内设机构改革工作已全部完成。各基层院按照规模大小，整合原有内设机构，实行大部制改革，业务机构分别整合成 7 个、6 个、5 个三种模式，综合机构分别有 4 个、3 个两种模式。经过改革，各基层院内设机构数量大幅减少，有效促进扁平化、专业化管理。贵阳市人民检察院已启动内设机构改革工作，制定了《职能配置及内设机构改革试点工作方案》，现已上报待审批。

（2）安顺市人民检察院部门设置情况

①安顺市人民检察院共有 21 个部门，分别是办公室、政治部、法警支队、侦查监督处、案管办、公诉一处、公诉二处、未检处、反贪局、反渎局、机关党办、预防局、政策研究室、生态处、刑执处、民行处、控申处、监察处、技术处、计财处、黄果树监察室。

②西秀区院设 7 个业务部门，分别是反贪污贿赂局、公诉部、侦监部、刑检部、民行部、未检部、案管办。

③平坝区院内设机构经省编办审批，实行扁平化"大部制"管理，设有业务部门 6 个，分别是刑检部、公诉部、民行部、环保部、案管办、反贪局；设有综合部门 3 个，分别是政工部、办公室、信息技术部，另设有纪检组。

④普定县院有反贪局、公诉部、刑检部、民行部、案管办，综合行政部门有政工部、办公室、纪检组，新增信息技术部共 9 个部门。

⑤镇宁县院共设置反贪局、刑检部、公诉部、案管办、民行部门 5 个办案部门，均由专委以上的入额院领导担任负责人。

⑥关岭县院设立了反贪局、公诉部、刑检部、民行部、案管办、政工部、办公室、信息技术部，在原有基础上，精减内设机构 4 个，现有内设机构一局两室五部。

⑦紫云县院业务部门整合为 5 个部，分别是反贪局、公诉部、民行部、刑检部、案管办；综合部门为政工部、办公室、纪检组。

（3）黔南州人民检察院部门设置情况。黔南州贵定县人民检察院是全省首批检察改革四个试点院之一。该院以组建办案团队为基础、以落实办案责任制为核心，努力创造可复制、可推广的检察改革"黔南经验"。积极探索办案组织新模式，办案效率明显提高。贵定县人民检察院积极探索，将 12 个业务科室整合为刑检部、职侦部、诉监部、检事部，探索扁平化管理模式。

5. 强化独立，效果初显

（1）办案力量明显增强。各级人民检察院 85% 的检察人员投入办案一线，办案力量平均增加 20.42%，形成了以检察官为核心的多点办案单元，案多人少的矛盾初步缓解。

（2）检察官司法办案主体地位进一步确立。9 个试点院的 93.4% 的批捕案件和 95.12% 的起诉案件由检察官独立作出处理决定；试点院业务部门负责人办理案件数较改革前平均上升 38.1%；检察长（副检察长）从审批案件转变为亲自办理案件，9 个试点院检察长（副检察长）共办理 1047 件案件，检察长（副检察长）人均办案 25.27 件。员额制检察官的主体地位和司法办案的亲历性特点得到凸显。

（3）检察官担当精神明显增强。员额制检察官司法办案的责任意识、担当精神明显增强，规范执法的自觉逐步养成。检察官指控犯罪更加精准，执法规范更加精密，文书起草更加精细，司法公信力进一步提高。

（4）办案质量大大提高。改革试点以来，9个试点院审查逮捕公安机关提出复议复核的案件下降98%。全省涉检信访案件同比下降23%。未发生一起办案安全事故。今年4月，省委政法委对第一批4个试点人民检察院开展了案件质量评查，共随机抽查60件案件，所查案件全部合格。

（5）办案效率明显提升。试点人民检察院大幅减少了审批事项，缩减了内部审核程序，形成"检察官—检察长（副检察长）"的"扁平化"办案模式。截至2016年11月，批捕案件办案时限缩短20.16%，起诉案件办案时限缩短27.05%，民事行政案件的办案时限缩短32%，执行案件的办案时限缩短18.17%。

（6）诉讼监督进一步强化。截止2016年11月，立案监督、刑事抗诉、民行抗诉同比分别上升16.7%、85%、50%，公益诉讼案件位居全国试点省份前列，奖励举报人数量同比上升700%，救助刑事被害人数量同比上升111%，三大诉讼监督均衡发展。

（7）检察公信力稳步提升。贵州省人大代表对检察工作的赞成率逐年提高，如2015年，省检察机关忠实履行检察职责，多项工作位居全国前列，人民群众对省检察机关满意度为98.14%。2016年以来，全省三级人民检察院共对外公布法律文书、案件程序性信息11.8万件，通过12309检察服务平台提供查询、预约、咨询等服务3800余次，人民群众对司法公正的期待得到了较好回应。2017年贵州省十二届人大四次会议上，人大代表对检察工作赞成率达96.36%，对检察工作的满意度为98.28%。人民群众对检察工作的满意度大幅提升的同时，也从司法体制改革中感受到了公平正义。

（二）实现全程留痕、终身负责的办案监督机制

1. 实现办案全程留痕

全省三级人民检察院所有司法办案工作在统一业务应用系统上运行，实现办案信息网上录入、办案流程网上管理、办案活动网上监督，做到检察官履职全程留痕。

贵阳市检察机关均已建立检察官和检察辅助人员的司法档案，明确了管理部门，实行专人管理，实行专门存放。司法档案将检察官、检察辅助人员的执法业绩、执法作风、执法纪律等情况纳入执法档案管理，将检察官联席会议对检察官的评价记入档案，作为对检察官考评的依据、监督的手段和追

责的基础。全市检察机关建立健全常态性案件质量评查机制，对员额制检察官办理的案件进行及时全面监督，做到"一案一评查"，形成员额制检察官案件质量评查报告，对评查中发现的问题，分析原因，提出处理意见和整改措施，并记入检察官司法业绩档案。

安顺市人民检察院案件管理部门对检察流程进行全面监督，纪检部门进行人员监督，分管领导严格落实主体责任进行监督。安顺市院制定了《安顺市检察机关案件流程监控工作办法（试行）》《安顺市检察机关案件质量评查办法（试行）》、平坝区院制定了《关于加强员额检察官内部监督的意见》，加强内部监督。

2. 实行案件终身负责制

贵州省人民检察院制定下发检察官联席会议制度、案件质量评查办法、员额制检察官司法档案管理办法以及检察官、检察辅助人员和司法行政人员等三类人员绩效考核及奖金分配办法等制度，初步构建起司法责任立体监督体系。2016 年以来，贵州省各级检察机关共评查案件 53 559 件，对试点院员额制检察官已办结的 3800 余件案件进行评查，并在全国率先开发了案件质量评查系统，为检察官执法办案考评监督提供了信息化平台支持。

（三）大数据助力司法运用

2017 年是贵州省人民检察院确定的大数据应用推进年，司法办案辅助系统、案件智能研判系统、数据分析服务系统这三大数据应用系统将在全省各个人民检察院全部上线，并拓展延伸建设公诉出庭数据库。贵州省检察大数据已经积累了 34 万余件的案件信息，包括约 1268 万份的法律文书以及约 12 万册 920 万页的卷宗数据。

1. 大数据推进以审判为中心的诉讼制度改革

（1）2016 年 4 月，贵州省公、检、法联合下发《刑事犯罪证据基本要求》，明确对贵州常见、高发的六种刑事犯罪中的常见证据提出了基本要求，强化证据意识，实现以侦查为中心到以审判为中心的转变。

（2）贵州省检察机关在《刑事犯罪证据基本要求》的基础上，结合检察工作实际逐步细化形成《证据审查指引》和《证据风险评估指引》，镶嵌进办案辅助系统，发现证据材料缺失或存在风险的，系统自动进行预警，提高了案件证据材料的审查质量和水平。

（3）在贵州省检察机关收案和送案环节制定检查校验规则，由计算机自动进行比对校验。对于不符合收案条件的案件，由系统控制退回侦查机关。对于不符合送案条件的案件，由系统控制退回补全完善后重新移送。通过计算机在收、送案关键节点进行程序控制，有效防止不符合要求的案件进入下一诉讼环节，较好解决了过去"起点错、跟着错、错到底"的难题。

2. 大数据助力提高办案质量

（1）犯罪构成知识图谱的创建。创建"犯罪构成知识图谱"，客观反映犯罪事实与证据之间的法律关联关系。通过将犯罪事实梳理细化分解为定罪要素和量刑要素等案件要素，建立起犯罪事实—案件要素—证据材料—证据要求之间的关系，从而把案件实体信息转化为计算机可以识别利用的数据，逐步实现快速检索、分析甄别、类案推送、质量分析、趋势发现、预警预测、评估研判、决策辅助等智能服务。

（2）司法办案辅助系统的运用。将检察官的案件审查过程通过证据摘要、证据分析、证据关联、证明要素等方式全程记录留痕。在起到"阅卷笔录"作用的同时，通过建立"没有证据材料就不能认定案件要素""证据材料之间存在矛盾的必须作出是否能够合理排除"等业务规则，由计算机程序控制，压实检察官的司法责任。

（3）案件智能研判系统的运用。通过"证据偏离度""要素偏离度""量刑偏离度"等数据，客观反映出案件证据材料、犯罪事实在侦查机关、检察机关、审判机关之间的采信和认定差异情况，以及个案与同类案件的差异情况，为案件分析研判提供靶标。通过分析差异情况，既可以提升检察机关自身办案水平，又可以为更好履行立案监督、审判活动监督等法律监督职责提供数据支撑。

（4）强化司法办案出庭支持。通过大数据司法办案辅助系统出庭支持模块，在出庭准备和出庭运用中，将案件审查过程中形成的全案数据，包括事实、罪名、证据摘要、证据分析、嫌疑人、认定要素等，按犯罪事实、犯罪嫌疑人等不同维度提供给公诉人，便于公诉人全面把握案件全貌；同时提供法律法规库、案例库、出庭知识库（如答辩技巧、鉴定知识）等数据快速查询检索功能和答辩提纲模板等，辅助公诉人编写答辩提纲。

3. 运用大数据破解案多人少矛盾

（1）司法办案辅助系统审查模块的运用。通过大数据司法办案辅助系统审查模块，对案件审查进行繁简分离，对于基层人民检察院经常遇到的犯罪事实简单清楚、证据充分、犯罪嫌疑人认罪的案件采用表单化快速审查模式，将 20% 的人力用于办理 80% 的简单案件，将 80% 的人力用于办理 20% 的重大疑难复杂案件，实现人力资源有效调配。

（2）统一政法平台的共享。通过建立统一政法共享平台，规范交换数据标准，实现检察机关与公安机关、人民法院、监狱的网上案件移送。前一诉讼环节产生的数据（包括案卡信息、文书信息和电子卷宗等），可以通过数据交换自动带入下一诉讼环节的办案系统，减少干警重复录入数据的工作量。

（3）证据程序性审查模块的运用。通过大数据司法办案辅助系统证据程序性审查模块，将侦查机关移送过来的案件数据，按照提前定义的业务规则，由计算机系统自动进行规则校验，如：讯问时间是否早于立案时间，见证人是否多次在其他案件中出现等，对于不符合规定的证据，以及可能存在风险的证据由计算机系统自动进行预警，减轻检察官的证据程序性审核工作量。

（4）强化办案辅助工具多样化。通过智能匹配案件要素，为检察官办案精准提供阅卷笔录、类案推送、法条关联、文书辅助编写、量刑计算、智能检索，以及出庭案例库、知识库、多媒体出庭示证等司法办案辅助智能化服务，检察官在办案中按需使用，提升办案效率。

4. 运用大数据提升科学决策和办案活动监督管理

（1）运用大数据提升科学决策。通过抓取"核心数据""常规数据"，对全部业务条线全部重点指标项"全景扫描"，各级人民检察院通过同地区对比、同时期对比，以便实时、直观地发现工作中的薄弱点和落后项；通过总体、常规、专项分析报告，自动更新和生成分析报告，实现对特定业务条线、特定办案环节、特定犯罪类别进行"深度透析"，聚焦重点问题，以便精准决策；根据罪名、犯罪嫌疑人数量、卷宗册数、讯问情况等测算案件复杂度，为深入反映检察权的运行状况，进行定量和定性数据分析提供了可靠依据，2015 年以来，连续两年对全省检察工作进行全面检视和系统分析，形成近 16 万字的《贵州省检察机关司法办案年度报告》，有针对性地提出改进检察工作的意见并提出了解决路径。目前，该系统已在全省三级院上线运行，涵盖 10 余个业务条线，5000 余个数据指标，形成各类专题分析报告 30 余个，产生并分析数据 1.36 亿余条。

（2）运用大数据强化办案活动监督管理。2017 年 5 月全省三级人民检察院增加了根据业务规则由计算机自动将案件分配到办案单元等轮案功能。依托统一业务系统，全省配套上线运行了流程监控系统、案件质量评查系统和执法办案考核系统，流程监控系统对检察官办理案件的各个节点、办案程序，特别是强制措施、涉案财物处理、诉讼权利保障、办案期限、文书制作使用、案件风险评估等群众反映强烈的司法不规范问题实时跟踪、预警和监控，及时发现和督促纠正违法办案情形。质量评查系统对已办结案件从事实认定、证据采信、法律适用、办案程序、风险评估、文书质量、办案效果等不同维度进行客观量化评价。执法办案考核系统将检察机关案件分为 10 个条线 79 种办案类型，10 种办案强度，100 余项正向评价指标和 500 余项负向评价指标，以执法办案为基础对办案人员进行动态考核。通过案件网上办理、网上流转、网上监督、网上考评，做到了检察官、检察官助理履职全程数据留痕和闭环管理。

（3）实现了案件办理"事前预警、事中监控、事后甄别"。截至目前，全省各市州及基层院 283 名检察长、副检察长组成 441 个办案单元参与计算机自动轮案；全省三级院一审公诉案件全部纳入流程监控，实现了执法办案监控由事后监督逐步向流程、质量并重的动态监督模式的转变；完成了 20 011 件案件质量评查，建立了"一人一档案、一案一评查"的常态化质量评查机制；对检察官、检察官助理、书记员实现了分类量化考核，提高了"三类人员"执法办案的责任意识、质量意识和效率意识，体现了正向激励和负向约束。

（四）制定《"双语检察官"服务制度》，推动民族地区法治建设进程、保障少数民族民众诉讼权利

党的十八届四中全会提出，要加强民族地区的法治专门队伍建设。在实现民族团结的过程中，大力培养"双语检察官"是一条颇为重要的制度路径。一方面，使用本民族语言文字进行诉讼是少数民族的重要权利，对民族权利的妥善保障本身就是促进民族团结的必由之路。另一方面，诉讼的首要价值在于定纷止争，保障少数民族使用本民族语言文字进行诉讼，能够更好地推进诉讼进程，促成纠纷解决的实现，进而构建民族团结的良好局面。贵州省是一个多民族共居的省份，全省共有 56 个民族，其中世居民族有汉族、苗族、布依族、侗族、土家族、彝族、仡佬族、水族、回族、白族、瑶族、壮族、畲族、毛南族、满族、蒙古族、仫佬族、羌族等 18 个民族。据全国第五次人口普查，全省人口超过 10 万的民族有汉族（2191.17 万，占 62.2%）、苗族（429.99 万，占 12.2%）、布依族（279.82 万，占 7.9%）、侗族

（162.86 万，占 4.6%）、土家族（143.03 万，占 4.1%）、彝族（84.36 万，占 2.4%）、仡佬族（55.9 万，占 1.6%）、水族（36.97 万，占 1.0%）、白族（18.74 万，占 0.53%）和回族（16.87 万，占 0.5%）。2009 年末，贵州少数民族人口占全省总人口的 39%。全省有 3 个民族自治州、11 个民族自治县，地级行政区划单位占全省的 30%，县级行政区划单位 46 个，占全省的 52.3%；少数民族自治地区面积 9.78 万平方公里，占全省面积的 55.5%。还有 253 个民族乡。千百年来，各民族和睦相处，共同创造了多姿多彩的贵州文化。

贵州省黔东南州榕江县人民检察院作为贵州省检察体制改革的第一批试点院，该院根据本地区多民族聚居的特点，制定了《"双语检察官"服务制度》，对"双语检察官"使用"双语"办案，服务群众的内容、要求等进行了规定。同时，榕江县人民检察院将"双语检察官"的院岗监督进行公示，明确"双语检察官"的语种，使涉案少数民族当事人及来访少数民族群众了解"双语检察官"的基本情况，便于选择"双语检察官"提供法律服务、为当事人提供便利，最大限度地保障了少数民族群众的诉讼权利。榕江县人民检察院"双语检察官"服务制度得到了贵州省人民检察院的积极肯定，并作为本次司法体制改革的亮点在 2017 年贵州省召开的全国司法体制改革推进会上进行了详细介绍和推广。

六、存在的问题及建议

（一）检察人员分类管理方面

1. 检察官选任机制和制度不够完善和全面

检察官的遴选是对具有担任检察官职务能力的司法人员进行选拔，给予被选上的人员检察官的基本身份。检察官是整个优秀检察官队伍建设的基础，也是检察官逐级遴选和晋升制度良好运行的前提条件。完善、健全的检察官遴选机制和制度是保证检察官专业化、职业化、精英化的关键之一。在贵州省检察机关司法体制改革中，检察官遴选条件、遴选程序及遴选途径、遴选方式等具体制度还不够完善和全面。应提高检察官遴选条件，以通过法律职业资格考试并具有法律职业资格及取得检察官职业培训合格证作为检察官任职资格的基本和必备条件，并适当提高检察官的任职年龄、法律工作年限；

规范检察官遴选程序，严格按照报名—签诚信考试承诺书—资格审查—笔试—面试—报检察官遴选委员会审核程序进行；拓宽检察官的遴选渠道，确保参选人员多元化，除了从检察官助理中择优遴选，还应从优秀资深的律师、具有法律职业资格的法学学者等法律职业人才中公开选拔或调任，确保检察官遴选的精英化；优化竞争性遴选机制，设计科学合理的考试和考核制度。最终提高贵州省检察官整体水平，为贵州省检察官队伍专业化、精英化发展奠定坚实的基础。

从此次改革实践来看，检察官选任机制仍存在如下问题：选任检察官门槛过低。对于非法律专业毕业是否可担任检察官职务问题多年来一直存在着很大的争议。虽然最近国家拟出台法律职业资格考试规定，但现有的选任制度仍然沿袭了门槛较低的规定。这显然不利于检察官队伍的精英化，没有跟上此次改革的步伐。强调法律专业本科学习不只是个单纯学习法律知识的过程，更为重要的是需要具有法治理念、法治信仰、法律思维与技能的人才。具有全方位法律素养的人才是培养检察官精英化队伍的必要途径。现行《检察官法》把高等院校非法律专业毕业具有法律专业知识作为检察官从业的资格要求，显然不仅条件过低，而且随意性大。

对学历的变通规定也显然不利于检察官队伍的同质化。《检察官法》规定适用学历条件规定确有困难的地方，经最高人民检察院审核确定，在一定期限内，可以将担任检察官的学历条件放宽为高等院校法律专业专科毕业。该规定在几十年前法律人才比较稀缺的时期显然有其积极作用，但是今非昔比，当前我国法律专业本科毕业人才队伍已非常庞大，若依旧保留该学历变通规定则不利于检察官队伍的同质化。

另外，对担任省级以上人民检察院的检察官的法律职业经验和技能要求过低。我国《检察官法》规定了担任检察官必须具备的条件：高等院校法律专业本科毕业或者高等院校非法律专业本科毕业具有法律专业知识，从事法律工作满2年，其中担任省、自治区、直辖市人民检察院、最高人民检察院检察官，应当从事法律工作满3年；获得法律专业硕士学位、博士学位或者非法律专业硕士学位、博士学位具有法律专业知识，从事法律工作满1年，其中担任省、自治区、直辖市人民检察院、最高人民检察院检察官，应当从事法律工作满2年。检察官是个专业性及实务操作性都很强的职业，且检察官的工作和公民的财产、人身自由和生命息息相关，要胜任检察官的实际工作，需要较长时间的实务历练和实践经验的积累，而《检察官法》规定的工作年限要求明显较低，不利于检察官职业经验的积累和职业技能的掌握。

检察官遴选程序中职业培训缺位。依据《检察官培训条例》的规定，拟任检察官的人员须接受初任检察官培训，培训后进行考核，考核合格的，方可任职。但是，目前推行的这种培训，主要是针对那些已经过检察官遴选程序并被录用的人员进行的一次岗前培训，是遴选后的程序，而不是遴选前的培训。由于目前的这种检察官遴选后的培训没有与检察官遴选实质挂钩，参加培训的通常都能合格，基本上不存在优胜劣汰的竞争机制，培训的实际成效未能得到很好体现，这不利于检察官素质的严格把关。

缺乏专门遴选机构。缺乏专门的检察官遴选机构是现行检察官遴选存在的制度问题。现行负责对检察官进行选举或任命的各级国家权力机关并没有专设负责对检察官资格进行审查的委员会，对检察官信息了解并不充分、全面、专业，存在信息不对称等问题。虽然各改革试点单位开始探索建立相应的遴选委员会，但各地做法迥异，遴选机构和组成人员差异很大，遴选方法等也存在差别，因此，很有必要对检察官遴选工作进行规范，包括遴选机构的设置，对候选人的审核、提名、考察、上报，以及对相关事务进行协调，等等。

2. 针对检察辅助人员的细化分类管理制度不够完善

检察辅助人员包括检察官助理、书记员、专业技术人员和司法警察四类，种类较多，各类检察辅助人员之间差异性极大，共性较少，须对这四类检察辅助人员制定不同的细化的管理办法，对这四类检察辅助人员实行精细化的不同管理模式，才有利于这四类检察辅助人员的职业发展。而在贵州省检察体制改革中，针对以上四类检察辅助人员的细化分类管理制度还不够完善。并且尚未建立具有可操作性的检察官与检察官助理之间的双向流动机制，缺乏员额制检察官的退出机制和检察官助理的入额机制，员额制检察官没有退出压力，检察官助理没有上升动力。

具体而言，检察官助理是协助检察官行使检察权、办理检察法律事务、向检察官负责的办案助手，相当于"候补检察官"，对于检察官助理的管理模式应类似检察官，以专业化和精英化为导向，任职条件和工资待遇应介于检察官和普通公务员之间；由于书记员和司法警察的职权并未直接涉及检察权的行使、检察法律事务的办理，可探索实施向社会公开招聘的雇员聘用制；

至于检察技术人员由于其工作专业性、技术性较强，对其可参照专业技术类公务员的管理办法进行，实施专业技术职称和等级制度，确保其待遇与专业技术职务配套衔接。

在贵州省检察体制改革中，虽然大部分地区的人民检察院都制定了本院的《检察辅助人员和司法行政人员分类定岗方案》，专门针对四类检察辅助人员和司法行政人员分别明确了其不同的工作职责、设置比例、任职条件，初步建立了四类检察辅助人员和司法行政人员分类管理制度，但现有制度还不够完善。如专业技术人员设置存在着种类单一的问题，不能有效应对检察机关办案中涉及的复杂多样的技术问题；如检察机关的职务犯罪侦查权力划转后司法警察的职能需要重新调整和明确等具体细致问题均尚待解决。而且现有的分类管理制度实施不到位，目前较多地区的人民检察院仅对检察官实行了单独职务序列管理，而对检察辅助人员和司法行政人员仍然按照综合管理类公务员进行管理；检察辅助人员中的检察官助理和书记员的职务套改工作也尚未开展，一定程度上影响了其工作积极性。建议在贵州省各地人民检察院改革试点和探索的基础上，由省人民检察院出台针对四类检察辅助人员的细化科学的分类管理办法；尽快开展检察官助理和书记员的职务套改工作，保证相关制度实施到位；并在检察官与检察官助理之间建立常规化、合理化的双向流动机制，打通两者之间的进入通道，以形成检察官优进劣退机制和检察官助理晋升途径。

3. 仍存在人员配备不到位的问题

国家监察体制改革之前，全省检察机关共有政法专项编制6514人，编制与人口万分比为1.82，本就低于全国平均数1.87。特别是为配合深化国家监察体制改革，全省检察机关划转25.78%（1679名，含纪检派驻机构改革划转人数）编制给各级监察委员会，全省检察机关政法专项编制数还有4835名，编制与人口万分比为1.35，这在全国检察机关来讲都偏低。据了解，改革前人口数量与贵州省相近的山西省有8036名，福建省有8545名，陕西省有7500余名，黑龙江省有11 432名，云南省有9438名。转隶后，山西省有6268名，福建省有6430名，陕西省有5700余名，黑龙江省有8594名，不论是改革前还是改革后，贵州省编制均远远低于人口与贵州省相近的上述省份。国家监察体制改革后，全省多数检察机关从缺编单位变成了政策性超编单位。由于超编，队伍的新陈代谢速度变缓，检察官员额制遴选也面临更多困难。

按照中央要求，司法行政人员不得超过中央政法专项编制的15%，编制减少后可配备的司法行政人员也随之减少，随着司法体制改革的持续推进，人财物上划等工作将造成综合行政工作量的增加，综合行政人少事多的矛盾更加突出。

这一矛盾在检察官助理配备上更为明显。全省各级院检察官助理在绝对数量上不能满足需要，大多数市（州）级人民检察院和县（区）级人民检察院存在一名助理服务多名检察官的情况。出现这个问题的主要原因是检察官遴选是以中央政法编制数为基础，而助理则是以队伍实际情况为基础，大多数院均不同程度存在队伍缺编、工勤编制占用政法编以及离岗待退等原因。由于中央政法编制数与队伍实际情况之间存在差距，导致助理不能足额配备。

（二）检察官办案责任制方面

1. 检察机关办案组织构建方面还不够完善和全面

首先，贵州省检察体制改革中，有不少县人民检察院员额制检察官比例与其办案数量相比普遍偏低，造成案多人少、员额制检察官工作压力过大的问题；部分地区人民检察院存在着办案组织中检察官助理和书记员岗位人员配备不足的问题，不利于办案效率和办案质量的提高。检察机关办案组织构建的要点是为检察官配备数量足、素质高的检察辅助人员，形成以检察官为核心的办案组织。合理高效的办案组织，检察官、检察官助理、书记员比例应达到1:1:1。但据贵州省多地县（区）级人民检察院反映，实行检察官员额制改革后，由于检察官助理和书记员严重缺乏，办案组织中三类人员远未达到以上黄金比例，员额制检察官共用检察官助理的情况很常见，员额制检察官仍然承担了较多检察事务性工作，影响了办案组织的正常和高效运行。加之现有检察官助理的作用发挥得还不够充分，更凸显了检察官助理人员不足的问题。以上情况使得员额制检察官在从事办案工作时，不得不兼顾繁重的办案辅助事务，加剧了案多人少的矛盾，影响了办案效率和质量。针对以上问题，建议：第一，可适度增加县（区）级人民检察院员额制检察官的比例，以应对基层检察机关案件多、工作量大的现实。第二，可立足现实合理搭建办案组织，根据检察业务类型、案件复杂程度来配备辅助人员。鉴于检察辅助人员人数短时间内无法快速充实，现阶段办案组织不一定要单独设置和固定搭配检察辅助人员，仍然可以采取各办案组织共用检察辅助人员的形式，以缓解检察辅助人员配置不足的问题。第三，应大力提高对检察辅助人员的使用效率,充分发挥检察辅助人员的作用和积极性。在各类检察辅助人员中,检察官助理最为重要和关键。应进一步明确检察官助理的具体办案权限和职责,对其实行单独职务序列管理,充分调动和发挥其辅助检察官办案工作的积极性。第四,应抓好聘用制检察辅助人员的招录和管理工作,及时补充力量,最终根本解决检察辅助人员不足这一问题。

其次,虽然贵州省各地区人民检察院对本院固定性的办案组织(独任检察官和固定的检察官办案组)的设立和组成等都制定了具体细致的方案,但对于临时检察官办案组及临时组织跨部门的检察官组成的专案办案组的组建程序却未作出明确的规定,这容易造成重大疑难案件成立临时检察官办案组或专案办案组的随意性,影响案件处理质量。实践中尤其是县(区)级检察机关,一般除了反贪污贿赂部门的案件适用检察官办案组外,其他部门的案件通常适用独任检察官办案。然而少数检察人员素质能力还不能适应司法体制改革的新要求,司法办案理念、方式等需要进一步转变。而且,虽然独任检察官对案件处理的独立自主权更大,但由于某些独任员额制检察官业务能力不足,对案件的把控能力较差,会影响办案质量。建议省人民检察院针对以上问题出台相关的规定或政策。

最后,检察机关办案组织内部人员强弱搭配不尽合理和科学,且未进行专业化和类型化设置和分工。将指定分案方式转变为随机分案方式是检察体制改革中的一项内容,可以确保案件分配的公平性和案件承办的公正性。但此种案件不分性质、类型、复杂程度统一由案管办登记收案并由系统随机分案的制度也存在着缺陷,即无法将不同的案件在具有不同业务特长的检察官中进行对应分配,不能有效发挥不同检察官的专业优势和业务专长,不能很好地应对和处理复杂多样的案件,影响了办案效率和办案质量。建议在贵州省各地区人民检察院全面展开建立专业化、类型化的办案组织试点工作,提升办案组织的专业化和类型化程度,实行案件办理繁简分流和专业化分工。如贵阳市花溪区人民检察院正在尝试组建专业化办案组织,将危险驾驶、交通肇事等案件列为简单案件交由专门的办案组负责,初步实行案件繁简分流;如贵定县人民检察院也提出了构建正规化、职业化、专业化办案团队的具体设想,改变以往员额制检察官自动轮案办案的模式,探索建立轻罪案件、重罪案件、毒品案件、群体性案件、新型案件、生态环境案件等办案团队,构建符合个人职业特长和专业优势的专业化办案组织,并出台了《贵定县人民检察院审查起诉案件、审查逮捕案件繁简分流办理机制实施意见（试行）》，对繁简两类案件实行案件受理分流和办理分流，以提高办案效率和办案质量。

2. 现行检察委员会制与检察官办案责任制之间关系需要进一步优化完善

检察委员会制度是我国检察机关内部讨论决定重大疑难案件和重大事项的重要制度，现行检察委员会对重大疑难案件决定权与检察官办案责任制之间存着一定的矛盾和冲突之处。因此，在检察官办案责任制改革的背景之下，需要对现行的检察委员会制度进行修正和改良，重新合理定位检察委员会的功能和职责，在保证检察官办案主体地位的前提下，发挥检察委员会的集体智慧作用。而在贵州省检察体制改革中对检察委员会进行制度设计时对以上问题的解决还不够彻底，使得检察委员会制度与确立检察官办案主体地位的检察官办案责任制之间仍存在不协调之处，不利于这两种制度各自功能的发挥。建议按照以下思路对这两种制度进行协调：

首先，在检察官办案责任制改革的背景之下，应重新定位检察委员会制度的功能。压缩检察委员会的决定和决策功能，彰显检察委员会的司法评议及指导、监督管理、内部权力协调功能，即所谓的"多议事、少议案"。

其次，科学界定检察委员会的职责范围。合理限制检察委员会享有决定权的重大疑难案件的范围，应重点审议决定法律适用存在争议的重大疑难案件、拟在检察环节作出具有终局性决定的重大疑难案件等。如根据贵州省遵义市人民检察院制定的《遵义市人民检察院检察委员会讨论案件规定》第1条至第3条，该院检察委员会享有决定权的案件包括法律适用、办案程序、司法政策等存在争议的重大疑难复杂案件，以及犯罪情节特别恶劣、造成特别严重危害后果、上级人民检察院交办、其他检察长认为重大疑难复杂案件等。总体而言，该院检察委员会享有决定权的案件范围宽泛而且笼统，不太符合检察官办案责任制改革的发展方向，应予限缩并具化。

再次，改良检察委员会重大疑难案件决策模式，增强决策主体的司法亲历性。检察委员会对重大疑难案件的审议和决定属于诉讼性事务，是检察委员会集体履行检察机关诉讼职能的体现，应采取"准司法化"议事决策模式。①合理界定检察长在检察委员会中的角色定位，检察长在检察委员会中只是与其他委员平等的成员，其作为检察委员会会议的主持人并不享有超出其他委员的权力，不得利用其行政首长这一身份不当影响其他委员的决策，检察长作为会议的主持人在会议中应最后发言表态，即实行担任领导职务的委员以及主持人后位发言制。遵义市人民检察院在改革中确立了该制度，该院制定的《遵义市人民检察院检察委员会讨论案件规定》第 8 条明确规定，检察委员会讨论案件时，在主持人的组织下，一般按照专职委员、不担任领导职务的委员、担任领导职务的委员、主持人的顺序依次发言。贵阳市花溪区人民检察院在其检察委员会运行机制改革中也试行了该制度，取得了较好的成效。在以上部分地区人民检察院试行并取得一定经验的基础上，该项制度应在贵州省其他人民检察院统一推行。②设立和强化检察委员会专职委员的职能，专职委员是独立于其他非专职委员的法律专家，应分管检察委员会办事机构工作，对检察委员会议题进行实质性审查。在对重大疑难案件进行审议决定时，应由担负实体审查职责的专职委员提出辩论的动议和最先发言，其他委员在多媒体示证的情形下自由充分地进行交叉论辩，增强检察委员会委员对议决案件的熟悉程度和直观感受，增强决策主体的司法亲历性，实现检察委员会决策的科学性。遵义市人民检察院制定的《遵义市人民检察院检察委员会讨论案件规定》第 4 条规定拟提请检察委员会讨论决定的案件应当先经跨团队检察官联席会议讨论形成意见；第 8 条不仅规定了检察委员会讨论案件应全面听取承办检察官的汇报和检察委员会办事机构的审查意见的程序，还确立了专职委员的首位发言制度，以上做法有利于提高检察委员会行使案件决定权的司法亲历性和正确性，值得肯定，应予推广。

最后，改革检察委员会委员选任制度。改革传统的检察委员会委员选任与行政级别挂钩模式，依照选贤任能原则，以专业化标准选任检察委员会委员。除正、副检察长外，其余检察委员会委员通过竞争性机制进行选任，将更多的资深检察官选任到检察委员会，并注重培养和吸纳优秀、年轻的检察官担任委员。

3. 检察机关业务保障部门的员额制检察官办案数量以及员额制检察官检察监督和检察建议业务的核算办法和考核标准不明确

办案数量是衡量和考核员额制检察官执法业绩的一个重要标尺。相比人民法院，检察机关行政属性较强，既有"两侦""两刑""民行"等直接接触案件的业务部门，又有案件管理、法律政策研究、检委办等间接接触案件的业务保障部门，只有各部门相互配合，才能保障案件办理规范、高效运行。贵州省部分地区人民检察院反映，由于业务保障部门员额制检察官办案数量核算方法和考核标准不明确，直接接触案件的业务部门的办案量可以直观界定，但业务保障部门从事的司法调研、案件评查等工作的办案量计算没有明确标准。为完成省院年底开展的员额制检察官业绩考核，业务保障部门检察官不得不到侦监、公诉等部门分流办理具体个案，不仅加重了工作量，也在很大程度上影响了本职工作的正常开展。而且员额制检察官承办的检察监督和检察建议等程序性和指导性工作也存在量化困难、标准不一的问题，导致员额制检察官对检察监督和检察建议等程序性和指导性工作重视不够。

建议省人民检察院结合检察工作实际，尽快出台各业务条线具有可区别性和可操作性的办案数量核算和考核办法，确保各业务部门员额制检察官各就其位、各尽其责。

4. 部分地区人民检察院检察官权力清单制度实施和落实还不到位以及检察辅助人员权责界定较为模糊

检察官办案责任制改革的基本导向是确立检察官相对独立的办案主体地位，赋予检察官以承办案件的决定权，以发挥检察官办案积极性、主动性，并落实司法责任个人终身制。为此，省院下发了完善省院机关及市、县两级人民检察院司法责任制明确检察官权限的三个暂行规定，对检察官办案权限作了明确授予和划分。总体而言，贵州省检察体制改革中权力清单制度的实施和落实较好；但也有部分地区人民检察院反映，在本院权力清单制度的实施中，仍存在着"放权怕滥用"和"授权不敢用"两种不良心态。有的人民检察院领导干部对授权检察官心存顾虑，为确保办案质量，对员额制检察官在授权范围内决定的案件，仍然采取"审批制"；而有的检察官不愿或害怕承担责任，应当决定的案件不决定，遇有稍微重大疑难复杂的案件或有办案风险的案件，采取矛盾上交的做法，将案件决定权推卸给分管检察长或检察委员会。

而且在贵州省的检察体制改革中，虽然针对检察官在办案中的权力和责任已界定得比较清晰和具体，但针对检察辅助人员在办案中的权限和责任还界定得较为模糊和笼统，不利于检察官与检察辅助人员之间的责任划分，也影响了检察辅助人员的工作热情和积极性。例如检察辅助人员中的检察官助理的工作事项来源于检察官的交办，案件办理效果和责任均归属于检察官，其自身没有明确和独立的地位和权责，从而导致部分检察官助理工作责任心不强、主动性不够，无法或不能完全让检察官脱身于事务性工作。

建议省人民检察院及时修订完善省人民检察院机关及市、县两级人民检察院司法责任制明确检察官权限的三个暂行规定，建立对检察官案件决定权行使情况的考核机制，监督和制止检察官不行使案件决定权的不作为行为以及滥用案件决定权的作为行为，更好地达到贵州省检察官权力清单制度改革的要求和目标；并且针对检察辅助人员在办案中的权限和责任做出更为明晰准确和具体细致的规定，建立与检察官之间界限分明的检察辅助人员权力和责任体系。

5. 检察官个人绩效考核奖惩制度尚不完善和健全

科学高效的检察官个人绩效考核奖惩制度是对检察官正确和积极行使检察权进行内部监督的基础性和常规性制度，该制度的功能是在确立检察官相对独立办案主体地位的背景下，有力地防止检察官不行使检察权的不作为行为或滥用检察权的作为行为。在贵州省检察体制改革中，现有的检察官个人绩效考核奖惩制度尚不完善和健全。

第一，绩效考核标准的合理性和科学性不够。现有绩效考核系统虽针对办案数量、办案质量和办案效率三个方面均设计了相应的多项考核指标，但总体而言在合理性和科学性上还不够完善和充分。由于检察机关业务属性和种类的复杂性和多样性，对不同岗位类别的检察官以及检察官助理实行完全同质化和统一性的绩效考核标准不够合理和科学，会导致考核结果的客观性和公正性不足，影响检察官及检察官助理的工作热情和积极性。建议尝试探索和制定针对不同业务类别和不同岗位特点的差异化和个性化的检察官及检察官助理的细化具体的绩效考核指标和模块，研究和借鉴其他省市提出的"办案工作量权重评估"概念，运用数学方法对各业务和岗位的工作数量及质量进行科学的评估，提高考核的客观性、公正性、合理性及科学性。如遵义市汇川区人民检察院正在探索区分司法责任、行政责任和监督责任三种责任形式对检察官和检察官助理进行绩效考核，此种探索工作值得肯定。

第二，实践中过分重视年终考核而轻视日常考核。根据我国《检察官法》第 25 条的规定，对检察官的考核，应当客观公正，实行领导和群众相结合，平时考核和年度考核相结合。但实践中往往过分重视年终考核而轻视日常考核，缺乏长效的动态管理。这种做法不利于及时发现和制止检察人员工作中存在的问题，导致某些检察人员责任心不强、工作积极性不高。建议在坚持年终考核的前提下，大大加强和重视常规性的日常考核工作，并合理设置年终考核和日常考核在考核成绩中的比例。

第三，绩效考核制度与奖惩制度的衔接度不够。考核完成后，考核者未有效运用考核结果，使得考核容易流于形式。在贵州省检察体制改革中应将绩效考核制度与奖惩制度紧密对接，对于绩效考核中发现的问题，要及时反馈给被考核者并督促其改正。在考核指标的设计上，除了设置常规性考核指标，还应设置奖励性考核指标和惩罚性考核指标，引入特别奖励加分和惩罚减分机制，在绩效考核中适当拉开差距，确保奖优罚劣。遵义市人民检察院在改革中制定了《遵义市人民检察院检察官绩效考核及资金分配办法（试行）》。根据其规定，对检察官实行绩效考核制度，资金分配体现奖勤罚懒、奖优罚劣导向，不与检察官职务等级挂钩，主要依据责任轻重、办案质量、办案数量和办案难度等因素，合理划分奖金档次，设置人数比例，适当拉开差距；将绩效考核奖金分为40%的基础性资金和60%的奖励性奖金，奖励性奖金按年发放，直接与绩效考核结果挂钩，绩效考核评定为优等次的增加5%，评定为中等次的减少5%，评定为差等次的减少30%；对司法办案业绩突出、表现特别优秀的检察官，年终时可另外给予检察官特别资金，其最高不超过奖励性奖金的50%；检察官因违法违纪受到党纪、政纪处分的，在处分期间停发绩效考核奖金，已发奖金要如数追回。以上规定较好地体现了适当拉开差距、奖优罚劣的绩效考核目标，可在全省予以试行和推广。

6. 未充分发挥人民监督员制度对检察官的外部监督作用

人民监督员制度是由各级人民检察院从广大人民群众中，按照组织、机构推荐等方式，选出一定数量的政治坚定、具有法律基础的人员，承担人民监督员的职责，按照有关法律规定的要求，对检察机关一些特定执法活动，如检察机关立案的不起诉、撤案和逮捕等进行监督的一种外部监督制度。由于现行人民监督员制度本身的缺陷以及与我国司法体制改革相比的滞后性，在贵州省检察体制改革中该制度未充分发挥出对检察官应有的监督作用和功能。

建议在贵州省检察体制改革中扩大人民监督员的监督范围，将检察机关办理的刑事案件也纳入监督范围；并提升人民监督员的监督手段，对检察机关设定提供充分详实案卷材料的法定义务，保证人民监督员的监督工作顺利进行；赋予人民监督员的监督意见以一定的发动、变更和终结诉讼程序的实质功能和强制力。

（三）检察人员职业保障方面

1. 部分县（区）级人民检察院年终绩效落实不到位以及部分地区人民检察院事业编制和聘用制检察辅助人员的工资待遇保障不到位

据部分县（区）级人民检察院反映，县（区）级人民检察院人财物上划由州级管理后，由于县级财政困难，虽然检察官、检察辅助人员、司法行政人员等各类人员的年终目标考核资金基数已经州级核定，但无法按时按量按照州文件落实到位，影响了各类人员的工作积极性。建议省人民检察院探索具体可行的办法和对策解决部分财政困难的县（区）级人民检察院的年终绩效落实问题，保证这些财政较为困难的县（区）级人民检察院各类工作人员也能享有同等的司改红利。

在贵州省检察机关体制改革中，由于省编办关于事业编制司法行政人员和聘用制检察辅助人员管理制度缺位，以上人员如何归类、如何管理等问题未予以明确，在改革中以上人员的地位和身份尴尬。据贵州省部分地区人民检察院反映，存在着对以上人员的工资待遇保障不到位的问题。①事业编制人员未享受到月绩效考核奖。事业编制人员大多在综合行政部门履职，其工作量不亚于正式编制司法行政人员，但因其身份不属于三类检察人员，因此月绩效考核未包含此类人员，导致存在同工不同酬现象，一定程度上影响了其工作积极性和主动性，甚至造成检察行政岗位人员流失的现象。②聘用制检察辅助人员以及聘任制书记员的工资待遇较低且得不到保障。改革前，聘用制检察辅助人员以及聘任制书记员的工资待遇是由县（区）级人民检察院通过协调地方政府进行落实且标准不一但总体偏低，县级经费上划市财政统管后，此部分人员不存在编制上划问题，导致经费上划后其待遇难以落实，一些县（区）级人民检察院已连续多月未兑现聘用人员工资，影响了检察辅助人员队伍的稳定性。建议省级层面制定事业编制司法行政人员和聘用制检察辅助人员相关配套管理制度，出台事业编制人员相关绩效考核激励措施，大体可参照检察辅助人员标准的一半来执行；适当提高聘用制检察辅助人员的工资水平，并解决聘用制检察辅助人员以及聘任制书记员的工资待遇按时到位和保障问题。还可借鉴其他省份在改革中的创新性措施，如某省检察机关规定聘用制检察辅助人员的薪酬由基本工资、绩效工资、岗位津贴和工龄工资构成，基本工资不得低于当地最低工资收入标准的 1.2 倍，绩效工资则由各检察机关根据岗位目标考核完成情况而定，医疗、养老、制服、休假等职业保障与正式干警一视同仁。某省财政厅还在财政经费中增设了"人员分类管理制度改革专项经费"项目，专门用于聘用制辅助人员的职业保障。

2. 对检察官之外的其他检察人员尚未实行与其职业特点相符的分级管理

贵州省检察体制改革中已对员额制检察官按照国家有关规定进行了等级划分，对员额制检察官实行了分级管理；但对于检察官之外的其他检察人员尚未实行与其职业特点相符的分级管理。《贵州省人民检察院司法体制改革试点工作实施方案》（以下简称《省实施方案》）中规定，检察辅助人员中的检察官助理和书记员按综合管理类公务员管理；检察辅助人员中的专业技术人员按专业技术类公务员管理；检察辅助人员中的司法警察参照公安机关实行单独警察职务序列管理；司法行政人员按综合类管理类公务员管理。根据以上规定，检察辅助人员中的专业技术人员按专业技术类公务员管理，因此可对其按照相应的专业技术等级系列进行分级管理；检察辅助人员中的司法警察参照公安机关实行单独警察职务序列管理，因此可对其按照国家规定的警察职务等级系列进行分级管理；司法行政人员按综合类管理类公务员管理，因此可对其按照国家规定的公务员等级系列进行分级管理。

但检察辅助人员中的检察官助理的地位和身份特殊，其是辅助检察官行使检察权、办理实体性检察法律事务、向检察官负责的办案助手，相当于"候补检察官"，因此，对于检察官助理的管理模式应类似于检察官；而检察辅助人员中的书记员也不同于普通的公务员，其主要承担程序性检察法律事务。总之，将具体承担检察法律事务的检察官助理和书记员作为综合管理类公务员进行管理，不符合其职业性质和特点，应分别对检察官助理和书记员实行符合各自职业特点的不同等级系列设置并进行不同的分级管理。如有的省份的检察体制改革中对书记员实行了专门的分级管理制度，将书记员分为初级、中级、高级三个级别，将每个级别又分为三等、二等、一等三个等次，即实行书记员的"三级九等"制度，贵州省检察体制改革可予以借鉴参考。

3. 检察人员履职保障制度不够全面和具体

完善的检察人员职业保障制度可以确保检察人员在充分的职业保障下，以精湛的业务水平、饱满的工作热情依法公正地独立行使检察权和进行检察事务。在贵州省检察体制改革中尚未建立系统全面、具体细致的检察人员身份保障、安全保障等履职保障制度。

首先，关于身份保障制度。由于检察官身份非终身制，检察官一旦退休，其在职期间所享有的检察官职务和等级也就此终结。在贵州省检察体制改革中，应建立细化的检察官身份保障制度，健全检察官等级制度，明确检察官等级终身保留制，以保障检察官身份和职级的稳定。

其次，关于安全保障制度。随着近年来刑事案件数量激增，案情复杂程度加大，检察官的执法环境也愈发严峻，检察人员所承受的职业压力和职业风险越来越大，检察人员的人身安全保障问题不容忽视且亟待完善。在贵州省检察体制改革中，应将《检察官法》中关于检察官享受保险待遇的规定落到实处，除对检察官实行医疗、工伤等社会保险制度外，还应当实行检察官职业安全保险或团体人身意外伤害保险制度，保障检察官的执业安全。如贵州省六盘水市两级政法委已为本地区检察人员购买了"政法干警人身意外伤害保险"，此种做法值得推广；各级检察机关应采取有效措施，预防和制止一切针对检察人员的打击报复行为，依法维护其合法权益。可将贵州省遵义市人民检察院创立的保护检察人员依法履职情况报告制度在全省人民检察院自愿推广试行，积累经验后再由省人民检察院统一修改完善并强制施行。

4. 尚未完全建立符合检察工作特点的退休保障制度

当前我国检察人员的退休年龄与其他行政机关工作人员一样，男性 60 周岁退休，女性 55 周岁退休，并没有考虑到要根据检察工作的特点和检察机关的实际需要做出变通性的调整，使得检察机关办案人员尤其是资深优秀检察官严重不足的问题更加突出。贵州省检察体制改革应积极探索检察人员尤其是检察官的退休留用或退休返聘等替代性延迟退休制度，让经验丰富、业绩突出、身体健康的一线检察官延迟退休时间 3 年–5 年。延迟退休须经本人申请、组织同意，延迟退休的检察官不占检察官员额，延迟退休期间继续享受检察官待遇。

贵州省贵阳市南明区人民检察院对此已做了一些探索性改革工作，该院的《司法体制改革试点工作实施方案》明确规定，根据检察工作特点和工作需要，经本人申请、组织同意，不担任领导职务的检察官，可延迟 3 年–5 年退休，延迟资格和条件应从严掌握。省人民检察院应鼓励和支持贵州省其他地区人民检察院对贵阳市南明区人民检察院的做法予以试行和推广，必要时应制定省级层面的统一的检察官延迟退休管理办法。

（四）省以下地方检察机关人财物统一管理方面

1. 市（州）、县（市、区、特区）两级检察机关编制使用效率较低

按照《省实施方案》的规定，全省检察机关机构、人员编制由省编委办

统一管理，市（州）、县（市、区、特区）编制部门不再承担检察机关编制管理职责。市（州）、县（市、区、特区）两级检察机关机构及人员编制交省级统一管理后，市（州）、县（市、区、特区）两级检察机关日常业务（如人员变动列编手续、工资发放审核）仍委托市、县编办办理，用编计划统一交由省编办审批。但在实际操作中，据贵州省部分地区人民检察院反映，市（州）、县（市、区、特区）两级人民检察院按照省编办审批后的用编计划用编时，仍需经市（州）一级编办部门在编委会上审议通过后才能使用编制，如此大大降低编制使用效率和工作效率，影响市（州）、县（市、区、特区）两级检察机关工作的正常开展和进行。建议省人民检察院统一对以上问题予以解决。

2. 编制省级统管后市、县两级检察机关人员编制管理欠缺必要的灵活性

省以下检察机关人员编制实行省级统一管理是贵州省检察体制改革的重要内容，目前，全省省以下检察机关人员编制收归省院统一管理调配工作已基本完成，这项举措对于省以下检察机关去地方化、消除地方保护主义和地方行政干预具有重大意义，但同时也使得市、县两级检察机关人员编制管理欠缺必要的灵活性，市、县两级检察机关不能根据自身具体或特殊情况调配人员，给市、县两级检察机关人员招录、对外遴选、人才引进等工作带来很大限制，不利于市、县两级检察队伍梯队化和专业化建设。

另外，按照规定，市、县两级院机构编制交省级统一管理后，市、县两级院日常业务（如人员变动列编手续、工资发放审核）仍委托市、县编办办理，用编计划统一交由省编办审批。但在实际操作中，市、县两级院按照省编办审批后的用编计划用编时，仍需经市一级编办部门在编委会上审议通过后才能使用空编，如此大大降低编制使用工作效率，不利于实际工作开展。

建议省人民检察院与省编办根据市、县两级院工作实际，针对市、县两级检察机关人员编制灵活性不足的问题，制订更加符合省以下检察机关实际情况、更具灵活性和自主性的人员招录、调配等编制管理配套制度。

3. 部分市（州）人民检察院经费得不到有力保障

建立省以下检察机关经费省级统管机制是贵州省检察机关体制改革的重头戏，其目的是使省以下检察机关摆脱对地方财政的依赖关系，确保检察机关依法独立行使检察权。《省实施方案》中规定，经市、县检察机关和同级财政共同审核，按本级财政保障水平，由市、县两级财政将市、县检察机关经

费上划至省级财政，市、县检察机关各项经费由省级财政统一保障。其中，公用经费、办案经费的保障水平不低于现有水平。依据中央检察体制改革目标，考虑到贵州省经济发展不平衡、不同地方司法保障水平差别大等因素，从贵州省实际出发，贵州省省以下检察机关经费目前实行先由市（州）级统管、待条件成熟后再收归省级统管的体制。

在经费市（州）级统管的背景下，贵州省部分地区人民检察院经费得不到有力保障。据部分地区人民检察院反映，由于地方政府对检察机关经费保障标准大幅度提高不够理解，对检察机关相关经费迟迟不予以确认；也由于地方财政困难的客观原因，加之改革后相关经费支出前置审查主体未能及时调整和确定，从而影响了检察机关经费保障的落实。而且市、县两级人民检察院公用经费保障标准偏低，实践中各地均自行想办法通过不同方式追加经费才得以保障工作正常开展，长此以往必将影响检察业务正常开展。建议省人民检察院出台统一和有力的措施保障省以下检察机关的各项经费。

4. 尚未建立实质有效的稳定基层检察官队伍的特殊扶持性经费制度

由于我国检察官入职门槛较高而工资待遇偏低，使得许多本科以上的毕业生不愿选择检察官职业，尤其是基层检察机关人少案多、行政级别低、晋升空间小，基层检察机关后继乏人、青黄不接、人才流失现象日趋严重。贵州省作为西部欠发达省份，以上问题尤为突出，因此，《省实施方案》规定，以县（市、区、特区）检察机关为重点，建立稳定基层检察官队伍的特殊扶持性经费制度，切实稳定基层检察官队伍。但是在贵州省检察体制改革中尚未建立实质有效的稳定基层检察官队伍的特殊扶持性经费制度，欠缺对基层检察机关人员在人员经费、办公经费、业务装备经费及基础设施建设经费方面进行适当倾斜性保障的具体性和常态性措施和制度，不利于贵州省基层检察官队伍的稳定壮大和基层检察机关的正常运转。

5. 基层检察机关业务经费支出存在一定监管缺位风险

按照贵州省检察体制改革的统一要求，基层检察机关作为市（州）一级财政单位，统一由市（州）财政部门统一监管。据部分地区人民检察院反映，基于财政制度规范要求与管理成本和效益的冲突，基层检察机关业务经费支出监管在监管主体合法性、监管体制的规范性等方面出现了困难。市（州）财政部门从人力资源和短期投资的成本和效益考量，提出由市（州）级人民检察院代为对基层人民检察院业务经费支出进行财政监管。而市（州）级检察机关认为现行法律法规没有赋予其对下级法检院的财政监管职责,因此无权也无法履行财政监管职责。况且,基层人民检察院和人民法院与市州本级人民检察院和人民法院同为一级预算单位,因此,无权对其进行业务经费支出的监管。总之,基于贵州省检察体制改革的要求,基层检察机关的经费支出不受同级地方财政监管,而市(州)级财政事实上是委托市(州)检察机关监管,但市(州)检察机关在权责、能力上又存在一定障碍。因此,基层检察机关业务经费支出一定程度上存在监管缺位的风险。在当前严格执行中央八项规定的要求下,如果业务经费支出过程中监管不到位,可能存在一定的违纪违法隐患。

建议省级层面明确规定对于基层检察机关的业务经费支出实行行政委托监管模式,由市(州)级财政部门委托市(州)级检察机关以本级财政部门名义行使部分财政监管职权。委托财政监管权限范围的原则是,所委托的财政监管职权对基层检察机关检察权行使不能产生实质影响力。

结　语

贵州省作为全国首批司法体制改革试点省份,贵州省人民检察院围绕国家司法体制改革各项制度,积极落实并探索检察官遴选、职权落实、办案组织、保障机制和责任机制等问题。贵州省人民检察院积极开展次顶层设计,积极做好制度框架设计和制度实效评估,积极推动智慧检务、网上统一业务系统在全省的推进和完善,取得了比较喜人的试点成果。

本课题组在接受贵州省人民检察院评估委托之后,对贵州省检察体制改革的制度设计、实施情况、成效及存在的问题进行了初步的分析、评估,深入改革试点院收集资料、开展座谈、发放调查问卷等,并进行了多次研讨,形成了第三方评估报告。但由于时间比较仓促,定有诸多不足之处,谨为检察体制改革做一个阶段性解读和评估。

贵州民族大学法学院
贵州省检察体制改革第三方评估课题组
2018 年 5 月 25 日

第二编

贵州省检察体制改革调研文章

司法体制改革后全省检察机关财物统一管理情况调研报告

省人民检察院课题组*

建立省以下地方人民检察院财（经费）、物（资产）由省级统一管理机制，为检察机关依法独立行使司法权提供可靠保障，是本轮司法体制改革的一项重要任务。这项改革主要包括三项内容：一是实行人民检察院经费省级统一管理；二是实行人民检察院资产省级统一管理；三是积极做好债务核实和化解工作。自贵州省开展司法体制改革试点工作以来，在各级党委、政府的高度重视与领导下，全省检察机关财物统一管理工作全面落实，取得了良好的效果。自2017年6月以来，全省各级检察机关均已建立起财物统一管理机制并有效运行，有力地保障了其他各项改革工作的顺利进行。

对司法体制改革下一步工作，党的十九大报告明确提出"深化司法体制综合配套改革，全面落实司法责任制"的要求。为了切实贯彻落实十九大精神，总结全省检察机关财物统一管理工作经验，寻找存在的问题与不足，为深化财物统一管理综合配套改革提供有益的意见和建议，我们对司法体制改革后全省检察机关财物统一管理工作有关情况进行了深入调研，并在此基础上形成本报告。

一、全省检察机关财物统一管理工作运行基本情况

由于省人民检察院财物原本就由省级财政统一管理，所以本轮改革的重点是市、县两级人民检察院。从调研情况来看，全省市、县两级人民检察院财物统一管理工作顺利完成，总体上圆满达到了改革所预期的效果，并呈现

---

* 课题组组长：何冀，贵州省政法委副书记。
　课题组成员：刘胜贵、刘宇、付文利、方楠、朱刚。

出以下一些特点：

（一）财务管理更加规范

在全省市、县两级人民检察院财物统一管理改革工作完成后，各市、县两级人民检察院均为市级财政的一级预算单位，两级人民检察院人员经费、公用经费、专项经费拨付、预决算编报均须向市级财政部门申请，并由市级财政部门直接拨付，同时接受市级财政部门的监管。这种机制有利于两级人民检察院规范财务管理制度，提高经费管理的科学性与透明度。

一是预算编制更加规范。目前，各级人民检察院预算编制均严格执行"两上两下"预算管理制度。市、县两级人民检察院均为地市级财政部门一级预算单位，向市、州主管财政部门上报预算计划，由财政部门进行审查并下达控制数，再由各预算单位根据控制数进行调整后再行上报，最后由财政部门汇总后按程序报人大会议审议通过后，再批复给预算单位予以执行。通过严格预算管理制度，一方面确保各级人民检察院所需经费得以科学测算，另一方面也有效减少了预算外经费使用随意性大、不易监管的问题。

二是经费使用更加规范。对于各级人民检察院经费使用情况，财政部门通过国库集中支付系统予以规范管理。预算单位使用资金，须在国库集中支付系统中进行申请，提交同级财政部门审批后，到银行打印额度到账单方可使用额度。财政资金的日常结余都保留在国库单一账户中。在国库集中支付系统下，每一笔资金的拨付都会受到财政部门的实时监管，有效确保了财政资金的安全使用。

三是涉案款物管理更加规范。涉案款物作为市、县两级检察机关非税收入，按照改革要求应当全额上缴市（州）级国库，实行综合预算管理。目前全省绝大部分市、县级人民检察院对此执行得比较到位，涉案款项均上缴到市级财政指定的专项账户并接受非税收入管理系统监管。对于涉案款物的使用，在改革前大部分地区的普遍做法是当地财政通过一定比例返还给上缴检察机关，用于弥补公用经费不足。这种做法在改革前各地检察机关普遍公用经费不足的客观情况下有其合理性，但也一定程度存在着随意性大，监管难跟上，以及不符合《中华人民共和国预算法》精神要求等问题。在改革后，各地财政将涉案款返还办案检察机关的情况大大减少，一方面是市级财政部门执行财政管理制度更为严格规范，另一方面也因为检察机关公用经费（含办案经费）已经得到足够保障，不再需要通过预算外资金予以补充。

（二）经费保障更加有力

除了专款专用的中央政法转移支付资金外，贵州省市、县两级检察机关需要由地方财政保障的经费项目主要包括人员经费、公用经费（包括办案经费）、大要案备用金三部分，也是本次改革的重点难点。从调研情况看，按照"保高托低"的原则精神，各地检察机关相关经费保障基本得到了落实，三类序列人员薪资待遇大幅提高，办公办案经费得到充足保障，大要案备用金制度有效解决了特殊情况下检察机关办案经费出现缺口的后顾之忧。

一是人员经费保障更加有力。按照本次改革对司法人员薪酬标准提出的明确要求，各地检察干警人员工资参照员额制检察官、检察官助理和司法行政人员标准，相比同期当地其他公务员分别增加了 50% 和 20%。广大检察干警切身享受到改革的红利，职业荣耀感、使命感不断增强，成为改革的坚定拥护者和践行者。

二是公用经费保障更加有力。当前，各市（州）已确定统管后各院的公用经费（含办案业务经费）标准，并列入年初预算予以保障。其中，贵阳市人民检察院在足额保障办案经费的基础上，公用经费标准为 2.2 万元（每人每年，下同），各区县人民检察院根据实际情况执行 1.5 万至 5 万元不等的公用经费标准。其他地区公用经费（含办案经费）标准，遵义市人民检察院为 5.9 万元，区县人民检察院为 4.1 万元。六盘水市人民检察院 2017 年人均保障 3.73 万元，各区县人民检察院从 1.97 万至 3.11 万元不等。安顺全市两级人民检察院均按 4 万元保障。毕节市人民检察院和七星关区人民检察院为 6.5 万元，其余区县人民检察院为 5.5 万元。铜仁市人民检察院为 5 万元，区县人民检察院为 4 万元。黔东南、黔南和黔西南三个地区全州两级人民检察院均按 4 万元保障。据测算，总体来看各地人民检察院改革后人均公用经费保障水平较改革前有大幅度提高，全省人均公用经费预算达到 3.75 万元，比改革前人均公用经费预算增长了 76%。综合考虑改革前各地人民检察院年中追加经费等因素，人均公用经费实际增加约 20% 左右，充分满足了检察机关履行法律监督职责的经费需求。

三是大要案备用金保障更加有力。根据最高人民检察院的明确要求，大要案备用金主要是大要案办理、突发事件处置和司法人员伤残抚恤等特殊情况的经费保障。此次改革中，除六盘水市和黔东南州根据办案需要据实核拨，暂未设立大要案备用金制度之外，其他 7 个市（州）均设立了大要案办案备用金制度。保障力度最大的是贵阳市人民检察院，设立大要案备用金 1000 万元；其次是毕节市人民检察院，设立大要案备用金 500 万元；其余 5 个市（州）的人民检察院根据办案实际需要及当地财力水平分地区分级次保障，保障标准从 20 万到 300 万元不等。从实际情况来看，大要案备用金作为预算内资金，在弥补检察机关公用经费不足方面具有重要作用，并且管理使用更为规范，值得进一步重视加强。

四是聘用人员经费保障更加有力。近年来，为了缓解检察机关政法专项编制数量有限、人少案多矛盾突出的问题，各地检察机关按有关政策聘用了不少办案辅助人员，起到了很重要的作用。此次改革也进一步规范和提高了聘用人员的经费保障。如黔东南州和黔西南州均按照人均 3000 元/月纳入预算，按照人均 2 万元配套公用经费；遵义市聘用制书记员的办公经费按照 2017 年人均 1 万元，2018 年人均 1.5 万元，2019 年人均 2 万元标准，由市、县两级财政保障。其次是铜仁市和黔南州按照人均 3000 元/月纳入预算。毕节市按照人均 2500 元/月纳入预算。总体来说，此次改革对检察机关聘用人员各项经费标准进行了合理提高，并且通过尽量纳入预算的形式来加强经费来源保障。这对提高聘用人员待遇，增强他们职业稳定性方面起到了有益作用。

（三）特色经验做法更加凸显

省以下地方司法机关财物统一管理改革，直接关系到个人得失、资金保障、财政管理等众多问题，错综复杂，阻力极大，甚至牵一发而动全身，稍微处理不当就有可能引起更多问题。在以往多轮司法体制改革中，财物统一管理问题都是高度敏感的问题，而对此问题的回避，实质上又使得其他任何改革都难以真正落地。理论上，涉及财物问题的改革，经济发达地区由于财政实力强大，改革更容易推进和取得实效，相比之下经济欠发达地区则难度要大得多。然而在本轮司法体制改革中，贵州省作为经济欠发达地区的典型代表，却在财物统一管理改革方面取得了良好的效果，改革进度、质效超过了许多经济发达省份。2017 年 7 月，中央政法委在贵阳市召开了全国司法体制改革推进会，对包括财物统一管理工作在内的贵州省各项司法体制改革工作给予了充分的肯定。总结下来，全省检察机关在财物统一管理改革工作中，有以下一些经验和做法对推动改革的顺利进展起到了重要的作用。

一是党委、政府的高度重视是改革成功的基本保证。改革的本质就是利益的调整，而触动人的利益比触动灵魂还难。从全国层面来看，这次司法体制改革之所以取得成功，离不开中央顶层设计与强力推进改革的强大决心与执行力。从贵州省层面来看，包括财物统一管理工作在内的各项改革取得成功，同样离不开省委、省政府的坚强领导和坚强支持，离不开各市州、各区县党委、政府的领导与支持。特别是在财物统一管理方面，从贵州省与外省兄弟人民检察院交流的情况来看，这一部分改革的阻力特别大，举步维艰。2017年7月中央政法委全国司法体制改革推进会在贵阳市召开后，贵州省在财物统一管理改革方面取得的成绩令不少兄弟省市人民检察院同仁深受触动，会后纷纷前来学习取经，并对贵州省各级党委、政府领导对司法体制改革工作的高度重视与强力推动印象深刻。

二是信息化大数据手段助力财物统一管理工作顺利进行。此次全省人民法院、人民检察院财物统一管理改革，涉及数万人工资、福利及相关经费的调整，涉及财政管理体制的变动修改，涉及数以十万计的具体财务指标数据的变化流转，时间短，任务重，并且不能出现差错。这给全省各级财政部门，以及各级人民检察院计财部门增加了巨大的工作压力。但是，依托各级财政部门建立的信息化大数据工作平台，上述繁重的工作得以如期高质量地完成，对确保财物统一管理工作顺利进行，起到了不可或缺的保障作用。

三是实事求是因地制宜的工作作风确保财物统一管理工作蹄疾步稳。按照中央改革设计，省以下地方人民法院、人民检察院财物统一归至省级财政，同时允许各地可以根据实际情况在试点时予以调整。贵州省在具体改革工作中，正确评估了全省近200家人民法院、人民检察院财物直接由省级财政统管可能带来的冲击与不利影响，科学地选择了先由各市级财政统管，再逐步过渡到省级统管的"两步走"方式。从目前实际运行情况来看，这种方式确保了财物统一管理改革工作始终稳步推进，是非常适合贵州省实际的改革路径。在具体工作中，部分市州结合本地区实际，综合考虑县级人民检察院财务人员素质能力、市级财政部门工作力量、市级人民检察院统筹协调需要等多方面因素，探索了"一级预算、二级管理"的工作模式，即委托市（州）人民检察院对同为一级预算单位的各县级人民检察院财物进行集中管理，再报市（州）财政部门进行核算。这种管理模式，相当于在各县级预算单位与市（州）级财政之间，增加了市（州）人民检察院这一集中管理层级，不仅有效利用了市（州）人民检察院现有计财部门的工作力量，大大缓解了市

（州）财政部门的工作压力，而且提高了财物管理工作效率，也有利于市（州）人民检察院全面了解各县级人民检察院财物管理工作情况，从而加强对下级人民检察院的检察一体化领导。

二、贵州省检察机关财物统一管理工作存在的问题与不足

虽然贵州省检察机关财物统一管理改革工作顺利完成，取得了很好的成效，积累了一定的经验。但随着改革工作的持续推进，不少问题也逐渐暴露出来，需要引起我们的高度重视并予以解决，并切实按照十九大精神要求做好综合配套工作，将已经取得的改革成果不断巩固与深化。

（一）检察机关财物管理模式离省级统管仍有差距

省级以下人民检察院财物由省级财政统一管理，除了提高检察机关经费保障水平、缩小地区差异外，更重要的目的在于减少地方干预，确保各级人民检察院能够依法独立行使检察权。因此，虽然中央允许各地在统一管理上划层级方面根据实际情况有所调整，无需一步到位，但从长远来看，只有尽快将省以下检察机关财物统一管理到省级财政，才算真正贯彻落实了中央提出的司法体制改革具体要求，也才能更有利于保障贵州省各级检察机关更好地履行检察权。从全国的情况来看，目前有吉林省、安徽省、湖北省、青海省等18个省市检察机关实现了省级统管。相比之下，贵州省虽然在市州统管上积累了不少有益经验，但仍需及早谋划，在此基础上争取尽早实现省级统管。

（二）各市（州）经费管理模式不统一

目前，九个市（州）的经费管理实际存在三种模式：一是市（州）人民检察院和基层人民检察院均作为市财政一级预算单位，直接对市级财政负责，采取这种管理模式的地区有遵义市、六盘水市、安顺市、毕节市、铜仁市、黔西南州；二是实行"一级预算、二级管理、市州集中、独立核算"模式，将本地区基层院的经费资产交由市（州）人民检察院统一集中管理，采取这种管理模式的地区有黔东南州、黔南州；三是各基层人民检察院名义上和市（州）级人民检察院同为市（州）级财政的一级预算单位，实际管理由市（州）级财政部门委托县级财政部门代为管理，由市（州）级财政与县级财政进行年终结算，采取这种管理模式的地区有贵阳市。

在大要案备用金管理模式方面，安顺市、毕节市、黔东南州由市（州）财政向市（州）人民检察院安排大要案备用金，由市（州）人民检察院在全市（州）范围内统筹分配使用。其余地区市、县两级人民检察院则分别设立大要案备用金，各自管理使用。

（三）人员经费保障存在一些具体问题

一是个别地方人员经费保障落实不够的问题。人员经费一般应当包括基本工资、绩效奖金、车改补贴、职工福利费、社会保障费、公积金等项目。从调研情况来看，大部分市州统管时都落实得比较好，但也有个别地方还有落实不到位的问题。例如黔南州部分县没有将车改补贴、司法警察执勤岗位津贴、医疗补助等项目纳入上划统管范围。铜仁市、县两级院干警绩效考核奖金被列入公用经费支出范围，不仅在预决算上不够规范，还挤占了原本有限的公用经费空间。

二是县级人民检察院目标绩效考核奖金可能存在落实难的问题。根据市州改革文件精神，各市（州）县级人民检察院经费统一管理后，原则上各县级人民检察院干警年终绩效目标考核奖金，按照市（州）50%、各县50%的标准，由市、县级财政分别保障。比如说，某市（州）直单位目标绩效奖金标准为每人2万元，而某县直单位为每人1万元。该县人民检察院财物市（州）统管后，其干警能拿到的奖金就应当为两个标准各50%即1.5万元，低于市直高于县直标准。但此精神目前尚无便于执行的细化措施。由于存在市级目标绩效奖金与县级目标绩效奖金之间，以及各县之间目标绩效奖金差距较大的客观情况，加之各县财政状况差异较大，对于资金如何落实、如何操作等具体问题，在执行中可能容易产生县内各单位之间、县与县之间，以及县与市（州）之间的认识分歧，甚至推诿扯皮。调研中不少人民检察院反映了对此问题的关注与担忧。

三是聘用人员经费保障范围不统一的问题。对聘用人员的人员经费和公用经费保障，各地做法不一。如遵义市人民检察院聘用人员工资收入由市级财政予以全额保障，同时将聘用人员公用经费纳入财政预算予以保障。毕节市、铜仁市人民检察院对聘用人员工资收入由市级财政予以全额保障，但聘用人员公用经费不纳入财政预算予以保障。贵阳市、县两级人民检察院聘用人员经费由当地财政分别予以保障。对于不能全额保障聘用人员经费的地区，往往通过挤占公用经费来进行补充，虽为无奈之举，但也存在经费使用不够规范的问题。

（四）资产上划管理面临一些困难

资产上划过程中，普遍存在报废、盘亏资产情况。报废资产通过盘点，并按财政部门要求办理相关手续后，能及时有效处理。但部分盘亏资产由于无实物、时间间隔过久和难以确定责任人等因素，处置难度大，加之部分人民检察院资产管理工作不够科学细致，导致长期以来积累了很多历史遗留问题，一定程度上影响了资产上划工作的进度。部分人民检察院因房屋和土地相关证件还有待完善，办公用房权属尚未确认，无法上划。

（五）检务保障信息化水平有待进一步提高

由于检察机关内网为涉密网，与财政部门内网不能互通，导致检察机关自行开发的检务保障系统与地方财政部门的管理软件系统不能数据共享，在实际工作中造成一套账务两次做账、一套资产两次入账的情况，不仅降低了工作效率，还增加了财务人员工作量。此外，检务保障系统即使与财政部门相关系统做到互通，还要处理数据接口兼容、财务标准统一等大量技术性问题。这些都是今后检务保障信息化工作中需要重点解决的问题。

（六）检察机关财物管理岗位人少事多矛盾突出

检察机关财物管理改革之后，客观上促使各级人民检察院财物管理工作进一步规范，但另一方面各级人民检察院计财部门的工作量也大大增加，计财部门人少事多的问题比较突出。

一是计财部门专业人员数量不足，增长受限。在此次司法体制改革中，各级人民检察院计财部门作为司法行政部门参与改革。按三类人员分类管理的要求，司法行政人员总体比例不得超过本单位中央政法编制数的15%，除去办公室、政工等其他行政人员后，留给各级院计财部门的编制人数已经非常有限。从各地情况来看，目前大多数基层人民检察院只保留有会计、出纳各一名，且大多是兼职。各市（州）人民检察院计财部门财务管理人员（政法编制人员）多为4人左右，且包括正、副处长，一些市（州）院出纳等重要岗位还由聘用人员从事。同时，根据检察机关内设机构改革的要求，除市（州）人民检察院和市（州）政府所在地基层人民检察院单独设立有财物管理部门外，大多数基层人民检察院财物管理部门都被并入办公室统一管理。

二是计财部门工作人员专业素能还有待进一步提高。检察机关财物统一管理后，计财部门涉及的相关财务操作流程更加规范也更加专业，信息化水平也更高，相应地对财务人员的专业素能也提出了更高的要求。但目前市、县两级人民检察院计财部门现有工作人员水平还有一定差距，如某州两级人民检察院仅有一名工作人员具有中级会计师资格；有的人民检察院财务人员甚至不具备会计从业资格；不少财务人员还不适应会计工作快速信息化的发展趋势。

三是计财部门工作压力增加。对基层人民检察院而言，统一管理前财务人员只需要与本县财政部门打交道，往来非常方便。但经费资产上划市（州）统一管理后，包括预算决算、资金收付、设备采购、工资福利等相关工作，即便有少部分工作可以通过信息化系统远程办理，但大量的工作仍需县级人民检察院财务人员定期、不定期地到市级财政部门面对面沟通解决。这种情况带来的最直接问题是基层人民检察院财务人员到市（州）财政部门办事的通勤成本大大增加，耗费了不少时间，降低了工作效率。比如说县级人民检察院办理集中支付，除事先网上申报外，还要携带相关支付凭证到市（州）级国库集中支付中心办理审批，偏远一点的县级人民检察院完成一笔支付至少需要 2 天时间。这个问题在对基层人民检察院实行"一级预算，一级管理"模式的地区尤为突出。对市（州）人民检察院而言，其计财部门除了本院有关财物管理工作外，还要承担对基层人民检察院财务管理工作的审核管理、检查指导等职责，工作量也增加不少。尤其是在实行对基层人民检察院"一级预算，二级管理"的地区，市（州）人民检察院计财部门对下管理的工作量更是大幅增加。

三、进一步深化贵州省检察机关财物统一管理改革的建议

总的来说，党的十八大以来，包括贵州省在内的全国司法体制改革已经取得了重大阶段性成果，在司法领域"解决了许多长期想解决而没有解决的难题，办成了许多过去想办而没有办成的大事"，司法体制改革主体框架已基本确立。就像一栋房子一样，"四梁八柱"已经搭成，基本上可以遮风挡雨，"大庇天下寒士俱欢颜"了。这是非常了不起的成就，但另一方面，房子光有"四梁八柱"还不够，还不能满足人民群众对司法的更高需求，所以还需要对房子进行"精装修"，不断解决"消防安保""供水供电""漏风渗雨"等细节性问题，才能让人民群众住得更加舒服满意。对这个问题，也就是下一步

司法体制改革如何开展的问题，党的十九大报告已经明确提出了"深化司法体制综合配套改革"的要求。其基本思想，我们理解一是要通过系统的、具体的各项制度措施，将已有的改革经验予以夯实，形成稳定的长效机制；二是还要继续深化改革，将各项改革制度有机联系起来，通过一系列更加具体、细微的改革措施，让司法体制运行更加顺畅高效。

对照十九大"深化司法体制综合配套改革"的要求与精神实质，贵州省检察机关财物统一管理改革实践中出现的各类问题，就是需要通过"综合配套改革"来"精装修"予以解决的问题。因此，我们必须始终坚持贯彻十九大精神要求，将这些问题纳入"综合配套改革"的整体理念来统筹解决。

据此，针对调研中发现的问题，结合贵州省实际情况，对进一步加强和改进贵州省检察机关财物统一管理工作提出如下建议：

（一）加强调查研究，做好改革各项措施实践效果观察评估

在贵州省检察机关财物统一管理改革工作中，虽然大的格局框架是按照中央、省委的改革方案执行的，但考虑到各地实际情况，在具体工作开展上往往各有不同做法。比如说，在市（州）财政如何开展对市、县两级人民检察院财物统一管理上，目前贵州省在实践中存在着三种模式。由于三种模式正式运行时间都不长，暂时还不具备准确评价各模式谁优谁劣的条件。但我们需要积极对此加强调研，随时掌握三种模式运行中的情况及问题，并最终将在实践中最有效的模式筛选出来予以推广，为实现下一步由省级统一管理目标打好基础。此外，制度设计时总是难以预料到实际运行中会出现的所有情况，在实践中也容易出现各种各样的问题。比如说县级人民检察院干警的年终目标绩效奖金问题，以及检察干警三类人员工资动态增长问题，在实践中都可能因为制度设计百密一疏，或者执行力度欠缺等原因而运行不畅。因此，我们必须按照十九大"综合配套改革"的要求，实时保持对现有改革制度运行情况的监测评估，并在此基础上加强制度建设，夯实改革成果与经验，提高改革整体效能，促进改革进一步深化，坚决防止改革走回头路。

（二）统一经费保障范围，逐步缩小各地区差距

由于贵州省各市（州）之间经济发展水平差异较大，且当前检察机关经费保障主要依靠地方财政支持，即便以后经费资产由省级统一管理，在较长一段时间内也不可能做到各基层人民检察院按照同一经费保障标准予以保障，只能逐步缩小差距。基于这一原则，可以先将各地区经费保障的范围做到基

本一致，如公用经费应包括办公经费和办案业务经费，人员经费应包括工资、目标考核奖金、绩效考核奖金、各类津贴补贴、医疗保险和社会保险经费等，聘用人员经费应包括聘用人员工资、社会保险、医疗保险、聘用人员公用经费等。将检察机关的各项经费保障的范围逐一明确具体，不仅便于各地实际操作，也有利于在此基础上，逐步按照"保高托低"原则缩小各地区差距。

（三）明确资产权属，清理历史遗留问题

在资产上划前的清查中发现盘亏资产及老化毁损资产的，建议由基层人民检察院向当地财政部门申请处置。各基层人民检察院上划市（州）管理，作为一级预算单位后，仍然存在盘亏资产及老化毁损资产的，从有益于工作开展的角度出发，类似资产报废的同类不涉及市级人民检察院审批权限的事项，建议由基层人民检察院向市级财政提出资产处置申请，由当地财政部门协助市级财政予以处置，简化流程，提高效能。

针对部分人民检察院因房屋和土地相关证件不完善，办公用房权属不明，导致无法上划管理的，建议由当地政府协助完善相关手续，明晰产权，明确最后完成时限予以上划管理。

（四）优化财物管理应用平台，依托信息化手段提高工作能力

一是加强与上级的请示协调，争取按有关规定尽快将检务保障系统运行在非涉密内网，同时打通与财政部门相关财政管理系统的硬件连接，实现数据互联互通。

二是建议由省人民检察院与省财政厅加强沟通协作，统一检务保障系统与财政管理系统相关数据接口标准，并对现有的检务保障系统和财政管理系统进行二次开发，确保两套系统能无缝对接，相关数据能融合共用，真正实现"让数据多跑路、让财务人员少跑腿"的计财装备大数据建设目标。此外，系统开发还要确保市（州）人民检察院能通过系统平台对各基层人民检察院的财务行为进行及时有效监管，并给予市（州）人民检察院对下查阅的权限，以方便督促和管理，提高财物管理工作效能和监管力度。

（五）整合计财队伍力量，提升财物管理水平

首先是充分整合各市（州）两级人民检察院计财队伍力量，充分发挥现有计财人员工作效能。不再要求基层人民检察院分设会计、出纳，各基层院只需设置1名报账员。同时，采取轮训的形式，市（州）人民检察院每年从基层人民检察院抽调财务人员在市（州）人民检察院集中办公，分片区分职

能对下服务和指导。这样的好处是，全市（州）的财务标准可以统一，调取数据快捷，采取报账制后，将会减少资金监管的风险，通过轮训的形式，又能提升各基层人民检察院财物管理人员的专业素质。

此外，考虑到计财部门事多人少的实际，对于不涉密的财物管理岗位，也可以探索采取购买社会服务的方式，聘请财会专业人员从事管理工作。

刑事司法体制改革背景下刑事公诉
职权运行机制之改造

肖振猛*　　潘　燕**　姚俊峰***

在以审判为中心的刑事公诉制度改革中，落实办案质量终身负责制、实现"谁办案谁负责，谁决定谁负责"是这次刑事司法体制改革的重要内容。反思传统的公诉职权运行机制，寻找与司法体制改革需要不相适应之处，对之进行必要改造，已成为当前形势发展之需要。

一、我国现行刑事公诉职权内容及发展

刑事检察制度是刑事司法制度的重要内容，刑事公诉制度是刑事检察制度的重要组成部分，刑事公诉职权是检察权最根本的职权，刑事公诉职权的运行机制对检察权运行机制具有重要影响。

（一）我国现行刑事公诉职权内容

刑事公诉职权是指国家赋予检察机关审查刑事案件，代表国家对刑事犯罪嫌疑人、刑事被告人依法作出不起诉决定或者起诉决定、提起公诉要求人民法院予以审判，实现国家刑罚权，并对诉讼活动进行专门法律监督的权力。我国现行的刑事公诉职权包括审查起诉职权、出庭公诉职权、诉讼监督职权，具体为：

1. 审查起诉职权

是指检察机关依法对侦查机关侦查终结，移送起诉或不起诉的案件进行审查，判断裁量后决定是否对犯罪嫌疑人提起公诉或者不起诉的司法办案活动。包括：①对侦查部门认定的犯罪事实、犯罪性质、证明证据以及适用法

---

*　肖振猛，贵州省人民检察院党组成员、副检察长。

**　潘燕，贵州泰和律师事务所律师（专家顾问）。

***　姚俊峰，贵州省人民检察院员额制检察官。

律的意见进行全面审查，弥补完善侦查工作中的疏漏和不足，包括告知权利、讯问犯罪嫌疑人、审查卷宗材料、调查核实证据、听取辩护律师意见、讨论分析案件、退回补充侦查等调查核实职权；②作出起诉或者不起诉的司法决定职权；③对侦查合法行为进行结论性评价职权。

2. 出庭公诉职权

是指检察机关依法出席法庭支持公诉的活动。包括：①代表国家指控和证实犯罪，提请人民法院对被告人依法审判，包括宣读起诉书、示证、质证、辩论、量刑建议等定罪和量刑的请求职权；②结合案情进行法制宣传和教育的职权；③对审判行为作出结论性评价职权。

3. 诉讼监督职权

是指检察机关在审查起诉和出庭公诉过程中发现侦查活动、审判活动存在违法和错误的行为进行结论性评价，决定以书面或者口头方式向侦查机关提出纠正意见，或者向审判机关提出纠正意见，对人民法院的判决、裁定进行抗诉等活动。包括侦查监督职权和刑事审判监督职权。

（二）司法体制改革背景下刑事公诉职权的发展与需求

孙谦副检察长指出，当前刑事公诉职权呈现四个发展趋势：一是起诉法定主义向起诉法定主义与兼采起诉裁量主义转变；二是注重追诉向履行客观公正义务转变；三是注重实体向实体、程序、诉讼效益并重转变；四是定罪请求权向定罪请求权和量刑建议权并行转变。

从上述发展趋势来看，当前我国司法体制改革中对刑事公诉职权发展有六个方面的新需求：一是诉前主导需求。通过对侦查活动的监督和引导，最大程度地规范侦查权力运行。二是审前过滤需求。通过排除非法证据，对证据合法性进行审查过滤，运用法定不起诉或者证据不足不起诉，对无辜者进行法律宣告。三是明确责任需求。通过深入贯彻"谁办案谁负责，谁决定谁负责"原则，转变工作机制，以明确责任人、确定司法责任。四是控辩对等需求。贯彻以审判为中心的直接言辞原则，在一审、上诉审、监督审中始终坚持控辩对等，便于庭审查明案件真相。五是强化监督需求。通过办理诉讼监督案件，强化侦查监督、审判监督、内部监督。六是司法裁量需求。通过行使相对不起诉对微罪案件、刑事和解案件、附条件不起诉案件的认罪认罚的犯罪嫌疑人依法予以司法宽容评价，实现审前截流。通过行使程序选择权对认罪认罚的被告人选择适用速裁程序、简易程序等引导人民法院快速审理案件，实现审理程序繁简分流。

二、我国现行公诉职权运行机制与刑事司法体制改革要求不相适应的矛盾问题

结合刑事司法体制改革的要求，现行公诉职权仍存在着：诉前主导角色错位，审前过滤功能不足，司法裁量功能不够，诉讼监督功能不力，司法责任人不清等矛盾问题。

（一）诉前主导角色错位的问题

主要表现为，诉前主导期待以公诉为主的要求与诉前主导实际以侦监为主的矛盾。2015 年，中国社会科学院法学研究所主办的"全面推进依法治国与稳妥促进司法体制改革理论研讨会"上有专家学者指出："以审判为中心的诉讼制度改革将给检察机关带来严峻的挑战和压力，同时这项改革也给检察机关的公诉职权带来发展的机遇。"为从源头上保证办案质量，检察机关应当提高指控犯罪体系的合法性和完整性，这就要求公诉工作向起诉前延伸，发挥诉前主导作用，通过引导侦查、退回补充侦查等方式，构建和强化刑事证据指控体系。从应然的角度来说，侦查是基础、批捕是关键、公诉作主导、监督是把关。因此，检察机关提前介入引导取证，应当以公诉部门为主导，而侦查活动监督应当以侦监（刑事检察）部门为主导。

实践情况是，侦查机关对检察机关批准逮捕前、提前介入的期待较高，检察机关提前介入工作以侦查监督部门为主，公诉部门提前介入侦查的参与程度不够，参与形式主要以发表补证意见为主，对侦查活动的制约不够。以贵州省为例，2016 年侦查机关邀请检察机关提前介入刑事案件 560 件，检察机关依职权主动介入 143 件；侦监部门介入 568 件，向侦查部门提出书面意见和建议 455 件次，侦监与公诉协同介入 151 件，侦监、公诉共同提出书面建议和意见 113 件次（见表 1）。由于批捕环节与公诉环节掌握的法定条件和证据标准不同，容易导致侦查工作偏重报捕而不偏重侦终，有的重大案件批捕前轰轰烈烈，力量云集，批捕后力量收缩，调取证据工作接不上，案件达不到起诉标准，提前介入效果不佳。

表 1

内容 部门	提前介入 （件次）	提出书面意见和建议 （件次）
侦监部门	568	455
公诉部门	151	113

（二）审前过滤功能不足的问题

主要表现为，落实疑罪从无、证据裁判原则的要求与公诉审前过滤功能发挥不足、诉讼程序反复、难作决定的矛盾。落实疑罪从无原则、证据裁判原则是全面依法治国对司法办案的新要求。《中华人民共和国刑事诉讼法》规定，公诉案件中关于被告人有罪的举证责任由检察机关承担、对证据收集的合法性由检察机关证明；案件在不同阶段的证据标准都是事实清楚、证据确实充分，检察机关负有排除非法证据责任，不得将非法证据作为起诉意见、起诉判决的依据。从应然角度说，无论在哪个阶段出现事实不清、证据不足的案件都应当果断作疑罪从无的处理，无论哪一个环节都有排除非法证据的职责。

实践中情况是，检察机关公诉部门审前过滤功能不强，在非法证据排除的调查中，以书面情况说明替代侦查人员出庭等情况时有发生，证据存疑案件难以真正达到三个阶段都一致认同的"事实清楚、证据确实充分"统一标准，拖累侦查、起诉、审判资源反复调取证据，证据裁判原则、疑罪从无原则不能得到及时贯彻，案件得不到及时终结。例如项某某故意杀人案，该案属于事实不清、证据不足案件，被批准逮捕后，在审查起诉过程中，检察机关2次退回补充侦查，起诉到人民法院后，被省人民法院4次发回重审，一审人民法院5次判决有罪，历经10年，最后一次发回重审，侦查机关提供了情况说明42份、询问笔录7份、现勘照片、尸检照片、两枚现场烟头STR图谱复印件及现场指认光盘1张等证据。被告人再次上诉后，省人民检察院出庭发表了事实不清、证据不足的意见，省人民法院作出无罪判决才得以告终。

（三）司法责任人难以确定的问题

主要表现为，司法责任终身负责和"谁办案谁负责，谁决定谁负责"的要求与办案阶段不同、承办人标准不一、上下级意见不一致，致使责任人难以确定的矛盾。根据《关于完善人民检察院司法责任制的若干意见》（第 3 条、第 5 条、第 9 条、第 37 条第 3 款）规定：在检察机关推行检察官办案责任制，审查逮捕案件、审查起诉案件，可以由独任检察官承办也可以由检察官办案组承办，检察官对案件事实和证据负责，独任检察官、主任检察官在职权范围内对办案事项作出决定。"谁办案谁负责，谁决定谁负责"，以人民检察院名义制发的法律文书，由检察长（分管副检察长）签发。从应然角度说，检察长是部分案件的起诉或者批捕的决定主体，有的检察官经检察长授权行使决定起诉或者决定逮捕权，检察官的决定经检察长签发后，转换为检察机关的法律文书，对外发生法律效力，因此作出追诉决定的检察官应当是案件的责任人。可见，办案检察官和有权作出决定的检察官（主任检察官、检察长）都是案件的办案人。当办案与决定同一时，终身责任也许尚为清楚，但是当办案与决定分离时，终身责任就会含混，这个问题在检察委员会作决定案件的司法责任上显得尤为突出。

实践中情况是，履行审查逮捕职权的检察官不出庭；履行出庭公诉职权的检察官不审查逮捕；请示案件中作出追诉决定的上级检察机关不出庭；出庭的检察机关不决定；承办人认为不能起诉，提交检察委员会讨论决定后提起公诉等，公诉职权与批捕职权的自我脱节，上下级公诉人脱节，决定权与出庭发表意见权脱节，容易导致明确责任人困难，容易出现公诉检察官认为无罪，批捕检察官认为有罪，起诉后被人民法院判决有罪；不批捕案件，公安机关直接移送审查起诉后，公诉部门提起公诉被人民法院判决无罪；追加逮捕案件，提起公诉后，被人民法院判决无罪；上级人民检察院决定起诉后，下级人民检察院提起公诉，被人民法院判决无罪；检察委员会研究决定起诉的案件，不赞成起诉的承办公诉人被动出庭后，案件被人民法院判决无罪等情况。例如牟某某贩卖毒品案，侦监部门检察官审查后认为有逮捕必要，对其作出批准逮捕决定。该案移送审查起诉后，公诉检察官认为公安未查获毒品，缺少毒品这一物证，拟作存疑不起诉，侦监检察官认为牟某某供述的交易毒品犯罪事实与案件举报人茍某某（吸毒人员）供述的情况一致，双方的通话记录、指认笔录等均与牟某某的供述及茍某某证言相互印证，该案系犯罪行为发生后一个月才案发，涉案毒品因吸食已经灭失，未查获毒品是客观原因造成，不影响案件事实认定，应当提起公诉。经报告检察长后，重新更换公诉检察官提起公诉，人民法院判决被告人牟某某有期徒刑 7 个月，罚金

1000元。再如何某某职务侵占案，经某市人民检察院批准逮捕，移送区人民检察院起诉，区人民检察院承办人经审查认为不构成犯罪，考虑到该案是由市人民检察院批捕，于是提请市人民检察院公诉部门研究，市人民检察院集体讨论后一致认为构成职务侵占罪，区人民检察院提起公诉后被人民法院判决无罪。又如潘某某故意伤害案，检察机关认为事实不清、证据不足不批捕，侦查终结后侦查机关直接移送公诉受理，经2次退回补充侦查，提起公诉被人民法院判决无罪。

（四）诉讼监督非专门化的问题

主要表现为，强化诉讼监督的新要求与配合控诉、监督职责不分、诉讼监督非专门化、诉讼监督权实际呈弱化的矛盾。《关于完善人民检察院司法责任制的若干意见》（第42条第2款、第7条）规定：办理诉讼监督等其他法律监督案件，独任检察官、主任检察官对检察长（分管副检察长）负责，在职权范围内对办案事项作出决定。当前，法律监督案件已成为一种独立于职务犯罪侦查、审查逮捕、审查起诉、出庭公诉案件的单独案件类型。发生被告人被宣告无罪、国家承担赔偿责任、确认发生冤假错案等情形，应当核查是否追究司法责任。

实践的情况是，目前并没有细化诉讼监督案件类型，作为诉讼监督的载体、诉讼监督类案件办理还不够深入，大多数人民检察院没有将刑事侦查、刑事审判监督诉讼监督案件，作为法律监督单列办理，没有专门行使诉讼监督职责的专门检察官，在公诉环节的侦查监督活动、审判监督活动，主要还是由公诉检察官在履行审查起诉和出庭公诉职能过程中并行办理。而公诉的诉讼监督对象又是侦查和审判，要求公诉检察官与侦查、审判人员相配合，又要监督侦查、审判活动是否合法，实践中确难落实，只能为了保障司法办案不因为错误追诉被追究司法责任而多做工作。诉讼监督纠正违法实则"能过则过"，对内部诉讼进行监督更是无人愿意为之。因此，刑事诉讼监督对外、对内均呈弱化状态。以贵州省为例，2016年公诉部门提出纠正违法602件次，侦查机关已纠正458件次，提出纠正审判活动违法116件次，审判机关已纠正102件次。提出抗诉案件176件，提请抗诉16件。侦查监督部门提出纠正违法1254件次，侦查机关已纠正1148件次，受理立案监督案件870件，监督侦查机关应当立案而不立案598件，受理侦查机关不应当立案而立案监督案件471件，其中监督侦查机关撤案420件（见表2）。

表2

	向侦查机关提出纠正违法（件次）	侦查机关已纠正（件次）	受理立案监督（件）	受理侦查机关不应当立案而立案监督（件）
			监督侦查机关应当立案而不立案（件）	监督侦查机关撤案（件）
侦监部门	1254	1148	870	471
			598	420
			向审判机关纠正违法（件次）	提出抗诉（件）
公诉部门	602	458	审判机关已纠正（件次）	提请抗诉（件）
			116	176
			102	16

（五）审前分流功能不强的问题

主要表现为，落实认罪认罚从宽司法裁量要求与审前分流功能不强、大量轻罪案件涌入审判程序的矛盾。2016年，"两高三部"依据全国人大常委会授权，出台了《关于在部分地区开展刑事案件认罪认罚从宽制度试点工作的办法》（以下简称《试点办法》），扩大了检察机关起诉裁量权、量刑建议权的使用范围，建立了检察机关对案件的多层次处理机制。根据《试点办法》（第6条、第13条第2款、第7条第1款、第13条第1款），对于自愿认罪认罚的被告人，检察机关可采取的司法裁量措施有：一是对没有社会危险的犯罪嫌疑人，可考虑作取保候审、监视居住决定；二是对犯罪情节轻微，依照刑法不需要判处刑罚或者免除处罚的，可作相对不起诉决定，对被告人和被害人达成刑事和解的，检察机关可作相对不起诉决定，对可能被判一年有期徒刑的未成年被告人，检察机关可作附条件不起诉决定；三是对认罪认罚被告人，检察机关可以与被告人协商，依法提出量刑建议，提起公诉时建议人民法院适用速裁程序或者简易程序；四是对有重大立功或者涉及国家重大利益案件，可层报最高人民检察院撤销案件、不起诉或者选择数罪中的一项或者多项提起公诉。

实践情况是，有的人民检察院对司法裁量工作重视不够，把公诉权片面理解为追诉权，重起诉法定主义、轻起诉便宜主义的定罪思想还较为严重，"以起诉为常态，不起诉为例外"，构罪即诉、无罪就抗的现象普遍。以贵州省为例，2016 年全省公诉部门办理案件中，认罪被告人占 94.01%，不认罪被告人占 5.99%。已生效判决中，判处 10 年以上有期徒刑占 3.2%，3 年到 10 年有期徒刑占 9.08%，3 年以下有期徒刑实刑的案件占 54.53%（其中有相当一部分存在羁押多久判刑多久以使刑期不低于已羁押期限的情况）；判处缓刑占 19.43%；判处拘役、管制、单处附加刑、免于刑事处罚占 13.74%；判无罪占 0.02%（图 1）。轻罪案件达 84.50%。大量轻微刑事案件进入审判程序，加之人民法院对民事案件采取立案登记制，受案数量呈井喷式增长，司法资源配置更显紧张。以贵州省某地人民法院为例，司法体制改革之前，法官人均结案数 61.9 件，改革后法官人均结案数为 126.35 件，人案矛盾和司法责任制双重压力使司法机关更愿意分流轻罪案件，将优质司法资源集中到疑难复杂的重罪案件和不认罪案件上来。

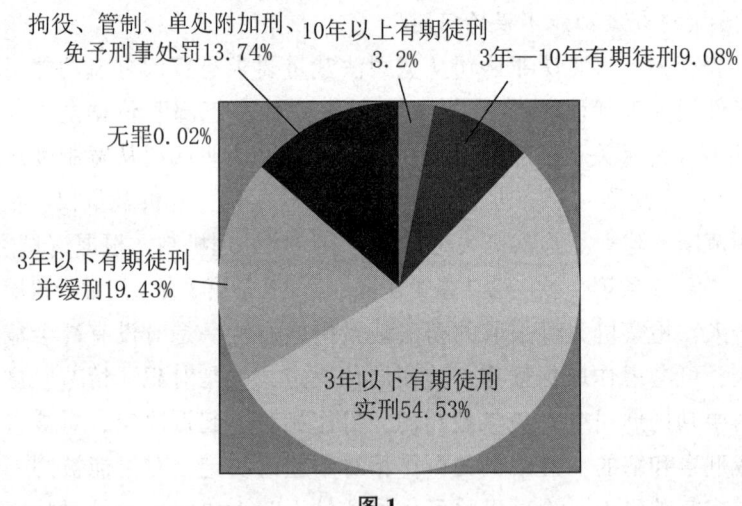

图 1

三、域外检察官制度运行机制经验

现代检察官制度诞生于 1789 年法国大革命，确立于 1808 年拿破仑治罪法典，是天赋人权斗争的产物，司法文明进步的成果。检察官制度自产生以来，就具有防止法官擅断和警察恣意的双重控制功能，域外检察官在发挥双重控制作用方面具有可借鉴的经验。

（一）申请羁押

域外检察官借助申请羁押等权利，可以指挥侦查。在俄罗斯，调查官对于身份不明的人采取监禁类强制措施，需获得检察官准予，才可向人民法院递交申请。在法国，司法警察得知发生重罪、轻罪和违警罪后，应立即报告共和国检察官。司法警察调查结束后，应将其制作的笔录原件、经验证无误的副本以及相关文件送交共和国检察官。检察官可根据初步调查结果，审查追诉的合法性和适当性，进而作出是否进行追诉的决定。可以向预审法官提出先行羁押的意见，预审法官认为不应当羁押的有义务说明理由并作出裁定，该裁定应当立即告知共和国检察官。

（二）上诉出庭

域外检察官大都有独立上诉权，检察官在二审中主要履行控方职权，与辩方地位平等。上下级检察机关也可以相互派员出庭。在德国，检察官可以用上诉的方法声明不服，在二审过程中，控辩双方既可以对一审过程中出庭的证人、鉴定人等进行询问，也可以要求提出新的证据。在意大利，如果辖区检察官提出要求，驻上诉法院检察长可以根据正当理由，决定公诉人在法庭审理中的职责由主管法官身边的共和国检察官指定的执法官行使。在关于强制措施的上诉审程序中，驻上诉法院的公诉人和请求适用该强制措施的公诉人同时参加上诉庭审，请求适用该强制措施的公诉人也可代替上诉法院公诉人参加庭审。在一审判决的上诉审中，作出结论并且在上诉状中提出相关请求的公诉人代表可以作为上诉法院检察长的代表，参加随后的上诉审。

（三）归责办法

域外对最初发动起诉的检察官也有归责办法。在美国，办理重罪案件通常采用一对一诉讼，案件被分派给一个检察官，这个检察官从开始诉讼到案件最终处置，一直负责这个案件，如果犯罪嫌疑人被宣告无罪，负责案件的检察官不能因为案件的错误而责怪其他人。

（四）起诉裁量

在日本，检察官可以利用刑事政策对犯罪嫌疑人宣布酌定不起诉，被不起诉的人可不承受提起公诉的负担，早日回归社会。检察官不能受社会声音的摆布，也不能无视社会的声音，可以考虑被害人与其他市民的意愿，尤其应重视不予追诉的声音。即使认为有罪，如果加害人与被害人之间和解成立，被害人表示宽宥，也可以不追诉。酌定不起诉在日本被广泛应用。据统计，日本 220 万刑事案件中，不起诉案件占 29%，起诉案件占 56%，移送家庭人民法院的占 15%。在不起诉案件中，因案件具备诉讼条件，具有犯罪嫌疑，但不需要追诉的案件占 94.2%，起诉案件中，简易命令请求占 92.6%。

四、我国公诉职权运行机制改造之构想

笔者认为，结合我国检察权主要是刑事公诉权的特点，按照"谁办案谁负责，谁决定谁负责"和办案质量终身追究的刑事司法体制改革要求，我国刑事公诉职权运行机制应建立侦监公诉检察官共同提前介入侦查、公诉参与审查逮捕办理、扩大司法裁量权适用、指控犯罪的公诉人出席一审法庭，还应当出席二审、再审法庭、专人办理诉讼监督案件等司法办案运行工作机制，具体建议如下：

（一）赋予公诉部门检察官和侦监部门检察官共同介入侦查之职权

为强化诉前主导功能，应当建立以公诉检察官为主配合引导侦查取证、以侦查监督检察官为主监督侦查活动，乃至监督公诉活动的司法办案机制。即赋予公诉部门检察官引导及时有效取证的职权、侦监部门检察官及时监督纠正违法和错误行为的职权。现行的侦监部门在前、公诉部门在后的司法办案模式，使公诉职权行使具有滞后性，对于侦查权并无实际引导效果，案件"带病"进入审查起诉环节较多，造成公诉检察官作诉与不诉决定均存在困难的"两难局面"。建议整合侦监公诉检察官力量，发挥公诉主导作用，推动侦查机关取证从言辞证据为主导向以客观性证据为主导转型。具体来说就是，在提前介入侦查活动中，侦监部门和公诉部门应各自明确 1 名以上检察官，同时介入同一重大案件侦查活动，分别负责引导取证和监督取证工作。一是公诉部门检察官负责围绕"事实清楚，证据确实充分"的目标，侧重控诉引导，引导侦查机关按起诉和庭审标准及时全面收集证据、固定证据，引导侦查机关对证据的证明力进行分析，提出对证据的补充和完善的建议，确保认定的事实和证据经得起法庭质证的检验；二是侦查监督部门检察官负责围绕"有证据证明有犯罪事实"的目标，侧重纠正违法和错误的侦查或公诉活动。

包括排除非法证据、错误立案、不当强制措施等行为，监督侦查取证活动合法有效、监督公诉部门检察官介入行为合法，对侦查和公诉活动进行评价，发现违法或者错误行为的，向检察长提出纠正建议，由检察长决定是否纠正（图2）。

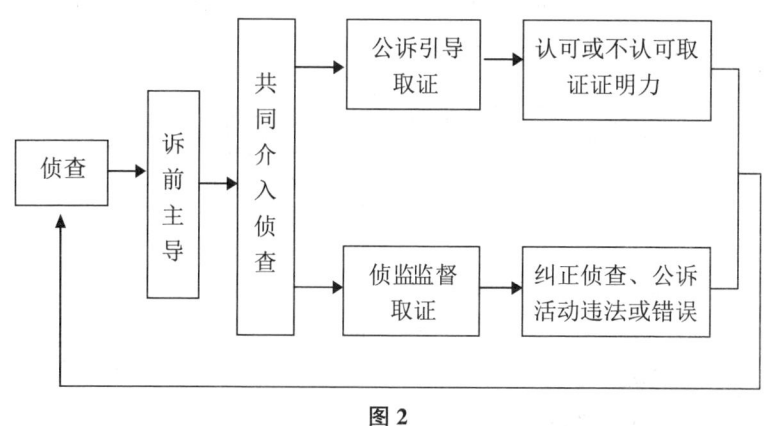

图2

（二）赋予公诉部门检察官与侦监部门检察官同步办理审查逮捕案件之职权

为实现审前过滤功能，应当建立由公诉部门检察官提出批捕或不批捕的建议、由侦监部门检察官监督认可或者反对公诉检察官建议的司法办案机制。当前，公诉权运行方式是各省根据自身情况、由检察长设置权力清单、下放部分权力给检察官行使。据此，可考虑采用调配权力清单的方式，在检察机关内部将公诉职权、批捕职权进一步精细化。一是公诉部门检察官同步办理审查逮捕案件，提出逮捕或者不逮捕的建议，办理同一审查逮捕案件的侦监部门检察官审查，若赞同公诉部门检察官的批捕建议，侦监部门检察官可依检察长授权直接决定逮捕（图3），若不赞同公诉部门检察官批准逮捕或者不批准逮捕建议，应当向检察长提出自己的意见，将案件提交检察长或者检察委员会决定是否逮捕（图4）；二是明确把向检察长建议纠正公诉检察官的违法和错误行为作为侦监检察官的职权。由于根据《关于完善人民检察院司法责任制的若干意见》第7条，纠正违法等意见属于检察长权力，建议此项权力仍保留由检察长行使，不予下放，公诉检察官、侦监检察官发现侦查活动中出现违法及错误行为的，由侦监检察官向检察长提出建议，经检察长决定后，提出纠正意见。侦监检察官同样对公诉检察官负有监督职权，对公诉活动的违法及错误行为，向检察长提出建议，经检察长决定后，提出纠正意见；三是赋予公诉部门检察官对羁押继续的建议职权。在公诉案件移送检察机关受理后，公诉检察官审查后可有权对是否继续羁押提出建议，刑事执行部门检察官认为应当继续羁押的，可决定继续羁押，刑事执行检察官认为不应当继续羁押，应报请检察长决定以取保候审。

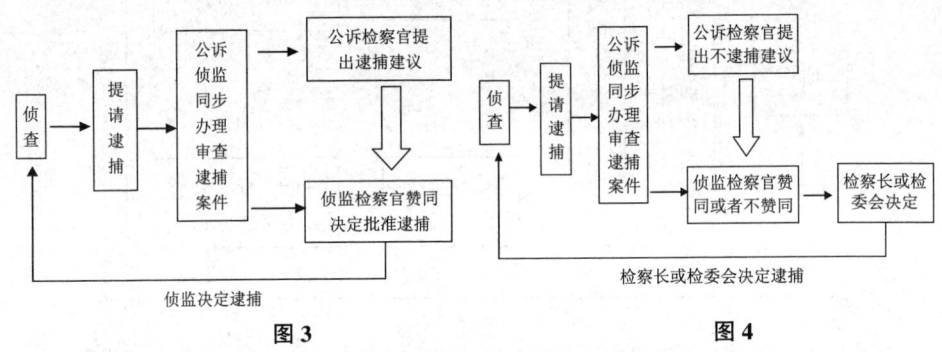

图3 图4

（三）赋予公诉人对同一案件出席一审法庭、继续出席二审、再审法庭之职权

为明确司法责任，应建立提起公诉的一审检察机关的公诉检察官"一对一"持续控诉职责，始终承担控诉"一造当事人"职责的司法办案机制。提起公诉的一审检察机关公诉人对同一案件，应当继续出席二（再）审法庭，继续充当公诉人，发表原控诉意见，与被告人、辩护人进行质证、辩论，便于二审法庭查明案件事实，促进二审法庭当庭认证、判决。依据审级不同、职责不同，搭建不同的诉讼结构。在刑事审判程序中，一审开庭重在查明事实和证据，二（再）审重在纠正一审公诉、审判错误，进行监督，应当采用不同诉讼结构才能完成刑事诉讼法赋予的使命。据此，应在一审开庭形成"平面等腰三角形模式"（图5）。二审开庭可效仿我国民事行政审判监督开庭模式，一审人民法院对应的公诉部门检察官（公诉人）、二审人民法院对应的公诉部门检察官（检察员）可以同时出庭，一审公诉人继续履行控诉职责，二审检察员履行审判监督职责，在二审法庭上，形成控、辩、督、审"立体等腰三角模式"（图6）。据此，应在"检察一体化"制度的逻辑起点上，进一步建立刑事公诉职权纵向运行机制，由于提起公诉的大量案件是认罪案件，

一般不会引起上诉或抗诉，极少数或者个别案件引起上诉的真实动机还可能存在着判决后的余刑较短，被告人不愿意更换服刑场所等情况。因此，基层检察官在一审时可办理认罪案件，二审时，代表一审检察机关出席法庭；上级院检察官下沉至下级人民检察院担任一审公诉人，审查办理不认罪案件，并出庭一审、二审乃至再审法庭；二审、再审时的审判监督业务职责应由上级人民检察院负有监督职责的部门另行指派检察官审查办理并出庭。

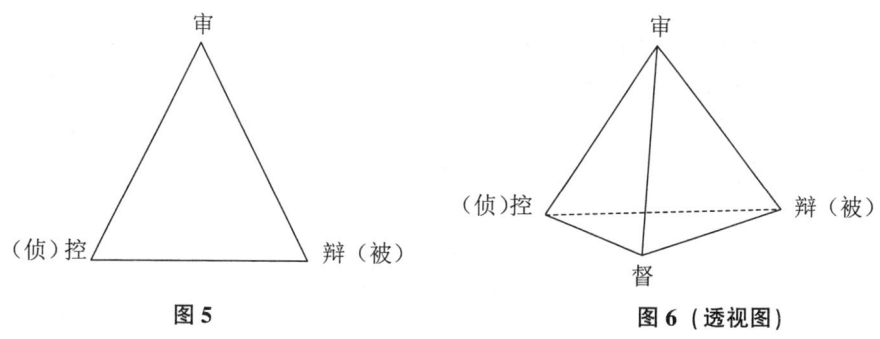

图 5　　　　　　　　　　　　　　图 6（透视图）

（四）赋予侦监检察官推动诉讼前行、必要时可出庭公诉指控犯罪之特别职权

为强化司法责任，在"谁办案谁决定，谁决定谁负责"的逻辑起点上，进一步建立"谁决定谁出庭"的司法办案机制。当侦监部门办理审查逮捕案件的检察官认为案件符合逮捕条件，已作逮捕决定，公诉检察官认为案件事实不清、证据不足拟作存疑不起诉时，侦监检察官认为应当提起公诉的，报请检察长决定，可由侦查监督的检察官充当公诉人出庭公诉。侦监检察官、公诉检察官都建议不应当予以逮捕，检察长或者检察委员会决定逮捕的，可由检察长或者赞成构成犯罪的检察官出庭充当公诉人。同理，在请示案件中，上级人民检察院决定逮捕或者起诉，可由上级人民检察院派员下沉办案出庭，对此，贵州省遵义市人民检察院已经做了初步探索，制定并下发了《关于办理逮捕后拟作不起诉决定案件有关工作要求的通知》，2016 年该市侦查监督部门参与办理拟作存疑不起诉案件共 35 件，侦监部门参与后改变原不起诉意见的有 9 件，其中侦监部门派员出庭 4 件，3 件获有罪判决。该机制运行较好，对推动司法责任机制深度运行、维护司法公正有积极效果。

（五）赋予公诉检察官司法裁量、大胆积极提出不起诉建议之职权目前，对检察官的放权是，起诉权太宽，不起诉权过严，使得公诉检察官不愿意行使司法裁量权，不愿意提出不起诉建议。应强化检察机关审前分流功能，建立对不起诉裁量权的正面评价司法办案机制，一是树立"正确批捕是成绩，但正确不批捕才是主要成绩"的侦监业绩观，树立"裁量相对不起诉是成绩，但正确相对不起诉实现刑事和解才是主要成绩"的公诉业绩观；二是建立相对不起诉体系。使微罪不起诉、刑事和解不起诉、附条件不起诉构成相对不起诉体系，扩大微罪不起诉适用范围，对于认罪认罚并出庭指证重大犯罪的污点证人可决定相对不起诉及大幅度从宽处理。加大刑事和解裁量不起诉的适用力度，简化刑事和解、检调对接案件办理程序，减少"文来文往"，注重工作实效；三是加大量刑建议工作力度，依托大数据办案平台，建立可数据化的量刑建议评估系统，确保量刑建议精准度，避免同案不同判情况。

结　语

改造公诉职权运行机制对构建新型诉侦、诉辩、诉审关系，深化司法体制改革的意义重大。通过对公诉职权运行机制的改造，公诉可行使建议不逮捕、建议不羁押等权力制约并引导侦查，完善指控证据体系，可构建公诉与侦查能动配合、形成大控方格局的新型诉侦关系；通过对公诉职权运行机制的改造，公诉可行使司法裁量权，与被告人、辩护律师协商选择案件处理方式，可构建公诉与辩护律师良性互动，实现恢复性司法、公力协商性司法的新型诉辩关系；通过对公诉职权运行机制的改造，指控犯罪的公诉人出席一审、二审、再审法庭，可构建控辩平等、直接言词、控督分立的新型诉审关系；改造公诉职权运行机制，谁决定谁出庭，是实现"谁办案谁决定、谁决定谁负责"的应有之义，是确保案件质量终身负责制落地的有力举措。

参考书籍：

[1] 孙谦：《论检察》，中国检察出版社 2013 年版。

[2] 陈瑞华：《刑事诉讼的前沿问题》（上下册），中国人民大学出版社 2016 年版。

[3] 卞建林、王肃元主编：《刑事诉讼法修改问题与前瞻》，北京大学出

版社 2008 年版。

　　[4] 卞建林主编:《刑事诉讼法学》,科学出版社 2008 年版。

　　[5] 宋英辉等:《外国刑事诉讼法》,法律出版社 2006 年版。

　　[6] 樊崇义、吴宏耀、种松志编著:《域外检察制度研究》,中国人民公安大学出版社 2008 年版。

　　[7] 陈卫东:《转型与变革:中国检察的理论与实践》,中国人民大学出版社 2015 年版。

　　[8] 贺恒扬:《公诉论》,中国检察出版社 2005 年版。

　　[9] 甄贞等:《21 世纪的中国检察制度研究》,法律出版社 2008 年版。

　　[10] [日] 田口守一:《刑事诉讼法》,刘迪、张凌、穆津译,法律出版社 2000 年版。

　　[11] 《世界各国刑事诉讼法》编辑委员会编译:《世界各国刑事诉讼法》,中国检察出版社 2016 年版。

　　[12] 左为民等:《四川省法学会诉讼法学研究会 2016 年年会论文集》,2016 年版。

参考文章:

　　[1] 孙谦:"论刑事公诉——司法体制改革情形下相关问题的思考",载《高检办公厅领导参阅件》第 14 期。

　　[2] 陈卫东、刘计划:"公诉人的诉讼地位探析——兼评检察机关对法院的审判监督",载《法制与社会发展》2003 年第 6 期。

　　[3] 徐鹤喃:"公诉权的理论解构",载《政法论坛》2002 年第 3 期。

　　[4] 李翔:"检察权配置如何体现和反映司法规律",载《上海政法学院学报（法治论丛）》2011 年第 5 期。

　　[5] 刘兆兴:"两大法系国家检察机关在刑事诉讼中的职权比较",载《外国法译评》1995 年第 3 期。

　　[6] 邓洪涛:"检察机关捕诉权内部配置研究",载《法制与社会》2011年第 33 期。

　　[7] 石柏非:"检察官在刑事上诉审中的职能作用",载《政治与法律》2008 年第 5 期。

　　[8] 蔡舒曼:"加强捕诉衔接,全面建立呈捕案件后续处理监督机制——

深圳市福田区人民检察院 2009 年不捕不诉案件情况调查",载《法制与经济（下旬）》2010 年第 10 期。

[9] 孙应征、刘桃荣："检察机关司法责任制的理论基础与功能定位",载《人民检察》2015 年第 20 期。

[10] 孙光骏等："司法责任制建立和运行情况调研报告——以武汉市检察机关改革为样本",载《人民检察》2016 年第 16 期。

[11] 陈松林："现代司法理念下的检察权——司法体制改革背景下检察权的定位",载《河北法学》2007 年第 12 期。

检察机关三类人员绩效考核调研报告

汤 敏[*]

在中央、最高人民检察院和贵州省委的领导下，作为 7 个全国首批司法体制改革试点省市之一，近年来全省检察机关紧紧"牵住"完善司法责任制这个"牛鼻子"，总结提出了"择优入额、清单授权、扁平增效、全程留痕、终身负责"的贵州经验，深化司法体制改革工作取得阶段性成果。党的十九大报告提出"建设高素质专业化干部队伍，坚持严管和厚爱结合、激励和约束并重，完善干部考核评价机制"，为落实十九大提出的这一新要求，全面掌握全省检察机关三类人员绩效考核情况和经验做法，省人民检察院成立调研组，通过问卷调查、走访调研、座谈交流、个别访谈等方式，深入了解工作成效，具体分析存在问题，提出进一步深化完善三类人员绩效考核的对策和建议。

一、开展三类人员绩效考核的背景

党的十八届三中全会通过的《中共中央关于全面深化改革若干重大问题的决定》中指出，要建立符合职业特点的司法人员管理制度，健全法官检察官人民警察职业保障制度。党的十八届四中全会通过的《中共中央关于全面推进依法治国若干重大问题的决定》进一步明确，加快建立符合职业特点的法治工作人员管理制度，完善职业保障体系。为推进司法体制综合配套改革，最高人民检察院出台《关于深化检察改革的意见》（以下简称《意见》），明确提出将建立符合职业特点的检察人员管理制度。《意见》强调，实行检察人员分类管理，将检察人员划分为检察官、检察辅助人员和司法行政人员三类，完善相应的管理制度，让三类人员各归其位、各展其长、各司其职。可见，

---

* 汤敏，贵州省人民检察院党组成员、政治部主任、国家检察官学院贵州分院院长。

严格规范检察机关三类人员绩效考核，是完善综合配套改革的重中之重，是司法责任制真正落实落地落细的总抓手。

二、贵州省三类人员绩效考核的现状和取得的成果

司法体制改革以来，全省检察机关 100 个院（省级院 1 个，市州院 9 个，基层院 90 个），实有干警 6119 人，共有 4090 人符合条件报名申请入额，经过考核、考试、答辩，首批遴选共有 2125 人入额。截至 2017 年 12 月，全省检察机关三类人员分布为：员额制检察官 2078 人，占比 34%；检察辅助人员 2826 人，占比 46.18%；司法行政人员 1215 人，占比 19.9%。

为切实发挥三类人员检察工作主体作用，使检察干警深刻领会"人员优化、权限明确、机构精简、绩效保障"的深化司法体制改革要求，激励、鞭策员额制检察官认真履职，省人民检察院根据最高人民检察院印发的《检察官、检察辅助人员绩效考核及奖金分配指导意见（试行）》，率先出台了《贵州省人民检察院检察官绩效考核及奖金分配办法（试行）》《贵州省人民检察院检察辅助人员绩效考核及奖金分配办法（试行）》《贵州省人民检察院司法行政人员绩效考核及奖金分配办法（试行）》。此后，全省 9 个市州人民检察院、90 个基层院均出台了关于三类人员的绩效考核办法及奖金分配办法。实行个人自评、干警评议与组织考核相结合、平时考核与定期考核相结合、定性考核与定量考核相结合的方法，对"三类人员"进行了绩效考核。在 2016 年底绩效考核中，全省检察机关有 679 人评为"优"，3011 人评为"良"，193 人评为"中"，24 人评为"差"（其中员额制检察官 250 人评为"优"，1093 人评为"良"，67 人评为"中"，3 人评为"差"；检察辅助人员 328 人评为"优"，1470 人评为"良"，95 人评为"中"，16 人评为"差"；司法行政人员 101 人评为"优"，448 人评为"良"，31 人评为"中"，5 人评为"差"）。

检察机关三类人员绩效考核工作开展以来，检察官"会办案、能办案、办好案"工作机制初步建立，改革的溢出效应持续显现。一是检察活力明显释放。检察机关三类人员各归其位，各尽其才。中青年骨干被选入员额制直接投身办案，入额院领导亲自带头办案，一线办案力量明显增强；二是检察官责任意识明显增强。2017 年，全省三级人民检察院 96.5% 的批捕案件和

97.2%的起诉案件由检察官独立作出处理决定，提交检察委员会审议的案件数量下降32.31%，讨论个案同比减少46.8%；三是办案质量明显提高。2017年案件质量评查显示，各类案件中的司法不规范等瑕疵问题比改革前下降了67.32%，没有发生一起办案安全事故；四是诉讼监督明显强化。2017年，立案监督、刑事抗诉、民行抗诉同比分别上升21.3%、13.4%、11.5%，民事诉讼再审裁判改变率达85.6%，公益诉讼案件位居全国试点省份前列。

三、三类人员绩效考核的主要做法

为全面落实司法责任制，真正打破"干多干少一个样、干好干坏一个样"的"大锅饭"状况，更加科学合理地评价每一位检察干警，现阶段全省检察机关主要通过以下形式开展三类人员绩效考核：

（一）全面考核，力争做到客观公正

积极落实《检察官、检察辅助人员绩效考核及奖金分配指导意见（试行）》的要求，结合自身工作实际，认真制定岗位职责说明书，建立以工作质量、工作效率、工作任务量等为主要内容的绩效考核评价指标体系。其中，检察官的绩效考核主要包括履职情况、办案数量、办案质效、司法能力、职业操守、研修成果、外部评价等。检察辅助人员的绩效考核主要包括参与的办案数量、质量和效果，履行辅助职务的工作量和实际效果、职业操守、研修成果等。司法行政人员主要参照机关公务员考核管理办法确定标准。同时将参加素能培训、岗位练兵，开展法律适用研究、撰写调研信息简报等情况，以及对遵章守纪、廉洁自律等方面的表现也纳入绩效考核内容，进行综合考量，力争实现绩效考核客观全面公正。

为切实发挥各级人民检察院领导干部在司法办案中的履职示范作用，省人民检察院根据最高人民检察院《关于完善人民检察院司法责任制的若干意见》（以下简称《若干意见》）、《贵州省检察机关司法责任制改革试点方案（试行）》等规定，出台《全省检察机关领导干部司法办案管理办法（试行）》，明确各级院领导干部入额后应当办理一定数量的案件，并带头办理重大疑难复杂案件。其中，处（科）长应当达到本部门检察官平均办案量的50%-70%；基层人民检察院检察长办案量应当达到本院检察官平均办案量的5%-10%，其他院领导应达到30%-40%；地市级人民检察院检察长应当达到

5%，其他院领导应当达到 20%-30%。省人民检察院进入员额制的领导干部按最高人民检察院要求办理案件。同时，明确省人民检察院政治部负责对各市（自治州）人民检察院领导干部的司法业绩档案进行核查。各市（自治州）人民检察院负责对本辖区县级人民检察院领导干部司法业绩档案进行核查。建立领导干部办案情况通报制度和考核机制。实现入额领导干部办案的制度化和规范化。截至 2017 年 12 月，全省检察机关 606 名入额院领导共办理各类案件 41 627 件，其中省人民检察院领导办理各类案件 406 件，地市级人民检察院检察长办理各类案件 7488 件，县（区）级人民检察院院领导办理各类案件 33 733 件，均超过了规定的办案比例要求。

（二）评查考核，真正做到严格规范

严格按照最高人民检察院《若干意见》和省人民检察院《关于完善司法责任制明确员额制检察官权限的暂行规定》要求，落实"一人一档案"和"一案一评查"制度。重点强化对员额制检察官的司法业绩考核，出台《贵州省检察机关员额制检察官司法档案管理办法（试行）》，明确上级人民检察院或本院案件管理部门完成对员额制检察官出庭履行职责的检查、案件质量评查、司法规范化检查、案件督查督导、司法行为反馈及评价、司法责任追究等监督管理工作后，由检察官管理部门及时将有关结论记（装）入相应的员额制检察官司法档案。例如，参与办理案件在案件质量评查中存在 80 分以下60 分以上情形达到 3 次以上（含本数），应在年度考核中评定为中等次。通过对司法档案记载查询的综合评估，对员额制检察官办案情况进行实时分析，评估员额制检察官的职业素能、工作负荷及其发展方向。同时，引入第三方评查机制，实现跨区域案件交叉评查，将评查结果全部记入员额制检察官的司法业绩档案。司法业绩档案作为员额制检察官年度考评、晋职晋级、奖惩、清退不合格员额制检察官，以及上级人民检察院遴选员额制检察官的重要依据。

（三）科学分配，绩效考核奖金实发到位

2016 年，在省委的关心支持下，贵州省人民检察院根据最高人民检察院下发的指导意见，对三类人员分别制定了绩效考核及奖金分配办法三个文件，全省市、县两级人民检察院也分别制定绩效考核及奖金分配办法。明确绩效考核奖金发放不与职务挂钩，主要依据责任轻重、办案质量、办案数量和办案难度等因素向一线办案人员倾斜。对三类人员分类开展绩效考核，考核结果统一分优、良、中、差四个等次，作为绩效考核奖金发放、公务员年度考核、评先选优、晋升职务等方面的重要依据。2016 年省人民检察院三类人员的绩效考核，经省人民检察院党组会议研究决定，基础性奖金按月发放，奖励性奖金以"良"等次奖金为基数，"优"比"良"每月增加 20%，"中"比"良"每月减少 20%，"差"比"良"每月减少 30%。每个档次相差 300 元左右，真正通过考核做到了奖勤罚懒、奖优罚劣、公平公正，充分调动各类人员的工作积极性。

（四）"大数据"融入绩效考核，体现检察智慧

2016 年 9 月最高人民检察院印发实施了《"十三五"时期科技强检规划纲要》，要求到 2017 年底，智慧检务体系顶层设计和配套标准体系趋于成熟，逐步开展大数据应用。大数据与司法的深度融合，有效促进了司法公正、提高了司法效率，实现了检察机关的信息化转型升级。2017 年是贵州省人民检察院确定的"大数据应用推进年"，在确定了以"大数据"为依托，变"人工考核"为"电脑考核"的绩效考核思路后，经过实地走访调研，选取安顺市人民检察院作为试点，并划拨研发经费 100 万元，要求安顺市人民检察院代为研发"贵州省检察机关检察人员执法办案网上考核系统"，用于对全省三级检察机关的执法办案绩效考核，现该考核系统研发已应用于对员额制检察官和检察官助理的考核，其他检察人员考核项目研发正在推进过程中。黔西南州人民检察院开发的"贵州检察队伍动态管理系统"，探索"大数据+动态考核管理干部"模式，将干部管理目标、岗位责任、正向激励保障和负向惩戒约束深度结合，已取得初步成效。

四、三类人员绩效考核中存在的困难和问题

检察机关三类人员绩效考核是一个系统工程，关系到检察队伍的稳定。现阶段推行的绩效考核办法虽有效推动了检察机关各项工作的稳步落实，但仍存在以下不足：

（一）绩效考核司法属性体现不够

通过调研发现，虽然全省检察机关已建立了与各自实际相结合的三类人员绩效考核办法，但是，目前各地绩效考核办法还存在与公务员考核办法相雷同的现象，业务属性突出不够。现有绩效考核标准没有真正实现通过综合

分析研判检察业务履职情况来管理和评价干警，考核标准对检察业务履职的"实绩"和"效果"考核不够。有的地区对三类人员的绩效考核还片面停留在对"德、能、勤、绩、廉"的考查。以激励为核心，容错纠错并存的考核系统尚未建立。

（二）检察官绩效考核权责有待明晰

作为全国首批司法体制改革试点省份，贵州省在全国率先下发省市县三级人民检察院《关于完善人民检察院司法责任制明确检察官权限的暂行规定》，但对于"谁办案谁负责、谁决定谁负责"司法责任制的根本要义因实际情况不同，各地权力清单对此明确得不够清晰完备。此外，根据最高人民检察院《若干意见》，检察人员应当对其履行检察职责的行为承担司法责任，在职责范围内对办案质量终身负责。但通过调研发现，在实践中，对检察官的归责问题以及员额制退出问题却有扩大倾向。例如，案件质量评查已成为对检察官办案进行管理和监督的重要手段，评查结果已成为对检察官考核和归责的重要依据。但是案件质量评查所造成的导向问题却没有引起足够重视。大多数县（区）级人民检察院反映，在评查中被扣分的往往是侦监公诉部门办案较多的检察官，监督条线、自侦条线的检察官扣分较少。这两个问题看似不同，但究其实质是一个问题的不同反映，即侦监公诉业务司法属性较强，司法责任制也较为明晰；而自侦业务、监督业务由于业务属性的原因，责任形式较为模糊。自侦业务行政属性较强，是基于首长负责制下的检察官责任制，检察官负责的空间较小；监督权本质上属于"建议权"，监督业务开展的效果，既取决于法律的刚性，也在一定程度上取决于被监督单位的主动性和自觉性，因此监督效果的好坏受制于客观因素较多。检察官本人仅就监督事项提出建议，而监督效果则难以掌控，也难以进行考核。

（三）检察辅助人员绩效考核标准有待完善

中共中央政法委员会《关于司法体制改革试点若干问题的框架意见》指出，检察辅助人员分为检察官助理、书记员、检察技术人员、司法警察（按人民警察序列管理，不参与绩效考核）。上述分岗分类，明确了检察辅助人员是检察官履职的"好帮手"的职业定位。现阶段的绩效考核办法，对上述人员的考核标准、考核细则、考核要素存在与检察官雷同、相互之间雷同的现象，无法清晰对应检察官助理、书记员、检察技术人员在各自职责范围内的工作特质、相应的责任以及被问责、追责的情形。导致实践中，部分检察辅助人员角色意识错位、履职担当不够，出现检察官工作量增多、案多人少的矛盾较改革前更为突出，"以检代警、检警不分""智慧检务"无法形成规模效应等情形，这与改革精神不符。

五、对完善三类人员绩效考核的对策和建议

绩效考核是世界性难题。20 世纪 60 年代美国曾经制定了两个十年规划：一个是登月计划，另一个就是业绩考核计划。结果十年过去了，登月计划顺利实现，而业绩考核却未完成。因此，有人戏称要制定一个科学完备、行之有效的考核计划体系比登天还难。难就难在考核内容的复杂性、技术评价的有限性与考核导向的结合性等方面，既要系统集成，又不能面面俱到。

（一）明确考核的基本原则

1. 突出业务属性

考核应围绕办案工作进行，一些与办案工作没有直接关联的指标不宜作为考核指标，要将业务性质分类与所在部门的横向评价相结合。同时，考核应尊重司法属性，坚持司法规律和检察职能自身特性，有公正独立的法律判断，如对无罪判决率、撤诉率、人民法院改变罪名等作出负面评判不能以其他部门的标准为标准，防止自我矮化。

2. 明确基准要求

考核指标设定上不宜过多过细，同时，要注意部门之内的平衡权益，防止出现推诿扯皮。宜粗不宜细，即以办理最低底数的案件和最大限度不出错案为基准要求。

3. 正向激励

考核的目的应是奖励先进、激励后进，不能出现不切实际的淘汰机制。坚持高线精准、底线模糊的原则，充分发挥考核的标杆作用，让绝大多数人过得去，少部分人通过努力也能过得去。从正反两方面进行激励，最终体现"多劳多得、少劳少得"的原则。

4. 谁知情谁考核

考核应坚持"运行+裁判+导向"的原则，落实管人与管事相结合。对检察官的考核，突出检察长与检察委员会的把关作用；对检察辅助人员，尤其是检察官助理的考核，突出检察官的考核权重；对司法行政人员的考核，突

出分管院领导的权重，将业务绩效与管理绩效有机结合，个人绩效与集体绩效有机结合，协调整体与局部的关系，增强工作的原始驱动力。

（二）突出核心职能，使绩效考核导向更明确

当前，检察机关正处于改革叠加期，外有"三局"转隶，以审判为中心重塑格局，内有司法体制改革再塑机理。从宏观的角度观察分析检察职能发展方向，公诉权应是检察职能核心职权，是检察制度的灵魂和归属。在以审判为中心的诉讼制度改革推进过程中，立案、侦查、批捕、公诉到执行监督的全流程分段负责、分散作业、分头发力的检察职能分工模式已不能适应以审判为中心的发展方向。在职务犯罪侦查权转隶和审判中心强化的双重改革背景下，公诉权的作用将不断凸显出来，以公诉权为核心重构检察内部职能分工模式已势在必行。

绩效考核理应顺应时代背景，突出业务导向的指挥棒作用，通过绩效考核权重分配引导检察官向公诉人强势回归，回应以审判为中心的召唤，使公诉人成为人格化的检察制度，以检察官的思想力、语言力和行动力提升检察公信力。

（三）借助"大数据+"技术，使绩效考核更智慧

秉持"数据是资源、应用是核心、需求是向导、安全是保障"的理念，推动"大数据+"技术在检察机关三类人员绩效考核的应用。打破时空限制，强化智能研发，借鉴先进地区经验，总结固化贵州省试点成果。进一步强化数据效能，通过对历史数据的采集、统计、分析、研判，根据被考核对象岗位责任研究制定考核标准，以实绩数据不断修正考核要件，使绩效考核与人工考核相比，工作记录更完整、绩效展现更客观、观察考评更动态、督促指导更及时，探索建立科学合理、符合规律、覆盖全面的绩效考核体系和工作机制，提供更多智慧支持。

（四）破除条线、分类考核，使绩效考核更公平

针对检察机关司法体制改革后三类人员工作职责、部门之间业务属性、部门内人员岗位职责等方面存在的差异性，建议遵循"办案全面覆盖、打破条块隔阂、遵循司法规律、指标体系量化、确保公开公正"的原则，以检察官、检察辅助人员、司法行政人员三类为考核对象。按照全国检察机关统一业务系统"侦查监督、公诉、民事行政检察、刑事检察监督、控告申诉检察、检察技术"等对业务条线划分，打破职级限制，通过重点考核司法办案活动

绩效，实行定量与定性相结合，以量化考核为主，合理设置权重比例的考核方式，最大限度地对三类人员司法工作绩效进行客观反映和全面量化。上述考核方式对深入推进司法体制改革配套工作，全面落实司法办案责任制具有以下意义：一是实现对从事不同类型司法工作检察人员进行统筹考核，为绩效等级的划分提供充分科学的依据；二是打破时空区域限制，通过对不同地域、各类层级和任意范围内检察办案人员的横纵比较，为下一步入额遴选和员额制退出、定期晋升和择优选升、实现检察办案资源的合理调配提供科学参考；三是能更加科学合理地从数据维度、时间维度和空间维度上构建全面、客观、公正、准确的观察评价考核体系，避免单一化、碎片化等信息不对称导致考核结果存在主观因素的干扰，确保检察队伍稳定。

（五）"数量+质量"双重责任标准，使绩效考核司法属性更明晰

对员额制检察官的执法办案绩效考核建议采取"数量+质量"双重考核模式，重点应围绕责任考核进行。关键是要分清不同业务的责任形式，厘清绩和效的不同考核标准。例如，对公诉侦监部门应加大对司法责任的考核，应围绕办案质量责任、办案效率责任、办案规范责任进行考核。具体来说，在质量责任方面，出现捕后不诉的、撤回起诉的、人民法院改变罪名的、判无罪的；在办案效率方面，对超时限办案的、流程监控中发现效率不高的；在办案规范方面，对案件质量评查中被扣分的，可以采取在基准分上扣分的办法。对诉讼监督则应加大监督责任的考核，如提出追捕追诉、立案监督、发出检察建议等。司法办案责任考核的重点是"数量+质量"，可以采取基准分上数量与质量双重加分的办法。例如，提出立案监督1件，加1分，公安机关立案后再加1分。这种加分方式即为数量与质量双重加分办法。区别于传统"德、能、勤、绩、廉"五方面的干部考核标准，上述考核模式较为客观清晰地展现检察官检察职能和监督职能履职情况，通过对责任形式的精准"画像"，体现检察机关的司法属性，客观全面地观察评价检察官司法办案活动绩效。

（六）以激励为核心、容错纠错并存，使绩效考核彰显理性关怀

最高人民检察院《若干意见》明确，检察人员应当对其履行检察职责的行为承担司法责任，在职责范围内对办案质量终身负责。司法责任包括故意违反法律法规责任、重大过失责任和监督管理责任。实践中，虽司法办案工作时有错案发生，但检察人员履行职责中尽到必要注意义务，没有故意或重

大过失的，不承担司法责任。建议以最高人民检察院《若干意见》及相关文件为依据，进一步研究司法责任具体形式与司法瑕疵的区分，探索建立符合本省实际的，以激励为核心、容错纠错并存的绩效考核机制。以此避免对检察官归责问题以及员额制退出问题产生扩大倾向，正向激励引导干警全身心投身一线办案工作，彰显绩效考核的理性关怀。

（七）强化辅助职责，使绩效考核助推运行机制更规范

结合检察官助理和书记员所承担的辅助办案工作特点，考虑到当前统一业务系统对两类人员无差别授权，建议根据各自辅助办案的特点，设定辅助强度、辅助质量、辅助办案规范和辅助办案安全四个考核指标。在指标项下，可按照打破案件类型，抽取共性和个性辅助工作的方式，将辅助办案工作项目化。根据检察机关所办各类案件的特点，将检察官助理和书记员所实际承担的办案工作进行类型分类，分别从实体性、程序性出发，结合具体工作项目、复杂难易程度、责任大小承担等因素，划分不同强度等级。绩效考核结果应加权平均项目化及强度等级得分。同时，明确检察官助理和书记员应就职责范围内的履职事项承担相应责任，如果怠责、失职应予问责、追责的事项。上述考核事项和方式，既明确了检察官助理和书记员的司法职能角色定位，又最大限度地体现对其工作成果的尊重，对形成与检察官权责划分明晰、工作衔接紧密、操作更加规范有序的运行机制将大有裨益。

检察技术人员作为检察辅助人员中的重要一员，绩效考核应重点考查打造"智慧检务"平台，把业务条线基础数据、工作情况、工作机制、经验做法、成功或负面的案例、相关法律法规以及其他办案辅助系统纳入平台，实现系统集成规模效应，发挥服务决策、服务办案的职能定位。司法警察要及时适应改革后检察机关基本办案组织形式的变化，重点考查执行传唤、拘传和协助执行其他强制措施，做好出庭、提解等环节的安全防范工作，真正做到归其位、履其责、尽其用。

（八）完善机制建设，使绩效考核促进政务保障作用发挥

司法行政工作不同于执法办案，工作较为繁杂、琐碎，各项行政工作事务无法在全国检察机关统一业务应用系统上运行和体现。建议结合《公务员考核规定（试行）》《贵州省公务员平时考核办法（试行）》等相关管理规定，根据办公室、政工部、机关后勤人员等部门的岗位设置、工作内容、难易程度等抓取具体的考核项目和内容，主要采取工作强度、工作质量、工作

效率、辛苦指数等考核指标，不断完善司法行政人员绩效考核工作机制。其中，办公室应重点考核上传下达、督查督办的政令枢纽职能；政工部门工作应以思想政治工作、队伍建设、教育培训、检察宣传等工作为考核要件；机关后勤工作可通过考核服务保障力度、提升检察人员幸福感和满意度来实现。

（九）建立"权责利"相统一的差别化薪酬制度

现阶段，建立"权责利"相统一的差别化薪酬制度是落实司法责任制配套措施建设，完善检察机关三类人员绩效考核的重要抓手。应按照最高人民检察院关于深化司法体制改革配套工作要求，做到四个进一步：一是本着"充分放权""应放尽放"的原则，抓好权力清单的修改完善，做到"权限明确"，进一步放权给检察官；二是进一步明确检察委员会议题范围、提请标准和提请程序，增强检察官担当精神，防止检察官利用检察委员会规避责任；三是进一步完善领导干部司法办案管理办法，落实领导干部一线办案通报制度，切实推动领导干部一线办案常态化；四是进一步抓好人财物方面的配套措施，推动绩效考核奖金分配向重点业务岗位倾斜，促进检察官向重点办案岗位流动。

全省市县两级人民检察院业务建设情况调研报告

贵州省人民检察院法律政策研究室

　　根据省人民检察院党组巡视"回头看"整改问题清单、任务清单和责任清单，按照最高人民检察院党组整改要"举一反三"的要求，为增强对下指导的针对性和有效性，进一步提升全省市县两级人民检察院检察业务建设的精细化、科学化水平，省人民检察院研究室根据全省 2017 年 1 月至 6 月检察业务发展态势，选择一审公诉案件、审查逮捕案件、民事行政检察监督案件、减刑、假释、暂予监外执行检察监督案件、财产刑执行检察监督案件、监外执行和社区矫正监管检察监督案件办理情况进行横向比较分析，并对上述案件涉及的业务类型进行了关联归纳，对 9 个市（自治州）检察机关在上述几类案件办理中存在的薄弱环节，从法律监督能力建设、队伍专业化建设、对下指导方式、建立科学的员额制检察官动态管理机制四个方面提出意见建议。

一、全省市县两级人民检察院一审公诉案件情况分析

（一）一审公诉高发案件类型分布情况分析

　　根据 2017 年 1 月至 6 月全省 9 个地区一审公诉案件情况（见表1），盗窃、交通肇事、危险驾驶等犯罪在全省普遍高发。贵阳市、遵义市、六盘水市、毕节市的走私、贩卖、运输、制造毒品犯罪依然高发，贵阳市占受理案件总量的 24.66%，毕节市占受理案件总量的 19.28%，六盘水市占受理案件总量的 18.82%，遵义市占受理案件总量的 10.08%。从队伍专业化建设角度看，上述地区的公诉队伍可以加强毒品犯罪案件办理方面的训练以应对需要。

表 1 各市（自治州）一审公诉案件统计表

地区	起诉最多的三类案件			不起诉最多的三类案件		
贵阳市	盗窃案	走私、贩卖、运输、制造毒品案	危险驾驶案	交通肇事案	盗窃案	故意伤害案
遵义市	盗窃案	走私、贩卖、运输、制造毒品案	危险驾驶案	盗窃案	交通肇事案	故意伤害案
六盘水市	盗窃案	走私、贩卖、运输、制造毒品案	故意伤害案	交通肇事案	盗窃案	故意伤害案
毕节市	盗窃案	走私、贩卖、运输、制造毒品案	故意伤害案	交通肇事案	盗窃案	故意伤害案
安顺市	盗窃案	故意伤害案	交通肇事案	交通肇事案	故意伤害案	盗窃案
铜仁市	盗窃案	危险驾驶案	故意伤害案	交通肇事案	危险驾驶案	盗窃案
黔东南州	危险驾驶案	盗窃案	滥伐林木案	滥伐林木案	盗窃案	危险驾驶案
黔南州	危险驾驶案	盗窃案	故意伤害案	盗窃案	交通肇事案	危险驾驶案
黔西南州	盗窃案	故意伤害案	危险驾驶案	故意伤害案	交通肇事案	盗窃案
注： 起诉和不起诉两项中三类案件数量大小按从左到右顺序依次列举						

（二）监督纠正遗漏同案犯情况分析

1. 监督纠正遗漏同案犯人数数量分析

纠正遗漏同案犯是检察机关在公诉业务条线履行诉讼监督职能的重要表现。一般情况下，受理案件越多，存在遗漏同案犯的情况也就越明显，相应地可以此观察各地检察机关审查起诉和诉讼监督两项工作之间的平衡性。根据 2017 年 1 月至 6 月全省 9 个地区一审公诉案件和纠正遗漏同案犯的排位（见表 2），贵阳市、遵义市案件量相对较大，同时监督纠正遗漏同案犯人数也相对较多。毕节市、铜仁市案件量相对较小，但监督纠正遗漏同案犯人数相对较多。黔南州、安顺市案件量相对较大，但监督纠正遗漏同案犯的人数却相对较少。

表2 各市（自治州）一审公诉案件与纠正遗漏同案犯对比表

地区	一审公诉案件（件）	纠正遗漏同案犯（人）
贵阳市	4199	137
遵义市	3237	136
安顺市	1969	15
黔东南州	1621	40
黔南州	1520	20
六盘水市	1316	24
黔西南州	1307	32
铜仁市	1179	42
毕节市	1021	122

2. 监督纠正遗漏同案犯涉及的案件类型分析

通过比较各地监督纠正遗漏同案犯与监督纠正漏捕情况，可以发现两者在案件类型上有一定的关联性（见表3）。这种关联性表现为：贵阳市、铜仁市、黔东南州、黔南州监督纠正遗漏同案犯与监督纠正漏捕的案件类型一致，遵义市监督纠正遗漏同案犯与监督纠正漏捕的案件类型均属于扰乱公共秩序案；两项工作在9个地区基本集中于侵财型犯罪和扰乱公共秩序型犯罪。这些共性可以帮助各地在构建捕诉合力工作机制过程中，通过归纳共同的工作方法和技巧，提升员额制检察官纠正漏捕和纠正遗漏同案犯的能力。

表3 各市（自治州）纠正遗漏同案犯与纠正漏捕对比表

地区	监督纠正遗漏同案犯最多的案件类型	监督纠正漏捕最多的案件类型
贵阳市	盗窃案	盗窃案
遵义市	寻衅滋事案	聚众斗殴案
六盘水市	盗窃案	聚众斗殴案
毕节市	聚众斗殴案	盗窃案

地区	监督纠正遗漏同案犯最多的案件类型	监督纠正漏捕最多的案件类型
安顺市	故意伤害案	盗窃案
铜仁市	盗窃案	盗窃案
黔东南州	盗窃案	盗窃案
黔南州	盗窃案	盗窃案
黔西南州	故意损坏财物案	开设赌场案

（三）员额制检察官人数与办案量之间的关系

除市级人民检察院，县（区）级人民检察院公诉业务主要表现为办理一审公诉案件。按照以案定员的基本思路，各地县（区）级人民检察院公诉业务条线员额制检察官人数与一审公诉案件数量之间的关系应基本均衡。根据2017年1月至6月全省9个地区一审公诉案件情况（见表4），全省县（区）级人民检察院一审公诉案件人均办案数为44.1件［全省县（区）级人民检察院一审公诉案件总数与全省县（区）级人民检察院公诉员额制总数之比］，全省县（区）级人民检察院公诉员额制检察官平均数为43.8人。除六盘水市、黔南州、安顺市外，其他地区一审公诉案件量与员额制检察官数量之间基本形成对应关系：人均办案数低于或高于全省平均数的，员额制检察官人数基本低于或高于全省平均数。六盘水市、安顺市县（区）级人民检察院人均办案数在全省平均数以上，员额制检察官人数在全省平均数以下，黔南州县（区）级人民检察院人均办案数在全省平均数以下，员额制检察官人数在全省平均数以上。

表4 各市（自治州）基层人民检察院一审公诉案件统计表

地区	一审公诉案件数（件）	基层人民检察院公诉员额制检察官总数（人）	人均办案数（件）
贵阳市	4199 ↑	64 ↑	65.6 ↑
遵义市	3237 ↑	68 ↑	47.6 ↑
六盘水市	1316 ↓	27 ↓	48.7 ↑
毕节市	1021 ↓	30 ↓	34.0 ↓

地区	一审公诉案件数（件）		基层人民检察院公诉员额制检察官总数（人）		人均办案数（件）	
安顺市	1969	↑	39	↓	50.5	↑
铜仁市	1179	↓	36	↓	32.8	↓
黔东南州	1621	↓	42	↓	38.6	↓
黔南州	1520	↓	53	↑	28.7	↓
黔西南州	1307	↓	35	↓	37.3	↓
平均数	1929.9		43.8		44.1	

二、全省市县两级人民检察院审查逮捕案件情况分析

（一）审查逮捕的情况

1. 逮捕适用条件分布情况

从统计数据上看，1月至6月全省9个地区审查逮捕案件主要集中于盗窃案和走私、贩卖、运输、制造毒品案。同时数据表明，社会危险性评估已经成为逮捕适用条件把握的重点和难点。从统计数据上看，因社会危险性批准逮捕的人数在9个地区均占很高比例，其中贵阳市占66%、遵义市占75.7%、六盘水市占64.9%、毕节市占79.6%、安顺市占73.6%、铜仁市占66.5%、黔东南州占72.6%、黔南州占68.5%、黔西南州占76.7%。

2. 不捕情形分布情况

在不捕案件中，因没有社会危险性不捕和因证据不足不捕数量比例较高。因没有社会危险性不捕比例较高的地区有：贵阳市（55%）、遵义市（74.1%）、毕节市（48.4%）、黔南州（44.9%）。因证据不足不捕比例较高的地区有：六盘水市（46.6%）、安顺市（53.8%）、铜仁市（58.7%）、黔东南州（50%）、黔西南州（46.2%）。虽然不捕原因呈现两种不同趋势，但不捕案件在9个地区依然集中于盗窃案和走私、贩卖、运输、制造毒品案，两类案件约占不捕案件总数的25%。

（二）不捕案件的变化情况

1. 采取刑事拘留措施案件、批准逮捕案件和不捕案件的类型分布情况

从统计数据上看（见表5），除黔南州、遵义市有小幅变化外，采取刑事拘留措施的重点案件与批准逮捕的重点案件基本成对应关系。排第一、二位的均为盗窃案和走私、贩卖、运输、制造毒品案，排第三位的均为故意伤害案。但需要指出的是，在不捕案件中，故意伤害案在数量上已经排至第二位。

2. 不捕率分布情况

根据 2017 年 1 月至 6 月全省 9 个地区审查逮捕工作情况，此时全省不捕案件比例为 21.4%（9 个地区不批准和不予决定逮捕案件总数与 9 个地区审查逮捕阶段受理案件总数之比）。以该数据为参考可以发现，黔南地区不捕率明显超过平均值，达到 38.5%，而其他地区均在平均值左右浮动，最高为毕节市（28.6%），最低为贵阳市（14%）。统计反映出黔南州不捕案件变化异于其他地区，通过表5统计的案件类型也能佐证这一结论。

表5　各市（自治州）审查逮捕阶段案件情况统计表

地区	采取刑事拘留最多的三类案件			批准逮捕最多的三类案件			不批准逮捕最多的三类案件		
贵阳市	盗窃案	走私、贩卖、运输、制造毒品案	故意伤害案	盗窃案	走私、贩卖、运输、制造毒品案	故意伤害案	盗窃案	故意伤害案	走私、贩卖、运输、制造毒品案
遵义市	盗窃案	走私、贩卖、运输、制造毒品案	聚众斗殴案	盗窃案	走私、贩卖、运输、制造毒品案	聚众斗殴案	盗窃案	故意伤害案	聚众斗殴案
六盘水市	盗窃案	走私、贩卖、运输、制造毒品案	故意伤害案	盗窃案	走私、贩卖、运输、制造毒品案	故意伤害案	盗窃案	故意伤害案	走私、贩卖、运输、制造毒品案
毕节市	盗窃案	走私、贩卖、运输、制造毒品案	故意伤害案	盗窃案	走私、贩卖、运输、制造毒品案	故意伤害案	盗窃案	故意伤害案	交通肇事案

地区	采取刑事拘留最多的三类案件			批准逮捕最多的三类案件			不批准逮捕最多的三类案件		
安顺市	盗窃案	走私、贩卖、运输、制造毒品案	故意伤害案	盗窃案	走私、贩卖、运输、制造毒品案	故意伤害案	盗窃案	故意伤害案	走私、贩卖、运输、制造毒品案
铜仁市	盗窃案	走私、贩卖、运输、制造毒品案	故意伤害案（寻衅滋事案）	盗窃案	走私、贩卖、运输、制造毒品案	故意伤害案	盗窃案	故意伤害案	寻衅滋事案
黔东南州	盗窃案	走私、贩卖、运输、制造毒品案	故意伤害案	盗窃案	走私、贩卖、运输、制造毒品案	故意伤害案	盗窃案	故意伤害案	走私、贩卖、运输、制造毒品案
黔南州	盗窃案	故意伤害案	强奸案	盗窃案	强奸案	故意伤害案	盗窃案	故意伤害案	聚众斗殴案
黔西南州	盗窃案	走私、贩卖、运输、制造毒品案	故意伤害案	盗窃案	走私、贩卖、运输、制造毒品案	故意伤害案	盗窃案	故意伤害案	聚众斗殴案
注：上述统计项中的内容均按人数多少从左到右依次排序									

（三）员额制检察官人数与办案量之间的关系

办理审查逮捕案件是侦监部门的主要业务。按照以案定员的基本思路，各地侦监业务条线员额检察官人数与审查逮捕案件数量之间的关系应基本均衡。根据 2017 年 1 月至 6 月全省 9 个地区审查逮捕案件情况（见表 6），9 个市（自治州）人民检察院侦监业务条线员额制检察官平均 3.6 人，9 个地区侦监员额制检察官平均数为 33.4 人，全省 9 个地区审查逮捕案件人均办案数为46.2件（9个地区审查逮捕案件总数与9个地区侦监员额制检察官总数之比）。除毕节市、遵义市、安顺市外，其他地区审查逮捕案件量与员额制检察官数量之间基本形成对应关系：人均办案数低于或高于全省平均数的，员额制检察官人数基本低于或高于全省平均数。遵义市、安顺市人均办案数在全省平均数以下，员额制检察官人数在全省平均数以上；毕节市人均办案数在全省平均数以上，员额制检察官人数在全省平均数以下。

表6　各市（自治州）审查逮捕案件统计表

地区	审查逮捕案件数（件）		侦监员额制检察官总数（人）		人均办案数（件）	
贵阳市	3622	↑	48	↑	75.5	↑
遵义市	2556	↑	58	↑	44.1	↓
六盘水市	1106	↓	25		44.2	↓
毕节市	2229	↑	29	↓	76.9	↑
安顺市	808	↓	34	↑	23.8	↓
铜仁市	773	↓	29		26.7	↓
黔东南州	911	↓	20	↓	45.6	↓
黔南州	976	↓	33		29.6	↓
黔西南州	900	↓	25	↓	36.0	↓
平均数	1542.3		33.4		46.2	

三、全省市县两级人民检察院民事行政检察监督案件情况分析

（一）全省市县两级人民检察院四类案件数量分布情况

为便于评估市县两级人民检察院民事行政检察监督案件办理情况，根据2015年、2016年全省民事行政检察工作情况，本报告主要测算民事行政判决、裁定、调解书监督案件、督促履职案件、监督纠正民事行政审判程序违法案件、民事行政执行活动监督案件。以2017年1月至6月全省9个地区民事行政检察工作情况为例（见表7），9个市级人民检察院四类案件总量为341

件，市级人民检察院民行业务条线员额制检察官人均办案量为13.1件，9个地区县（区）级人民检察院四类案件总量2225件，县（区）级人民检察院民行业务条线员额制检察官人均办案量为15.3件。从量上看，县（区）级人民检察院无论是案件总量还是人均办案量均高于市级人民检察院。在民事行政判决、裁定、调解书监督工作上，市县两级人民检察院案件比为4.9：1。因此民事行政检察工作重点还是应当在基层，而且贵州省市县两级检察院民事行政检察工作格局开始转向行政检察，并集中在督促履职领域。

表7 各市（自治州）民事行政检察监督案件情况统计表（单位：件）

类别	督促履职		民事行政执行监督		监督纠正民事行政审判程序违法		监督民事行政判决、裁定、调解书	
地区	市级人民检察院	县级人民检察院	市级人民检察院	县级人民检察院	市级人民检察院	县级人民检察院	市级人民检察院	县级人民检察院
贵阳市	0	4	5	34	0	6	63	9
遵义市	0	457	0	19	0	36	54	13
六盘水市	0	68	0	13	0	1	34	3
毕节市	19	385	0	7	1	5	29	20
安顺市	7	267	0	34	0	16	9	0
铜仁市	1	485	0	1	0	1	27	1
黔东南州	0	22	3	23	3	14	21	6
黔南州	24	115	0	7	0	0	31	2
黔西南州	0	142	0	5	3	2	7	2
合计	51	1945	8	143	7	81	275	56

（二）督促履职案件分布情况

从全省市县两级人民检察院办理的督促履职案件情况看（见表8），监督行政机关不作为是目前各地区的工作重点。从督促履职的对象看，林业部门和国土管理部门因行政不作为被督促的情况比较普遍。作为贵州省第一批公益诉讼试点地区，贵阳市、黔东南州、毕节市、铜仁市、六盘水市、黔西南州督促履职的对象与该地区近期提起行政公益诉讼的被告之间有一定的对应性。作为提起行政公益诉讼必经的诉前程序，观测督促履职案件办理情况可以推测各地行政公益诉讼的重点。比如，下一步遵义市、黔南州、安顺市行政公益诉讼的重点可能会集中于生态环境保护和国有土地使用权出让领域。

表8　各市（自治州）督促履职案件统计表

地区	督促重点	被督促最多的2个单位	
贵阳市	行政机关违法作为	政府机关	环保部门
遵义市	行政机关不履行职责	林业部门	国土管理部门
六盘水市	行政机关不履行职责	林业部门	国土管理部门
毕节市	行政机关不履行职责	国土管理部门	环保部门
安顺市	行政机关不履行职责	国土管理部门	环保部门
铜仁市	行政机关不履行职责	林业部门	政府机关
黔东南州	行政机关不履行职责	国土管理部门	其他单位
黔南州	行政机关不履行职责	林业部门	政府机关
黔西南州	行政机关不履行职责	林业部门	政府机关
注：被督促最多的单位按从左到右依次排序			

（三）员额制检察官人数与办案量之间的关系

按照以案定员的基本思路，各地民事行政检察业务条线员额制检察官人数与民事行政检察监督案件数量之间的关系应基本均衡。以2017年1月至6月全省9个地区民事行政判决、裁定、调解书监督案件、督促履职案件、监督纠正民事行政审判程序违法案件、民事行政执行活动监督案件（见表9）为基础，全省9个地区四类案件人均办案数为15件（9个地区四类案件总数与9个地区民行员额制检察官总数之比），全省9个地区民行员额制检察官平均数为19人。从上述数据看，除毕节市、安顺市、黔东南州外，其他地区四类案件量与员额制检察官数量之间基本形成对应关系：人均办案数低于或高于全省平均数的，员额制检察官人数基本低于或高于全省平均数。黔东南州人均办案数在全省平均数以下，民行员额制检察官人数在全省平均数以上；毕节市、安顺市人均办案数在全省平均数以上，民行员额制检察官人数在全省平均数以下。

表9　各市（自治州）四类民事行政检察监督案件统计表

地区	民行四类案件数（件）		民行检察官总数（人）		人均办案数（件）	
贵阳市	121	↓	19	—	6.4	↓
遵义市	579	↑	26	↑	22.3	↑
六盘水市	119	↓	10	↓	11.9	↓
毕节市	446	↑	18	↓	24.8	↑
安顺市	333	↑	13	↓	25.6	↑
铜仁市	516	↑	21	↓	24.6	↑
黔东南州	92	↓	32	↑	2.9	↓
黔南州	179	↓	17	↓	10.5	↓
黔西南州	161	↓	15	↓	10.7	↓
平均数	285.1		19		15.0	

四、全省市县两级人民检察院刑事执行检察主要业务情况分析

（一）减刑、假释、暂予监外执行检察监督案件办理情况

根据2017年1月至6月全省9个地区办理减刑、假释、暂予监外执行检察监督案件情况（见表10、11、12），可以发现：

第一，9个地区审查（出庭、出席）量主要集中于审查减刑和假释，其中减刑案件审查（出庭）量最大的三个地区依次为贵阳市、安顺市、毕节市，最小的为六盘水市。假释案件审查（出庭）量最大的三个地区依次为安顺市、贵阳市、黔南州，最小的依然为六盘水市。

第二，9个地区的暂予监外执行案件审查（出席）量很小，全省平均仅5.7人。

第三，减刑、假释、暂予监外执行检察监督案件办理中发现违法情形的很少。9个地区暂予监外执行各环节均没有发现违法情形，减刑、假释检察监督案件中发现违法情形比率也很低。9个地区减刑案件所有环节中发现违法不当情形的平均比例仅为5.7%（9个地区发现不当、提出不同意见或改变意见

的总数与 9 个地区审查和出庭的总数之比），比例最高的地区为贵阳市（8.3%）。假释案件所有环节中发现违法不当情形的平均比例仅为 2.6%（9 个地区发现不当、提出不同意见的总数与 9 个地区审查和出庭的总数之比），比例最高的地区依然为贵阳市（5.8%）。

　　总的来看，9 个地区在办理减刑、假释、暂予监外执行检察监督案件时，区分工作量和监督量很有必要。

表 10　各市（自治州）减刑检察监督案件统计表

地区	提请中审查			提请后审查			庭审活动监督			减刑裁定审查			撤销减刑裁定审查		
	审查(人)	发现不当(人)	发现率(%)	审查(人)	不同意或提出改变意见(人)	发现率(%)	出庭(人)	发现不当(人)	发现率(%)	审查(人)	发现不当(人)	发现率(%)	审查(人)	发现不当(人)	发现率(%)
贵阳市	2574	285	11.1	1 191	7	0.6	46	0	0	328	25	7.6	0	0	0
遵义市	617	46	7.5	581	5	0.9	51	0	0	235	0	0	0	0	0
六盘水市	7	0	0	0	0	0	0	0	0	0	0	0	0	0	0
毕节市	538	69	12.8	0	0	0	0	0	0	163	11	6.7	0	0	0
安顺市	1322	104	7.9	942	7	0.7	171	0	0	394	0	0	0	0	0
铜仁市	410	45	11.0	265	0	0	1	0	0	39	0	0	0	0	0
黔东南州	355	7	2.0	1	0	0	0	0	0	0	0	0	0	0	0
黔南州	492	17	3.5	11	0	0	11	0	0	0	0	0	0	0	0
黔西南州	213	13	6.1	184	0	0	6	0	0	137	0	0	0	0	0
合计	6528	586		3175	19		286	0		1296	36		0	0	
平均数	725.3	65.1	9.0	352.8	2.1	0.6	31.8	0	0	144	4	2.8	0	0	0

表 11　各市（自治州）暂予监外执行检察监督案件统计表

地区	提请暂予监外执行审查			听证活动监督			对主管机关批准决定审查			人民法院决定暂予监外执行前征求检察意见			对人民法院决定审查		
	审查（人）	发现不当（人）	发现率（%）	出席（人）	发现不当（人）	发现率（%）	审查（人）	发现不当（人）	发现率（%）	审查（人）	不同意（人）	发现率（%）	审查（人）	发现不当（人）	发现率（%）
贵阳市	14	0	0	3	0	0	5	0	0	0	0	0	0	0	0
遵义市	2	0	0	0	0	0	0	0	0	0	0	0	0	0	0
六盘水市	2	0	0	0	0	0	0	0	0	0	0	0	0	0	0
毕节市	3	0	0	0	0	0	1	0	0	0	0	0	1	0	0
安顺市	10	0	0	0	0	0	0	0	0	1	0	0	1	0	0
铜仁市	3	0	0	0	0	0	0	0	0	0	0	0	0	0	0
黔东南州	6	0	0	0	0	0	0	0	0	0	0	0	0	0	0
黔南州	8	0	0	0	0	0	0	0	0	0	0	0	0	0	0
黔西南州	3	0	0	0	0	0	0	0	0	0	0	0	0	0	0
合计	51	0		3	0		6	0		1			2	0	
平均数	5.7	0	0	0.3	0	0	0.7	0	0	0.1	0	0	0.2	0	0

表 12　各市（自治州）假释检察监督案件统计表

地区	提请中审查			提请后审查			庭审活动监督			假释裁定审查			撤销假释裁定审查		
	审查（人）	发现不当（人）	发现率（%）	审查（人）	不同意（人）	发现率（%）	出庭（人）	发现不当（人）	发现率（%）	审查（人）	发现不当（人）	发现率（%）	审查（人）	发现不当（人）	发现率（%）
贵阳市	142	11	7.7	68	4	5.9	11	0	0	71	2	2.8	0	0	0
遵义市	62	3	4.8	64	1	1.6	4	0	0	33	0	0	0	0	0

地区	提请中审查			提请后审查			庭审活动监督			假释裁定审查			撤销假释裁定审查		
	审查(人)	发现不当(人)	发现率(%)	审查(人)	不同意(人)	发现率(%)	出庭(人)	发现不当(人)	发现率(%)	审查(人)	发现不当(人)	发现率(%)	审查(人)	发现不当(人)	发现率(%)
六盘水市	0	0	0	0	0	0	0	0	0	0	0	0	0	0	0
毕节市	19	2	10.5	0	0	0	0	0	0	16	0	0	0	0	0
安顺市	177	0	0	84	3	3.6	12	0	0	61	0	0	1	1	100
铜仁市	48	0	0	41	0	0	1	0	0	35	0	0	0	0	0
黔东南州	41	2	4.9	22	0	0	1	0	0	38	0	0	0	0	0
黔南州	187	6	3.2	8	0	0	8	0	0	0	0	0	0	0	0
黔西南州	33	0	0	15	0	0	3	0	0	24	0	0	0	0	0
合计	709	24		302	8		40	0		278	2		1	1	
平均数	78.8	2.7	3.4	33.6	0.9	2.7	4.4	0		30.9	0.2	0.6	0.1	0.1	0

（二）财产刑执行检察监督案件数量情况分析

根据 2017 年 1 月至 6 月全省 9 个地区办理财产刑执行检察监督案件的情况（见表 13），除贵阳市、遵义市、黔南州外，其他地区财产刑执行检察监督核查人数与提出监督意见数之间基本呈对应关系：核查人数低于或高于全省平均数的，提出监督意见数基本低于或高于全省平均数。从监督意见数量上看，贵阳地区提出的监督意见数最多。从核查人数看，铜仁市核查人数最多。但是与 9 个地区一审单处和并处财产刑的人数相比，还有相当大的空间，全省覆盖仅为 6.6%（9 个地区核查人数与 9 个地区一审单处或并处财产刑人数之比），最高的为铜仁市（28.8%），最低为贵阳市（0.3%）。可以预计，该项工作今后可能会成为刑事执行检察工作量的增长点。

表 13 各市（自治州）财产刑执行检察监督案件统计表

地区	核查人数 （人）	提出检察意见或 纠正意见（件）	一审单处或并处 财产刑人数（人）
贵阳市	9 ↓	133 ↑	3081 ↑
遵义市	44 ↓	32 ↑	1996 ↑
六盘水市	6 ↓	0 ↓	764 ↓
毕节市	156 ↑	46 ↑	1068 ↑
安顺市	117 ↑	36 ↑	771 ↓
铜仁市	244 ↑	37 ↑	847 ↓
黔东南州	67 ↓	0 ↓	1198 ↑
黔南州	102 ↑	2 ↓	895 ↓
黔西南州	1 ↓	1 ↓	740 ↓
合计	746	287	11360
平均值	82.9	31.9	1262.2
注：本表的财产刑＝罚金+没收财产			

（三）监外执行和社区矫正监管检察监督案件数量分布情况分析

根据 2017 年 1 月至 6 月全省 9 个地区办理监外执行和社区矫正监管检察监督案件的情况（见表 14），可以发现目前全省 9 个地区该项工作整体开展比较缓慢，监督主要集中于交付执行、监督管理和教育矫治，其他三个环节基本没有发现违法不当情形。在监外执行和社区矫正监管规模比较大的遵义市、毕节市、铜仁市、黔东南州、黔西南州，监督量与新增人数之间的比例很小，遵义市仅为 5.9%、毕节市仅为 5.9%、铜仁市仅为 8.1%、黔东南州仅为 0.5%、黔西南州仅为 3.5%。贵阳市、六盘水市虽然新增人数相对较少，但监督量基本为零。

表 14　各市（自治州）监外执行和社区矫正监管检察监督案件统计表（单位：人）

地区	社区矫正和公安机关监管新增人数	调查评估发现不当	交付执行发现不当	监督管理和教育矫治发现不当	变更执行发现不当	终止执行发现不当
贵阳市	182	0	0	1	0	0
遵义市	485	0	4	22	0	1
六盘水市	185	0	0	0	0	0
毕节市	340	0	1	19	0	0
安顺市	95	0	0	2	0	0
铜仁市	555	0	4	40	1	0
黔东南州	396	0	0	2	0	0
黔南州	485	0	14	3	0	0
黔西南州	14	0	2	14	0	0
平均数	304.1		2.8	11.4	0.1	0.1

五、加强工作的具体建议

（一）注重法律监督能力建设

检察机关是法律监督机关，法律监督的能力、水平和效果是检察机关安身立命之本，是检察队伍业务素质的根本体现。加强业务建设，必须聚焦法律监督主责主业，下大气力提升监督质量和水平。

一是必须坚持敢于监督的信心。党的十八大以来，以习近平同志为核心的党中央高度重视检察机关的法律监督，十八届三中、四中全会部署了一系列强化法律监督改革任务。全国人大常委会审议通过修改民事诉讼法、行政诉讼法的决定，正式确立检察机关提起公益诉讼制度，进一步拓展了检察监督职能。我们一定要通过公正、廉洁、文明、高效的法律监督活动，实现好、维护好和发展好最广大人民的根本利益；通过依法促进市场经济体制完善，依法维护改革发展稳定的大局，促进社会全面进步。我们一定要站在全局的高度，以发展的眼光，充分认识到加强法律监督能力建设的重要性和紧迫性。

二是必须培养善于监督的能力。要将法律监督能力的培养寓于具体的执法办案之中，针对工作中存在的薄弱环节，有目的性地加强培养。例如，黔南州、安顺市可针对纠正遗漏同案犯的人数较少，重点加强诉讼监督能力建设。六盘水市、安顺市、铜仁市、黔东南州、黔西南州可针对证据不足不捕占较大比例的情况，进一步加强与公安机关的配合，加大提前介入的力度，帮助公安机关提高按照审判标准收集、完善、固定证据的能力。各市州院执行监督的重点应当放在发现减刑、假释、暂予监外执行中的违法情形以及财产刑执行监督上，贵阳市、六盘水市还应加强监外执行和社区矫正监管的检察监督。

三是必须养成规范监督的自觉。规范监督是质量的保证和前提，监督者自身不规范，不仅难以推动解决执法司法突出问题，而且严重影响法治权威。要加快探索重大监督事项"案件化"办理模式，提升监督的精细化、准确性。综合考虑违法情形的性质、程度及诉讼阶段，既依法运用抗诉、纠正违法等相对刚性监督手段，又善于运用检察建议等方式，增强监督效果。要大力推进类案监督，认真分析同类案件的共性问题、不同类案件的普遍性问题，提出综合性监督意见。加大跟踪监督力度，持续推动问题解决。

（二）注重队伍专业化建设

一是要加强多发性案件的研究，推动专业化建设。从各地受理案件类型及数量看，贵州省检察机关一审公诉案件中涉及的罪名主要集中在盗窃罪，走私、贩卖、运输、制造毒品罪，危险驾驶罪，故意伤害罪等罪名，各地要重点加强类案的研究，有意识地培养专业化的审查逮捕、审查起诉检察官，以点带面，推动整个检察官队伍专业素质提升。

二是要加强新领域新罪名的研究。要结合社会经济的发展状况，未雨绸缪，加强对破坏社会秩序类犯罪的专项研究，特别是非法吸收公众存款罪、集资诈骗罪、信用卡诈骗罪、合同诈骗罪等罪名的研究。同时，要加强对涉及专业知识罪名的学习，如网络信息领域、税收领域的犯罪等。

三是要加强在检察职能拓展中的专业化建设。比如，督促起诉、公益诉讼的专业化队伍建设；监外执行监督、财产刑执行监督案件的专业化队伍建设。

（三）注重改进对下指导方式

随着检察官办案责任制的建立，省人民检察院以及各市州人民检察院对下指导方式亟需改进。我们认为，在进一步强化个案办理指导的同时，对下指导应重点放在三个层面：

一是指导树立正确司法理念。要通过个案指导，引导检察官真正树立起理性平和的司法理念，坚持"有罪的就追诉，无罪的就纠正，违法的就打击，合法的就保护"的执法思想。

二是指导规范执法。要坚持案件质量评查，继续打牢程序合法的执法自觉；要坚持法律文书公开，不断夯实接受群众监督的执法意识。

三是指导类案办理。省人民检察院各业务处室要强化调研力度，结合一段时间一个地区在同类案件的共性问题、不同类案件的普遍性问题，提出指导意见，加大督促整改力度，持续推动问题解决。例如，针对不捕问题，全省不捕案件比例为21.4%，但地区差异较大，黔南州不捕率达38.5%，贵阳市不捕率仅为14%，侦监部门应加强调研指导，分析差异存在的原因，提出相应对策建议。

（四）注重建立科学的员额制检察官动态管理机制

"以案定员"是检察官员额制分配的基本原则，"以职能定员"是"以案定员"的有益补充。各市州人民检察院应根据"以案定员"的根本要求，合理分配、科学调节检察官员额制在各业务条线的配比，以满足各业务工作的基本需求。根据检察业务的发展需要，我们认为各市州人民检察院应首先满足公诉业务条线的员额制需求。但从一审公诉案件数量与公诉部门员额制配备情况看，全省县（区）级人民检察院公诉部门员额制检察官人均办理一审公诉案件数达44.1件，六盘水市、安顺市县（区）级人民检察院人均办案数在全省平均数之上，但员额制配备却在全省平均数之下。从县（区）级人民检察院公诉部门员额制检察官人均办案数看，贵阳市人均办案65.6件，全省最高；黔南州人均办案28.7件，全省最低。两者之间，贵阳市的人均办案数高出黔南州一倍多，结合今年上半年全省员额制检察官案件质量评查结果以及最高人民检察院巡视意见看，贵阳市人民检察院应高度重视公诉部门的员额制配备，充实公诉力量，为提升案件质量提供必要的人力保障。

检察权运行机制视野下检察改革刍议

杨 滨* 黎 娟**

[摘要] 突出员额制检察官在司法办案中的主体地位，是这一轮司法体制改革中强调的一个重要价值取向，但不应该是全部的价值取向；推进司法责任制的落实，不仅要考虑如何授权、认定和承担司法责任，还要考虑未纳入司法责任制的其他检察工作如何授权、由谁来做、如何承担责任以及承担什么样的责任等一系列问题。我们应树立系统的思维和"一盘棋"的思想，以当前问题为导向，以司法体制改革为契机，积极探索建立健全科学的检察权运行机制和完善的管理体系。

[关键词] 检察权 检察权运行机制 检察官助理 司法责任

检察权是构建检察权运行机制的逻辑前提和起点，其本质属性通过检察权运行机制得以表现。简而言之，有什么属性的检察权，就会有什么样的检察权运行机制。多年来，我国检察权运行机制中推动检察权运行的各主体的职权配置和权力界限上存在的一些与其运行规律的要求不相适应的重重矛盾应是本轮司法改革的一个深层次的背景和原因。最高人民检察院在《关于完善人民检察院司法责任制的若干意见》中就明确指出，完善人民检察院司法责任制的目标之一即"科学界定内部司法办案权限，完善司法办案责任体系，构建公正高效的检察权运行机制"；而推进人员的分类管理，也是旨在打破以往检察人员混岗、混编、混责的现状，按照各权力主体在检察权运行机制运转中的地位和作用，为其配置界限明确便于操作的职权。为优化检察权运行机制，落实以司法责任制为核心的一系列检察改革，我们认为基本的思路是：首先，正确认识法律赋予检察机关的各项职权，对其进行系统的梳理概括，并根据检察职权的不同性质、特点和要求，对检察权进行科学的分类；然后再按

---

* 杨滨，遵义市人民检察院检察长。
** 黎娟，遵义市人民检察院研究室。

照分类管理人员的职责和要求合理调配其在检察权运行机制中应承担的职权，本着有利于职能充分发挥的原则为检察权的运行设定运转轨迹。

一、检察权的范围及属性

检察权是为实现检察职能和检察价值目标而赋予检察机关的权限，包括检察业务职权和检察非业务职权（检察人事管理权、财务管理权、装备管理权以及综合管理权等）。有理论认为检察权就是指检察业务职权，不包含非业务的职权，检察非业务职权是与检察权相并行的行政管理权，笔者暂时不同意这样的观点。根据权力性质实施分类管理有利于保障具有司法属性的检察权的独立行使，对维护公平正义具有重要的意义，但现阶段的分类管理是"分类"不是"分别"，是"分工"而不是"分家"，尚不宜将检察非业务职权完全从检察权中割裂开来，应遵循循序渐进的原则，待时机成熟再探索实践采用诸如托管行政事务的方式将其分离出来以推动司法职业化和专业化的实现。也有观点认为，检察权除了包括检察业务职权和检察非业务职权外，还包括检察领导权，实现对检察行政、检察业务和检察人事的领导。所谓的领导权，更多体现的是权力运作过程的权限，而不是某种单独的与其他权力性质有别的权力，是每一项权力都有可能衍生出的一种权力，因此我们认为在此再单独划分一项领导职权没有必要。就作为核心和根本地位的检察业务职权而言，我国检察机关除享有世界各国普遍认可的公诉权，还行使诸如职务侦查权、决定和批准逮捕权、诉讼监督权等职权[1]，融合了司法、行政和监督三大属性。

---

〔1〕 有学者从诉讼职能的角度出发，将检察权分为检察侦查权、公诉权、诉讼监督权三大类；有学者则将检察权分为调查权、追诉权、建议权（纠错建议权、整改建议权、处置建议权）、法律话语权（立法建议权、法律解释权、法律文件提请审查权）四大类；有学者将检察权分为五大类，检察侦查权（专门调查权、采取强制措施权）、批准和决定逮捕权（批准逮捕权、决定逮捕权）、公诉权（起诉权、支持公诉权、公诉变更权、量刑建议权、不起诉权、抗诉权）、诉讼监督权（刑事诉讼监督权、民事审判监督权、行政诉讼监督权）、其他职权（包括司法解释权、检察建议权、参与社会治安综合治理和预防职务犯罪的职责）；也有学者将检察权分为职务犯罪侦查权、审查逮捕权、刑事公诉权、刑事诉讼监督权、民事审判监督权、行政公诉与行政诉讼监督权、法律话语权七大类。

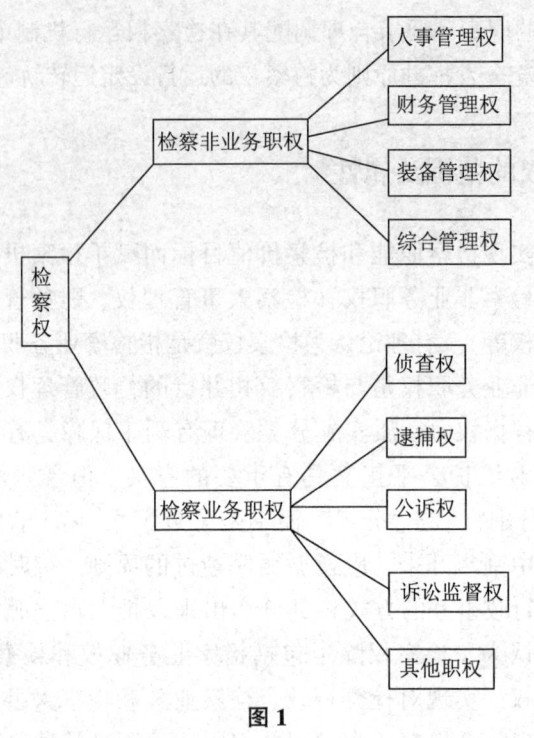

图 1

（一）检察权的司法属性

检察权的司法属性主要表现为对与诉讼活动有关的事实及法律适用依程序和规定加以判断。公诉权则是典型的具有司法性质的权力，其中决定不起诉的权力更是具有裁断性、终局性的特征，在效力上与人民法院的免处和无罪判决具有相似性；再如，决定是否逮捕或是否批准逮捕犯罪嫌疑人、决定是否提出抗诉、决定立案、决定采取查封、扣押、冻结财产等重要侦查措施、决定检察人员的回避等检察活动。这些判断活动，首先要求行使具有司法属性检察权的检察人员必须经过职业训练、谙熟法律、通晓法理；其次，行使权力进行判断的最终结果将会引起启动适用法律的一连串重要后果，对诉讼当事人、国家会产生较大的影响。某种程度来说，推动检察官职业化和司法责任制均可归结为这一条根本的、内在的理由，那就是检察权本身具有的司法属性。

（二）检察权的行政属性

检察权的行政属性侧重于强调检察业务职权行使过程中的指挥、隶属及监督特征，而非指检察非业务职权中对人事、财务、装备等综合事务进行的行政管理。首先，上下级检察机关和检察官之间存在上命下从的领导关系。如上级人民检察院的决定，下级人民检察院必须执行；独任检察官、主任检察官对检察长（分管副检察长）负责。其次，检察官之间和人民检察院之间在职务上还可以发生相互承继和移转。如检察长不同意检察官的处理意见，可以提交检察委员会讨论决定，也可以直接作出决定，还有权收回职务并将其转移给其他检察官承继或者代理其职务，诉讼程序继续进行并不需要从头再来，与审判权的独立性存在明显的差别。检察权体现的这些行政属性特征主要源于检察的一体性，即采用上下一体、协同配合、职能统一的方式来运作职权，但这并不排除其需受依法独立行使检察权原则、法定程序等的制约。

（三）检察权的监督属性

《中华人民共和国宪法》第 134 条规定："中华人民共和国人民检察院是国家的法律监督机关。"检察权的产生也正是基于以为防止官员腐败和权力恣意而对公权实施控制为出发点进行设计的制度。如抗诉权，就是一项典型的具有监督属性的检察权。其实，从法律监督的本源考察，大部分检察工作与法律监督具有内在的一致性：无论是刑事检察部门决定逮捕或提起公诉，还是民事行政检察部门对民事、行政诉讼活动进行监督，或者是对职务犯罪的预防工作，都无一不是根据法定职责和程序，检查、督促纠正或提请制裁严重违法行为，预防违法和犯罪，以维护法制统一、保障法律正确适用以及维护司法公正的专门工作。

二、司法责任制的内涵

检察权具有维系社会秩序与价值底线的功能，关乎社会矛盾的解决，涉及人民的财产、自由、生命利益以及国家利益，秉承严守办案权限、谨慎有度的司法原则，于社会发展和法治建设都具有影响深远的意义。因此，推进司法责任制的落实，是这一轮司法体制改革中强调的一个非常重要的价值取向。

然而检察权的复杂性不仅在于其作为一项根本权力被赋予或被造就了多重的性质，还在于其分解的多项权力本身也具有多重属性：一项职能同时兼具几种属性，而且仍在不断发展[1]；一项工作当需要对其进行事实和价值判断时，具有司法属性，而在其运行过程中，要受到指挥或者监督，又往往具有较强的行政属性。这种复杂性，为我们对检察权进行科学的分类带来一定的困难，更为我们最终决定将什么样的权力纳入司法责任制下的权力清单（以下简称授权清单）带来障碍。事实也确实如此，就目前各先行试点改革人民检察院制定授权清单的实际情况来看，司法属性较强的侦监、公诉等部门的授权均较为充分和完整，各地的认识比较一致且相对明确；但对诸如自侦、监督部门等职能性质特殊的职权，授权就要谨慎得多，这也可反映出我们对部分职权是否该列入授权清单认识还很模糊，还不十分确定，这为其一；其二，某部分权力该不该纳入授权清单也尚有待进一步商榷，如某人民检察院将"审定《惩治和预防职务犯罪年度报告》"等工作也纳入了授权清单，对此我们持否定的态度，这体现出大家对司法责任制认识仍然存在偏差。这种不确定性和认识偏差是我们在改革中不容忽视的困难，如若不能形成较为统一的认识，将会为今后的工作埋下很大的隐患，我们必须逐步厘清司法责任制的内涵。

比较通俗的理解认为，所谓司法责任制，就是"谁办案谁负责、谁决定谁负责"，严格按照科学划分的内部司法办案权限来推动检察权的运行，精简为四个字，也即权责匹配。有人将"负责"理解为承担责任，我们认为不应只简单片面地看到办案出了差错要承担司法责任的这一层含义，更要领会其旨在通过依法合理放权，使一线办案检察官成为有职有权、相对独立而且承担责任的办案主体的方式，以打破传统"检察人员承办，办案部门负责人审核，检察长或者检察委员会决定"的办案主体与决定主体相互分离的办案模式，以期还原执法主体、满足司法亲历性要求以及保障司法独立的价值目标。所以，可以明确的是，连接司法责任制与检察权的核心和关键点在于检察权的"司法性"而不是"行政性"或"监督性"。当然，具有司法属性的检察职权与授权清单下的职权之间并非划等号的关系，而是包含关系，因为即使存在一项具有纯粹司法属性的检察职权，在其行使的流动过程中，我们也不必要将其衍生的全部职权行为纳入授权清单。

通过对司法责任制和检察权的司法属性进行逻辑关联，我们认为：行使需要运用法律知识和法律思维查明法律事实、正确适用法律的与诉讼活动紧

---

〔1〕 参见时任最高人民检察院检察长曹建明 2015 年 7 月 7 日在大检察官研讨班上的讲话。

密相关的授权清单下的权力，将会引起启动适用法律等一连串重要后果，对诉讼当事人、国家都将产生更大更直接的影响，而其他权力不会，因而需要对授权清单下的权力以更高的标准、更谨慎有度的司法、更严格严厉的责任来加以规范、约束甚至追责（当然，行使授权清单外的职权并不是不受约束，如需要承担岗位责任以及其他执法规范所明确的责任等）。

如何认识司法责任制关乎授权清单的划分标准，决定着权力行使主体、运行方式以及责任承担的不同。但无论何种认识何种标准，我们都必须竭尽全力将定位模糊的职权一一化解，防止自相矛盾的情况发生。

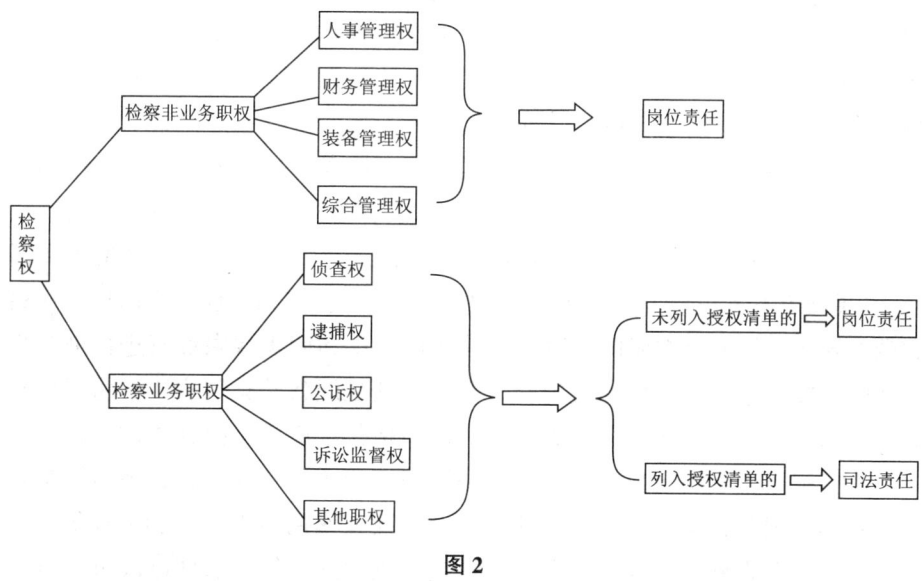

图 2

三、行使检察权的主体、责任认定及运行机制

"如果给检察权运行机制各相关主体配置的检察职权科学合理，检察权运行机制其他程序性要素的确立，也符合程序和实体理性要求的话，则能够使检察权运行机制符合逻辑地实现检察权的内容及其价值目标，否则，检察权运行机制的运转则会走向其反面。"[1] 享有明确的职权是各权力主体推动检

─────────────

〔1〕 向泽选："检察权运行机制与检察权配置"，载《政法论坛》2012 年第 6 期。

察权运行机制运转的基本前提。

根据检察人员分类管理制度设计，检察机关工作人员将分为检察官、检察辅助人员、司法行政人员三大类。其中，检察官是指依法行使检察权[1]的检察人员（包括正副检察长、检察委员会委员、检察员等），而检察辅助人员（包括检察官助理、书记员、司法技术人员、司法警察）和司法行政人员是指协助检察官履行检察职责的专门人员和在检察机关从事行政管理的工作人员。

按照最高人民检察院的精神，"检察辅助人员和司法行政人员也是检察人员的重要组成部分，他们所从事的工作都是检察工作的重要组成部分，与司法办案密切相关。"检察辅助人员和司法行政人员不仅是检察工作的主体，同样是检察权的行使主体，这与我们之前对检察非业务职权属于检察权的范围持肯定的态度也是一致的。司法行政人员行使检察非业务职权，从事检察人事、检察财务、检察装备以及其他综合事务工作；检察官和检察辅助人员行使检察业务职权。通过对人员实行分类管理，检察职权的各行使主体得到进一步明确和完善，各类检察人员将各司其职、各负其责、各得其所。

值得注意的是，检察官助理是这一轮司法改革中新设的检察辅助人员岗位，《关于完善人民检察院司法责任制的若干意见》仅指出检察官助理在检察官的指导下履行七个方面的职责，对其法律地位和职责权限没有进行进一步的明晰。按照这个概括性的规定，检察官助理是配备给检察官、从属于检察官、辅助检察官行使职权的，无独立的法律地位，亦不承担独立的责任。从目前先行试点改革的情况来看，已经暴露一定的矛盾：检察官助理与检察官的关系难以理顺和调和，检察官助理的积极性和作用难以调动和发挥等，这些问题都极大影响了检察工作的正常推进，成为这一轮司法体制改革前行途中的一大瓶颈。要破解这一改革难题，我们认为可以考虑不拘泥于检察官助理只是配备给检察官、只能从事辅助性工作的单一、狭窄的定性：

第一，将检察官助理分为两大类：按照最初的设想配备给检察官承担辅助工作的和可以独自行使职权承担相应工作的；

第二，结合授权清单，授权清单下的工作由检察官承担，检察官助理在检察官的领导及指挥下承担辅助工作；授权清单外的权力则根据实际工作安排，在业务机构负责人的领导下由检察官和可以独自行使职权的检察官助理

---

〔1〕 我们认为，此处的检察权应当是特指检察业务职权。

独自完成；

第三，关于责任认定。检察官助理原则上不承担司法责任，承担相应的岗位责任；但配备给检察官的检察官助理在承担授权清单下的辅助工作时，如有弄虚作假等故意或重大过失行为导致需要追责时，应承担司法责任。

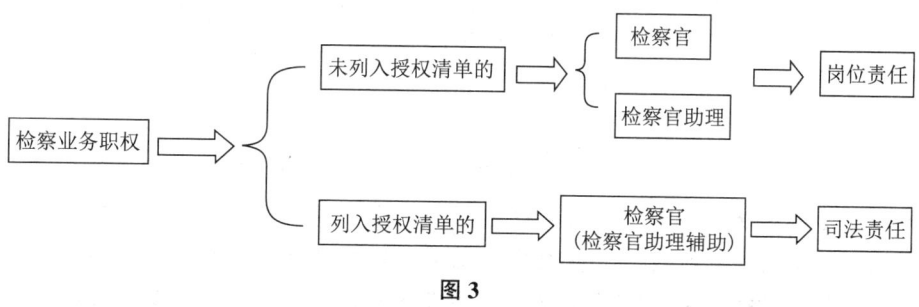

图 3

这一思路的出发点在于可以解决一批符合员额制检察官条件但尚未能入额的以及自身条件接近于员额制检察官的检察人员承担的与实际工作职责大小不符合的矛盾，更重要的是着眼于解决眼下按照"老人老办法"保留身份和待遇而转任为检察官助理的"老人"与年轻员额制检察官之间的尖锐矛盾（从长远看，也是符合检察人员职业培养的发展路径的[1]）。授权清单下的职权由独任检察官或主任检察官负责办理决定（检察官助理协助），受检察长的监督；不受授权清单约束的职权，也应加快研究如何另行授权等问题，在此之前，严格按照相关执法规范的规定办理，由此将权、责、人一一对应起来，形成相对完整的检察权运行机制，保障检察权科学运行。

参考文献：

[1] 张智辉：《检察权研究》，中国检察出版社 2007 年版。

[2] 朱孝清、张智辉主编：《检察学》，中国检察出版社 2010 年版。

[3] 向泽选："检察权运行机制与检察权配置"，载《政法论坛》2012 年第 6 期。

---

〔1〕　如逐步发展为一条从书记员到从事辅助性工作的检察官助理，再到可以独自行使一部分职权的检察官助理，最后到员额制检察官的循序渐进的职业培养路径。

司法责任制改革背景下检察官办案组织内外部关系探讨

樊京京*

[摘要] 检察官办案组织是检察机关内部以办案为目标设立的基本办案单元，可分为独任检察官与检察官办案组两种基本组织形式。办案组织主要规定的是检察权配置的问题，办案模式主要规定的是检察权运行的问题。厘定办案组织内外部关系应以司法权与司法行政管理权相分离、检察权复合性以及检察官相对独立性为理论依据。厘清办案组织内部关系的基础在于准确界定各类人员职责，不同类型检察办案组内主任检察官与其他检察官之间关系应体现出差异性。办案组织与院党组、检察长和检察委员会之间是被领导与领导的关系，院党组侧重组织领导，检察长和检察委员会则侧重于业务领导和管理。办案组织与业务部门之间是"管理上隶属，业务上独立"的关系，与业务部门负责人则兼有构成和管理、监督关系。

[关键词] 办案组织 内外部关系 责任制

党的十八届四中全会提出完善检察官办案责任制，这也是本轮检察改革的重心所在。检察官办案组织（以下简称"办案组织"）作为检察权运行机制的载体，如何定位和设计办案组织及其工作机制是推进司法责任制改革的基础性问题。办案组织如何定义、怎样认识两类基本办案组织形式内部各类人员之间的关系、不同类型办案组织内部关系差别性如何、办案组织与院党组、检察长和检察委员会、内设机构及负责人之间关系如何，本文尝试对上述办案组织内外部关系问题进行探讨，以期为改革实践提供有益参考。

---

* 樊京京，男，贵州省人民检察院法律政策研究室主任科员。本文系 2016 年贵州省检察理论研究年会征文。

一、办案组织概念评析

(一) 办案组织的概念

关于办案组织的概念，首先引用一些规定及研究观点，供借鉴：一是最高人民检察院《关于完善人民检察院司法责任制的若干意见》（以下简称《若干意见》）第4条的规定，"健全司法办案组织形式。根据履行职能需要、案件类型及复杂难易程度，实行独任检察官或检察官办案组的办案组织形式。独任检察官承办案件，配备必要的检察辅助人员。检察官办案组由两名以上检察官组成，配备必要的检察辅助人员。检察官办案组可以相对固定设置，也可以根据司法办案需要临时组成，办案组负责人为主任检察官。"二是研究者关于办案组织的观点。主要有以下几种：郑青认为，"检察机关办案组织"可以定义为：由检察长、检察委员会或检察官所领导和负责，若干检察人员参与和协助，依法独立行使办案决定权和承办权（执行权）并承担相应责任的相对稳定的执法办案单元或团队。这一观点揭示了检察机关办案组织的本质，即办案承办权与决定权相统一、办案权力与办案责任相对应，既包括检察长、检察委员会领导的科层制办案组织，也包括检察官办案责任下检察官主导的办案组织。[1] 阮志勇认为，根据所谓检察机关办案组织，是指检察机关为了公正、高效地行使检察权，在检察长和检察委员会的领导下，根据司法规律和检察权运行特点建立起来的，检察官办案主体地位突出、检察人员配置科学合理、权责利统一明确的基本办案单元和组织形式。[2] 在他看来，办案组织是检察机关基本的办案单元，办案组织只是在检察长或者检察委员会领导下，中间没有审批层级，从而实现司法体制改革去除办案流程行政化的目标。张晨、韩建霞认为，检察官办案组织是检察权运行最基本的组织形式，也是检察制度设计中最为基础和重要的问题。其内涵有广义和狭义之分，在广义上是指检察机关的机构组织方式，包括检察机关的内设机构、检察长与检察委员会的领导体制等的组织范畴；狭义上的检察官办案组织一般则指

---

〔1〕　参见郑青："我国检察机关办案组织研究与重构"，载《人民检察》2015年第10期。

〔2〕　参见阮志勇："检察机关办案组织的理论探讨"，载《新一轮检察改革与检察制度的发展完善——第四届中国检察基础理论论坛文集》2015年。

向负有检察业务职责的办案组织，包括检察官之间、检察官与办案辅助人员之间的职能分配和组织联系，包括常设和临时设立的办案组织。狭义办案组织即检察机关内部由检察人员按照一定的诉讼目的、任务和办理案件的需要编制形成的，在履行职能、办理案件和开展工作时形成的组织关系、工作机制及行为样态。进一步地，他们将办案组织分为侦查办案组织、侦查监督办案组织、审查起诉办案组织以及刑罚执行和监管活动的监督组织四种。[1] 三是管理学关于组织定义的一般观点。组织是对人员的一种精心安排，以实现某些特定目标。组织具有三个共同特征：其一，每个组织都有一个明确的目的；其二，每个组织都由人员组成，独自一个人的工作是不构成组织的；其三，组织职能，可以定义为规则、规章制度和职位描述。[2]

以上几种关于办案组织的界定：首先，《若干意见》并没有对办案组织下一个定义，只是对办案组织进行了分类，提出了检察机关有"独任检察官"和"检察官办案组"两种基本办案组织形式，并对两种办案组织的人员构成进行了简要规定。笔者认为，《若干意见》关于办案组织规定，其最大意义在于在最高人民检察院的层面正式提出将"独任检察官"作为一种基本办案组织形式，并且，无论是"独任检察官"还是"检察官办案组"，都是以检察官而不是主任检察官为核心来构建权力责任关系，明确了检察官办案主体地位，从而结束了理论和实践中是构建"检察官办案责任制"还是"主任检察官办案责任制"的争议，极大地推进了检察官办案责任制改革。但是，《若干意见》没有对办案组织的内涵作出定义，这是需要进一步研究的地方。其次，郑青给出的办案组织定义，独到之处在于强调了办案组织应当是承办权与决定权的统一，这深化了我们对于办案组织本质的认识，但其认为办案组织"包括检察长、检察委员会领导的科层制办案组织"的观点与《若干意见》的规定不符。再次，阮志勇、张晨、韩朝霞等人关于办案组织的观点，主要强调了办案组织是为了司法办案目标设立的基本办案单元，办案组织建立和运行过程中应努力弱化行政审批层级，并且，他们对于办案组织类型划分的研究也丰富了我们对于办案组织的认识。最后，管理学关于组织的一般性理

---

〔1〕 参见张晨、韩建霞："司法责任制视域下的基层检察办案组织改革"，载《主任检察官办案责任制——第十届国家高级检察官论坛论文集》2014 年。

〔2〕 参见 [美] 斯蒂芬·P. 罗宾斯等：《管理学（第 9 版）》，孙建敏等译，中国人民大学出版社 2008 年版，第 16~17 页。

论为我们从目标、人员、职能三个方面认识组织提供了有益参考。

综上所述，本文认为，办案组织是在检察长和检察委员会领导下检察机关内部的基本办案单元，它是检察权运行机制的载体，也是落实司法责任制的基础。从组织目标方面看，办案组织是为了司法办案目标而设立的；从组织人员构成方面看，办案组织由检察官与检察辅助人员组织，并且根据组内检察官是一人还是多人，可分为独任检察官与检察官办案组两种基本组织形式；从组织职能方面看，办案组织具有案件承办权以及在其职权范围内对办案事项作出处理决定或提出处理意见的权力。

（二）办案组织、独任检察官与主任检察官

首先，关于办案组织与独任检察官。正如上文所述，独任检察官是办案组织的两种基本组织形式之一，它不是职位或职务名称，而是办案组织类型的名称，从而区别于检察官办案组。采用独任检察官的办案组织形式，其特点是组内只有一名检察官，可以有一名或若干名检察辅助人员，组内检察官是当然的主导者。其次，关于办案组织与主任检察官。检察官办案组也是办案组织的基本组织形式之一，其在人员构成上的特点是存在若干检察官和若干检察辅助人员。根据管理学的基本原理，要保证组织的正常运行，其内部必须有一定的指挥和协调，主任检察官就是在检察官办案组存在的情况下，由于外部授权而形成的办案组内部指挥协调者角色。再次，关于独任检察官与主任检察官。独任检察官和主任检察官并不是同一性质而高低位阶不同的两个概念，而是两个不同性质的概念：独任检察官是一种办案组织形式，其与检察官办案组是同一性质的概念；主任检察官并不是办案组织形式，而只是产生检察官办案组这种办案组织形式后，因外部授权和内部分工而形成的相对稳定的主导者角色。最后，需要注意的是，检察官办案组内检察官也可依据授权以独任检察官的组织形式办案。

（三）办案组织与办案模式

办案组织与办案模式是两个需要区分的概念，办案组织主要规定的是检察权配置的问题，办案模式主要规定的是检察权运行的问题。办案模式以案件承办为起点，以对案件作出决定为终点。推行司法责任制改革以前，根据办案组织应是承办权和决定权相统一的观点，由于办案者没有决定权，检察机关内部并不存在真正意义上的办案组织，但办案模式是存在的，即"承办人提出意见—部门负责人审核—检察长（副检察长）批准"的三级审批办案模式。《若干意见》下发后，明确了办案组织形式及检察官主体地位，办案模式也出现了相应的变革。依笔者所见，主要有以下三种基本办案模式："独任检察官（承办）——检察官（决定）""检察官办案组（承办）——主任检察官（决定）""独任检察官/检察官办案组（承办）——检察委员会/检察长（决定）"。进一步区分这三种办案基本模式，第一、二种可以看作一类，其特点是案件承办权与决定权内部统一；第三种是另一类，其特点是案件承办权与决定权的适当分离。司法责任制改革背景下，检察机关内部一切办案模式都可以看作是这三种基本模式的具体化，对于几种特殊情况，如检察长作为承办人并决定的案件，如果没有其他检察官参与，就可以看作是第一种模式，如果有其他检察官参与，则可以看作是第二种模式，不能再作为第三种模式，因为在这种情况下，案件承办者与决定者是统一的；但是，如果是检察长办理的案件，又提交检察委员会讨论，则可以看作是第三种模式；还有，如果是独任检察官或检察官办案组承办的案件，再由检察长授权副检察长或专职委员作出决定，则可看作是第三种模式的具体化。

二、厘定办案组织内外部关系的理论依据

（一）司法权与司法行政管理权相分离

司法权被界定为国家司法机关代表国家行使审判和法律监督的职权，相对于检察机关而言，概指公诉权、诉讼监督权、非诉讼监督权、公益诉讼权、职务犯罪侦查权等。司法行政事务管理权是指以辅助司法权为目标，与司法权相对应的涉及司法机关人事、财务、技术装备以及其他司法行政事务管理的权力。司法权运行当循守司法规律，始终凸显检察官的主体优位性，形成以检察官为中心的司法组织体系，而司法行政事务管理权承担着聚合、辅助、服务和保障司法权统一正确、公正高效地行使的功能。[1] 司法权与司法行政管理权均存在于检察机关内部，两者密切联系又相互区分，过去的问题是检察权运行中两者过于混同，以至于影响了检察权按照司法规律运行。当前改革的一大目标就是促进检察机关司法权与司法行政管理权的分离，才能保证检察权公正、高效运行。司法权与司法行政管理权相分离的理论，对于认识

---

〔1〕 参见徐汉明："论司法权和司法行政事务管理权的分离"，载《中国法学》2015 年第 4 期。

和处理办案组织内外部关系有几点启示：第一，区别办案组织的内外部关系。办案组织内部关系，主要是司法权在组织内分工和运用的关系，应当更加遵循司法规律，凸显检察官的主体优位性；办案组织外部关系，主要是办案组织与外部主体之间司法行政管理关系，应当加强突出服务、保障和高效的特点。第二，办案组织是检察权运行的基本单元，其内部权力责任划分的合理性是检察权公正高效运行的基础，处理好办案组织内部关系是核心和重点。第三，办案组织外部关系是一种协助性关系，办案组织外部关系的设定应是为处理好办案组织内部关系服务的。

（二）检察权复合性

检察权复合性是指我国检察机关的检察权不是单纯的司法性权力，而是集司法、行政、监督属性于一身的复合性权力。"检察权的司法性、行政性、监督性是不能割裂、相辅相成的有机统一体，显示了我国检察职能的丰富性和多样性，集中体现了我国检察制度的国情特色，其中司法性是本质、行政性是特点、监督性是主线。"[1] 检察权具有复合性的特点是分类设置检察官办案组织的理论基础。由于检察权的复合性特点，每种权力的属性不同，与之相应的办案组织形态就应有所不同：对于侦监、公诉等刑事检察业务，由于其司法属性较强，比较强调承办检察官个人对于案件事实的法律适用的判断，因而比较适合以独任为基础设计办案组织及模式；对于职务犯罪侦查来说，由于侦查活动比较强调团队合作，协作取证，共同突破案件。侦查活动在开展前应当有整体方案，由指挥者居高层中心地位对于各项侦查行为进行统一调度，才能实现最有力的侦查效果，比较倾向于检察官办案组的组织形式；对于申诉、控告、执行检察等监督性比较强的业务，则应对于业务中各种具体的职能和权力进行细化，分别制定不同的办案组织形态。

（三）检察官相对独立性

我国检察官相对独立是指检察官在行使检察权时，有权以事实为根据、以法律为准绳，在职权范围内自主处理事务，而不受行政机关、社会团体和个人的干涉。检察官相对独立性是检察机关司法特性和行政特性交互作用的结果，办案组织的独立性是保证检察官相对独立性的组织形式。[2] 本轮司法

---

〔1〕　王祺国："'司法性'彰显检察权实质"，载《检察日报》2015年7月29日，第3版。
〔2〕　参见朱孝清："检察官相对独立论"，载《法学研究》2015年第1期。

体制改革的重心在于加强检察官办案责任制，应在坚持检察一体化的原则下，保障检察官的相对独立性。[1] 检察官相对独立性理论对于设计办案组织内外部关系的要求有：一是要赋予办案组织及检察官相对独立的依法对案件作出处理决定的职权，通过制定权力清单的方式依程序合理放权，使一线办案检察官成为有职有权、相对独立的办案主体。二是在加强办案组织权力的同时坚持检察一体原则，更加强调上级人民检察院、检察长以及检察委员会对于司法办案工作的领导，研究完善检察权运行监督制约机制，完善办案各环节、办案组织之间、办案组织内部的制约机制。三是办案组织内外部关系应体现"谁承办、谁负责，谁决定、谁负责"的原则，使检察官既成为司法办案的主体，也成为司法责任的主体。

三、办案组织内部关系探讨

由于办案组织可分为独任检察官和检察官办案组两种基本形式，以下分别进行讨论：

（一）独任检察官型办案组织内部关系

对于独任检察官型办案组织，检察官是办案组的核心和主导，其他人员的工作都是为检察官办案服务的，理清其内部关系的关键在于界定各类人员的职责范围：首先，应明确检察官的职责范围，其职责应体现司法属性，具体来说，应包括首次讯问犯罪嫌疑人、被告人；出庭支持公诉；询问关键证人和对诉讼活动具有重要影响的诉讼参与人；代表检察机关当面提出监督意见；采取涉及人身权利的强制措施；重要案件现场勘验；重要案件采取查封、扣押、冻结财产等强制措施；主持公开听证、宣告案件处理决定、制作重要案件的法律文书；其他应当由检察官行使的工作职责。其次，应明确检察官助理和书记员的职责范围。检察官助理与书记员都是辅助检察官办理案件的人员，但其辅助的性质有所区别，检察官助理的辅助工作既包括业务性工作，也包括事务性工作，并且，检察官助理作为向检察官过渡的后备人员，其辅助性工作应以业务性工作为主。检察官助理的主要职责有：讯问犯罪嫌疑人、

---

〔1〕 参见龙宗智："加强司法责任制：新一轮司法体制改革及检察改革的重心"，载《人民检察》2014 年第 12 期。

被告人，询问证人和其他诉讼参与人；接待律师及案件相关人员；现场勘验、检查，实施搜查，实施查封、扣押物证、书证；收集、调取、核实证据；草拟案件审查报告，草拟法律文书；协助检察官出庭；其他检察官交办的事项。书记员的职责主要是在检察官指导下，协助检察官开展各项法律事务性工作，主要职责有：案件受理、审查、宣告等各项准备工作；案件办理过程中的各项记录工作；案件收转、登记和法律文书文印、送达；案件材料的录入、保管、整理和案件装订、归档；其他检察官交办的事项。

（二）检察官办案组型办案组织内部关系

较之独任检察官型办案组织，检察官办案组的特点是由多名检察官组成，并且其中一名检察官为主任检察官。在检察官与检察官助理、书记员关系上，检察官办案组内部关系与独任检察官内部关系上并无较大差异，鉴于上面已经讨论过，以下重点对于主任检察官与其他检察官之间关系问题进行探讨。首先，主任检察官除履行上文所述检察官全部职责外，作为办案组的负责人，主任检察官还应负责组内承办案件的组织、指挥、协调，确保案件质量和效率以及组内成员的管理工作。其次，对于不同职能特点的检察官办案组，其内部主任检察官与其他检察官之间的关系也应有所差别：对于侦监、公诉等司法属性较强的检察官办案组，主任检察官主要负责审核工作，应赋予组内其他检察官更大的自主办案权力；对于职务犯罪侦查类办案组，由于其司法属性较弱，注重协作配合的整体性，该类办案组内主任检察官也应具有更多的权力，具体负责职务犯罪案件侦查活动的组织和指挥；对于民行检察、刑事执行检察等监督属性较强的检察官办案组，建议适用主任检察官主导下的合议制模式，即指在主任检察官主持下办案组检察官按照少数服从多数的机制民主合议决策以人民检察院名义提出的监督事项。[1]

四、办案组织外部关系探讨

本文要讨论的办案组织外部关系，并不包括一切与办案组织有关的外部关系，如办案组织与犯罪嫌疑人、律师等的关系，而主要是指办案组织与人

---

〔1〕　参见吴新华、杨菁："论主任检察官基本办案组织"，载《主任检察官办案责任制——第十届国家高级检察官论坛论文集》2014年。

民检察院内部重要机构和个人的关系，以下尝试对其中三组关系进行探讨：

（一）办案组织与人民检察院党组

坚持党的领导是我国社会主义司法制度的根本特征和政治优势，是完善司法管理体制和司法权力运行机制的根本保证。[1] 办案组织作为检察机关办案的基本单元，其与人民检察院党组之间当然是被领导与领导的关系，并且，应当侧重于组织领导，主要体现在：首先，对于检察官的任命及考核、检察官办案组的专业划分及设立等重大问题一般应遵循"先党内、后党外"原则，尤其是涉及司法人员考核、任免、晋升必须遵循"党管干部"的原则。[2] 其次，对于违法违纪检察官的处理，纪检监察部、检察官惩戒委员会的主要职能是调查认定司法责任的事实和依据并提出处理意见，应由人民检察院党组作出处理决定。

（二）办案组织与检察长及检察委员会

检察长统一领导人民检察院工作，检察委员会是在检察长主持下检察机关内部最高的业务决策机构，这就决定了检察长和检察委员会与办案组织之间在业务和管理上的领导与被领导的关系，但需要注意以下几点：首先，检察长、检察委员会与办案组织之间的领导与被领导关系应当是主要体现在宏观指导、内部监督和重大、疑难、复杂案件的决策方面的，过多过细地干预具体办案事务，有损于检察官的相对独立性，也不利于检察长、检察委员会的权威性。其次，办案组织与检察长、检察委员会之间的关系应通过权力清单的方式加以明确。制定权力清单应以保障检察官相对独立性为价值导向，适用检察长、检察委员会权力保留原则，明确检察长或检察委员会必须保留哪些权力，除规定不能授权的事项外，其他权力都可以授权办案组织行使。最后，考虑到不同级别人民检察院之间的差异性，制定权力清单应当考虑不同地区检察机关之间案件数量、基层人民检察院规模大小等因素，如贵州作为检察改革试点省份之一，就率先由省级人民检察院制定出省、市、县三级人民检察院的权力清单。

（三）办案组织与业务部门及负责人

检察机关内设机构可分为业务类和行政管理类部门。对于行政管理类部

---

〔1〕 参见徐汉明："论司法权和司法行政事务管理权的分离"，载《中国法学》2015年第4期。

〔2〕 参见徐汉明："论司法权和司法行政事务管理权的分离"，载《中国法学》2015年第4期。

门如办公室，财务、服务中心等，其与办案组织关系较为明确，就是服务与管理的关系。需要重点讨论的是办案组织与侦监、公诉等业务类部门及负责人的关系：首先，办案组织与业务部门之间应当是一种"管理上隶属，业务上独立"的关系。所谓"管理上隶属"是指，在办案组织设立后，其日常司法行政管理事务仍然是隶属于办案组织所在业务部门，在该方面仍遵守行为部门的单位管理程序；所谓"业务上独立"是指在设立办案组织以后，办案组织与内设机构在业务上是独立的，从事具体的案件办理业务，业务内设机构应当退出案件审批流程。对于具体案件的办理，由办案组织直接承办和决定，并对检察长负责。业务部门主要从事抽象的、综合性的检察业务，如制定该业务的指导本地区的检察工作规范性文件等。其次，办案组织与业务部门负责人之间应当兼有构成和管理、监督关系。所谓构成关系，就是指业务部门负责人本身就是员额制检察官，可以独任办案或作为检察官办案组的主任检察官或检察官。在有业务部门负责人参加的检察官办案组，业务部门负责人一般应为该办案组的主任检察官。除构成关系以外，办案组织与业务部门负责人之间还有监督与管理关系，这实际上是一种司法行政管理的关系。业务部门负责人对于本部门办案组织的管理和监督主要体现在几个方面：①确定本部门的案件分配机制；②对本部门检察官的工作业绩进行评价；③负责落实检察长部署的各项工作，有效组织完成各项检察工作；④负责本部门的业务指导、案件评查、召集检察官联席会议和对办案的监督工作。

司法体制改革背景下审查逮捕专家论证制度初探

张鹏程[*]

[摘要] 党的十八大提出了"进一步深化司法体制改革，完善中国特色社会主义司法制度"的要求。中央政法委书记孟建柱强调，司法责任制是司法体制改革的关键。我国审查逮捕制度通过听取律师意见、讯问犯罪嫌疑人等规定，体现了一定的司法属性。通过建立突出审查逮捕案件检察官主体地位的办案责任制，对一些重要案件进行专家论证，从司法化构造的层面，能够使复杂案件的办理实体和程序更为公正，提高执法公信力，提升办案质量、强化办案监督。同时，专家论证制度的权威性、随意性，以及专家立场的不中立等特点，使得检察机关对专家论证的内容、范围和方式等必须进行有效的监管。本文以诉讼价值的冲突和平衡为基点，结合刑事诉讼法律这一具体语境，从专家论证与司法独立、办案质量与程序正义的价值平衡与现实冲突之角度加以具体阐释，对审查逮捕专家论证制度略作分析。

[关键词] 审查逮捕 专家论证 司法 诉讼

所谓专家，一般指凭借实际经验或通过认真学习专研，能够就某一科学、艺术或者行业的某一具体事项提出明确意见的人。论证，一般指引用论据来证明论点的过程和方法，或者论述证明某种观点和理念的过程。"专家论证"则是一个使用极为广泛的名词，在国家公权力行使的立法、司法和行政三大领域都有专家论证。审查逮捕过程中的专家论证，一般指在法学等相关领域内有一定造诣，被公认是该领域权威的专家、学者针对具体的刑事案件审查逮捕阶段就犯罪嫌疑人是否构成犯罪、有无逮捕必要等法律问题或专业技术问题进行科学专业的分析、讨论而得出具体意见的过程。

---

* 张鹏程，男，土家族，贵州沿河人，贵阳市花溪区人民检察院检察员。本文系 2016 年贵州省检察理论研究年会征文。

一、审查逮捕专家论证制度的特点

司法领域的专家论证制度发端于古罗马法的"法庭之友"（Amicus Curiae）制度，后被引入到英美法系尤其是移植到美国法律中之后，得到了前所未有的发展和完善，形成了美国的一项重要的司法制度。我国专家论证制度的源流，可以追溯到周官幕人，逐渐演变为明清的"师爷"的特殊幕业形态，作为体制之外的政府部门的佐治人员，如其中的"刑名师爷"，就是精通法律、熟悉案例，为幕主（朝廷官员）审判案件出谋划策的幕僚。这种幕业形态可以认为是司法领域专家论证制度的雏形。而我国现代意义上最早的专家论证案件则一般认为是 20 世纪 80 年代的"戴晓忠案"。1996 年，中国政法大学成立了"法律疑难案件论证中心"，主要从事法律适用问题的论证，为立法、创新和正确执法提供富有建设性的专家论证意见，逐渐使专家论证制度在司法实践中开始普及。近几年来，司法实践中法学专家对案件进行会诊、研讨，形成专家论证意见，提出解决方案的专家论证会越来越多。审查逮捕过程中的专家论证，就是在这种司法实践背景下逐渐开始探索的。概括起来，审查逮捕阶段专家论证制度主要有以下特点。

（一）专家论证具有专业性和权威性

专家对问题的分析论证具有较强的理论功底、学术品格及专业素养，其见解的精辟、独特远胜于一般人的意见。专家作为公正舆论强势群体，掌握话语霸权，主导舆论方向，很多专家在司法实务部门还有一定的实际影响力，有着广泛的人际网，甚至有些还担任着某些单位和社会组织的领导职务。因此，专家意见得体，有益于启蒙民智，揭露司法腐败，监督司法权公正行使；专家意见不当，则干扰司法权独立行使，引发司法权威的危机，造成"专家司法"。站在律师的角度来看，专家论证是被用作对司法机关施加压力、影响检察官或者法官内心确信的一种手段，如我国"刘涌案"中的 14 名专家向法庭提交的《法律意见书》，就是该案一波三折的重要原因。

（二）专家论证制度体现了审查逮捕权的司法属性

刑事司法活动是"控、辩、审"的"三角结构"模式。具体检察机关审查逮捕环节，"控"和"审"的"两角"较为明显，而监督制衡的力量较为薄弱。主要表现为提请批准或决定逮捕的侦查机关和人民检察院侦查部门行使控诉权、求押权，审查决定逮捕的人民检察院或者自侦案件中人民检察院侦查监督部行使裁决权，而行使监督和制衡的"辩"力量分散而弱小，破坏了司法活动的"等腰结构"，削弱了审查逮捕权的司法属性。

检察机关不断创新，通过探索建立听证式审查逮捕机制，职务犯罪案件审查逮捕权限上提一级等措施，试图强化审查逮捕权的诉讼化。然而这些变革，并未从根本上改变审查逮捕环节"控""辩"权不对等的状态。在审查逮捕环节引进专家论证制度，使专家以第三方的角度审视和分析案件，对检察机关审查和决定案件提出意见和建议，有利于加强对刑事侦查权、审查逮捕权的监督和制约，依法保护犯罪嫌疑人的合法权益、增强审查逮捕工作的司法属性。

（三）专家论证排除专家对案件事实的认定

专家论证意见不同于证人证言，证人作证以对案件事实具有亲身感受为前提，而专家对案件事实不具有亲历性。根据《中华人民共和国刑事诉讼法》的相关规定和证据能力的法定化原则，专家不是刑事诉讼参与人，其论证意见不能作为刑事诉讼的证据或者司法机关作出决定的依据。专家论证法律意见，是法学专家从学理角度对某些案件如何适用法律问题以及司法机关使用法律正确与否所提出的看法。专家论证法律意见只是一种无权解释，它不会对司法机关产生任何强制力，它只是对案件的审查具有参考价值。从法律专家论证意见的作用和实质来看，它应当属于社会舆论，其本质和新闻报道、评案说法等一样。只因专家意见书总以专业、权威的面目出现，所以它对当事人、对有关部门甚至对司法机关必然会产生一种无形的影响力，对社会舆论往往也起着推动和壮大的作用。

我国的专家论证制度不同于英美法系的专家证人制度。专家证人是指专家以其对专门性问题的分析判断意见向法庭作证，因此又称为专家证人意见陈述，类似于我国刑事诉讼中的鉴定意见及鉴定人出庭作证制度。虽然专家证人或者鉴定人，对案件事实鲜有亲身感受，但是专家证人和鉴定人运用其专业知识对特定的专业问题进行分析研究得出判断、认识意见，以证明案件事实，有助于辅助裁判者增强对案件事实的正确认定。

（四）专家论证结论具有较强的主观性

专家对案件进行的论证，不同于法官检察官的自由心证。自由心证必须在严谨的法律程序框架内，通过对直接的、客观的证据进行审查、证据辩论等方式，依法进行判断得出的客观结论。而专家论证则是建立在对传闻证据的理解和案情了解的基础上，专家以其自身的专业背景、观点立场对案件的定性和适用法律等得出的意见和建议，具有较强的主观性。当然，如果专家因报酬等因素而具有了某种立场和偏向，专家法律意见则失去了中立性，相当于律师或委托人一方的意见了。[1]

实践中，专家论证后出具的"意见书"都是当事人一方聘请法律专家论证作出后提交的，没有一份在提交之前征得对方当事人的同意，或者提交副本给对方当事人，对方当事人几乎没有机会对专家论证意见及其内容发表意见和进行抗辩。因此，专家论证有被滥用或腐化的可能性，事实上这种情况已经屡见不鲜。

由于专家论证的主观因素，如果专家论证意见内容明显违背了法律规定和道德底线，就不可避免地导致司法实践中专家论证的随意性，这种随意性反映出我国对专家论证规范的缺失，已经从实质上违背了程序正义的要求，影响了司法公正。

二、审查逮捕阶段建立专家论证制度的现实意义

当前，新一轮司法体制改革和检察改革正在全面推进，完善司法管理体制和司法权力运行机制，强化司法责任制，是改革的基石。把握改革的总体要求和预期目标，必须正确认识当前检察机关审查逮捕工作中存在的薄弱问题，探索机制创新模式有针对性地予以改进。建立和完善审查逮捕专家论证制度，就是探索符合司法体制改革和检察改革的需求的检察工作机制创新的一项有效措施。

（一）是完善刑事诉讼制衡结构，增强审查逮捕司法属性的必然选择

从动态上讲，探讨我国逮捕决定权行使的过程特征离不开对刑事诉讼构造的考量。诉讼性是司法审查制度的精髓，无论是法官还是检察官行使逮捕羁押的审批权，都应建立健全诉讼构造，而现行的审查逮捕制度的一大特点

---

[1]　参见周平平、朱海兰："再论专家法律意见书"，载《黑龙江省政法管理干部学院学报》2005年第5期。

就是缺乏诉讼性。[1] 在我国，为了提升检察机关办理审查逮捕案件的质量，使当事人的合法权利得到进一步凸显和维护，应当参照国际上通行的司法审查机制模式，改革和完善我国检察机关审查逮捕程序，逐步将其改造成为一种诉讼化的审查方式。当前，在审查逮捕阶段，虽然法律赋予了律师代理申诉、控告权、会见通信权等权利，但并未有配套的制度加以保证。北京大学教授陈瑞华认为，现在的专家意见书的出现与司法专横、律师意见得不到采纳、甚至司法得不到尊重有很大的关系。[2] 建立专家论证制度，强化审查逮捕工作的诉讼形态，可以更好地保障检察官同时听取侦查、辩护两方面的意见，更好地保障审查逮捕案件的质量，平衡了侦查机关、犯罪嫌疑人双方在批捕环节的诉讼权利。

诉讼结构的三角特征，显著特色表现为一方居中裁判，独立于诉讼当事人，以保证裁决中不偏不倚地裁决案件。建立专家论证制度，有利于增强审查逮捕程序的诉讼性，促进诉讼的规范化、程序化和公开化，使得犯罪嫌疑人及其辩护律师能够借助专家论证的平台更好地参与案件审查批捕过程，并充分发表意见，从而与侦查机关、检察机关一起形成小三角构造的审查逮捕模式，以避免审查逮捕程序沦为单向的行政性程序，最大限度地维护人权和公正。

（二）是体现执法为民，增强审查逮捕公开性和公信力的现实需要

"让人民群众在每一个司法案件中感受到公平正义"，是党的十八届三中全会作出的全面深化改革决定中对推进法治中国建设提出的新要求。人民群众感受公平正义的过程，是司法机关实现程序正义和实体正义的过程，而程序公开是实现程序正义的前提。程序公开原则是世界各国普遍认可的诉讼原则，它要求正义不仅应当实现，而且应当以看得见的形式实现，其实质是通过公开的机制，保障当事人的合法权益。[3] 程序公开是司法公正的基本标准和要求，也是公众对司法保持信任的保障。在审查逮捕阶段坚持程序公开原则，就要求审查逮捕程序在不妨碍侦查和保守相关秘密的前提下向与程序有利益关系的相关人员公开，主要是向侦查机关和犯罪嫌疑人及其辩护律师公

---

〔1〕 参见万春："侦查监督制度改革若干问题"，载《河南社会科学》2010 年第 2 期。

〔2〕 参见张惠娥："法律专家论证干扰司法公正——畸形制度产生怪胎"，载《南方都市报》2003年 10 月 9 日。

〔3〕 参见宋英辉主编：《刑事诉讼原理》，法律出版社 2007 年版，第 123 页。

开,一定条件下还应向被害人公开。

审查逮捕过程,首先是将某种法律关系还原到其应然状态的过程。在此过程中,法律专家凭借其对法律规范和法学理论的深刻理解,可以为检察官审查案件提供必要的智力支持。专家介入论证会,由于其特殊的社会地位和工作性质,更容易做犯罪嫌疑人、被害人的思想工作,促使犯罪嫌疑人主动认罪悔罪、寻求谅解,双方达成和解协议,节约司法成本。法律专家通过论证得出的意见,也有助检察官更好地平衡各方面的利益,增强案件释法说理的效果。

现行审查逮捕方式以书面化审查为主,其往往在没有律师和犯罪嫌疑人参与的情形下单方面进行。这种单方面的以阅卷为主要方式的审查逮捕程序的缺陷已无需论证。由于没有律师和犯罪嫌疑人的有效参与,现行审查逮捕方式更多地具有秘密性的特征,而缺乏公开性和透明度,审查逮捕决定的公信力也必然受到影响。因此,在审查逮捕阶段建立专家论证制度,一方面有助于使我国的审查逮捕方式由书面审查转变为书面审查与多方参与方式审查相结合,有利于拓宽检察机关获取信息的渠道,从而能更全面地把握案情;另一方面使得侦查机关、犯罪嫌疑人及其辩护律师、被害人得以参与审查逮捕的过程,增强了逮捕的公开性和透明度,有利于增进审查逮捕决定的公信力。

(三)是顺应司法体制改革的需要,提高审查逮捕案件办理质量的有效途径

深化检察官办案责任制改革,是新一轮司法体制改革中检察改革的重要课题。改革以后,通过遴选产生出来的员额制检察官对审查逮捕案件的处理享有最终决定权,同时对案件质量终生负责。当前,由于知识结构、工作经验、人文修养、社会经验等方面的局限,员额制检察官专业知识水平与其被赋予的权力和承办的责任不完全适应,"检察人员素质不适应,增强其独立性,虚弱监督,案件质量会下降"[1],为此,通过专家论证活动,借助专家在法学领域或者其他专门领域的专业知识,可以为检察官办理和决定案件提供咨询和帮助。

随着社会的发展和科技的进步,审查逮捕案件中涉及的法律问题和新兴领域也越来越多。这就不仅要求审查逮捕案件的检察官具有精深的专业素养,

---

〔1〕 参见龙宗智:"检察机关办案方式的适度司法化改革",载《法学研究》2013年第1期。

还要求其对与案件有关的关联学科有所掌握并具有丰富的社会经验。囿于检察官的知识结构，要求其完美地处理每一起案件是不现实的。而专家由于长期从事某一方面的法学理论或与案件有关的其他关联学科的研究，他们在把握法律和专业问题的全面性，研究问题的深度和广度以及信息的占有量方面比职业检察官更具有优势。因此，专家介入论证会更加有助于提高案件质量。

三、当前审查逮捕专家论证的具体制度构建

（一）明确专家论证的案件适用范围

目前，我国司法体制改革的任务之一就是防止行政及其他各种社会力量干预，维护司法独立。为防止专家论证制度成为干涉司法的借口，一个大的方向就是对其使用范围加以限制。同时，对于纳入专家论证的审查逮捕案件通过科学界定其适用范围，也有利于降低司法成本。

笔者认为，以下几类案件得以启动专家论证机制。第一类是罪与非罪界限不清的案件。第二类是对有无逮捕必要难以把握的案件。主要表现为对犯罪嫌疑人是否具有"社会危险性"存在重大争议的情形。第三类是有线索或者证据表明侦查活动可能存在刑讯逼供、暴力取证等违法犯罪行为的案件。第四类是可能引发不稳定因素和办案风险，需要专家予以评估的案件。第五类是犯罪嫌疑人为特殊群体的案件。如未满18周岁的未成年人、残疾人、不具有完全行为能力的精神病犯罪嫌疑人，以及年满75周岁的老年人犯罪嫌疑人，可以举行专家论证。第六类是当事人或侦查机关主动提出专家论证申请，或者人民检察院认为有必要进行专家论证的案件。

在明确专家论证适用案件范围的同时，也需要根据有关法律的精神，本着保护当事人及与案件有利害关系的第三人的合法利益的原则，明确不宜适用专家论证的案件的范围，如涉及国家秘密、商业秘密和个人隐私的案件等。

（二）明确专家论证的启动机制

启动机制所包含的两个基本问题就是由谁决定启动以及由谁启动。就审查逮捕环节的专家论证来说，目前主要有检察机关启动、当事人启动、律师启动和专家启动四种模式。就国外的司法实践来看，目前尚没有单一的启动主体。笔者认为，无论是当事人、律师或专家启动，都具有一定的个人目的，提供的材料难免有一定的片面性和倾向性。如果其自行组织专家论证进而得

出的结论，只能转化为其本人意见向检察机关提供。因此，本文主要探讨检察机关启动的情形。

概括地说，检察机关启动可以分为"依职权启动"和"依申请启动"两种模式。依职权启动，即检察机关根据案件情况，主动决定启动论证程序；依申请启动，即检察机关依据侦查机关、犯罪嫌疑人及法定代理人、近亲属、辩护律师或被害人及法定代理人等主体的申请，经审查符合启动条件并且有必要的，启动专家论证程序。为了将逮捕审查制度融入具有诉讼形态的专家论证程序，审查逮捕中的专家论证程序应当体现诉讼中的三方构造，即控辩双方加上居中裁决的中立机构。有学者认为检察官在侦查和起诉程序中具有准司法官的性质，可以视为裁方，侦查机关是控方，犯罪嫌疑人及其辩护律师是辩方。在我国，检察机关又具有法律监督者的宪法定位，这更为其在侦查程序中作为裁方存在增加了形式合理性。[1] 具体到审查逮捕环节，控方是提请采取逮捕强制措施的侦查机关等；辩方是犯罪嫌疑人及其辩护人等，而检察机关在审查逮捕案件程序的"小三角"构造中处于居于其中、倨于其上的中立位置，既有侦查监督职能，又有案件审理职能和是否决定逮捕的最终决定权，理所当然应由其决定是否启动专家论证程序。同时，也应当赋予侦查机关、犯罪嫌疑人及其辩护律师、被害人及其代理人也有权申请启动论证程序的权利，但最终是否启动论证仍由检察机关根据具体案件情况决定。如果检察机关决定不启动专家论证程序，应将不启动的决定书和理由一并告知申请人。

（三）建立专家论证的审查监督机制

专家论证制度给了诉讼参与人以外的第三方表达意志的机会和平台，这无疑会对检察官审查案件的独立性构成一大考验。同时，专家给人以中立的印象及其学术的权威地位，在客观上加剧了公众的信任甚至是盲从。这些原因导致检察官的思维导向可能会一定程度地受专家意见的影响甚至左右。特别是在当前司法体制改革背景下，独任检察官对大部分审查逮捕案件都独立决定并对案件质量终身负责，无疑加剧了检察官办案过程中的顾虑，客观上可能会对专家论证结论予以采用甚至是达到依赖的程度。因此，在审查逮捕

---

〔1〕 参见李利君："对我国逮捕决定权配置问题的几点价值分析"，载《当代法学论坛》2008 年第 1 期。

环节规范专家论证制度，对构建监督机制、限制专家的法律话语霸权，防止"专家绑架司法"具有十分重要的意义。

司法监督的一个重要方面就是对其他国家权力和社会力量进行监督，防止其对司法进行干涉，保障司法的中立性。[1] 构建审查逮捕专家论证监督机制，就是为了防止各种力量借专家论证之名行干预司法之实。为了实现司法独立的目标，首先，检察机关应当建立专家库，同时确保检察官依法审查了专家的"利益声明"，以确定具体个案的专家身份是否中立，是否具有独立的法律人格和良好的学术品格。到具体个案中，检察机关需通过一定的内部审查程序确定参与论证的专家人选。其次，必须限制审查论证的内容。司法活动强调亲历性，专家不是诉讼参与人，没有经历案件事实，专家论证的范围应当只限于案件的法律问题，而不是事实和证据问题。同时，由于案件尚处于侦查阶段，证据尚未完善和固定，出于侦查需要，案件的证据也不宜在进行专家论证时出示和论证，必要的时候可以对案情进行适当改编。再次，必须规范专家论证意见的表现形式。从诉讼法的角度来说，专家论证虽然应由检察机关启动并进行监督，但是，专家论证意见既不属于任何证据种类，也不属于辩护意见或者代理人意见，更不属于检察机关的集体讨论意见。专家论证意见，只能作为一般的学术观点，为检察官审查案件起到拓展思路的作用。因此，检察官得以使专家论证结论不能作为任何案卷材料出现在整个刑事诉讼的任何环节，更不能作为检察机关是否批准（决定）逮捕犯罪嫌疑人的依据。专家论证意见只能作为专家个人观点供检察官留存或者参考。

结　语

法治国家的经验表明，权利救济制度是防止公民人身自由被非法或者无根据地剥夺或者限制的重要措施。而完善的权利救济制度需要赋予当事人完善的诉讼权利和制定完善的诉讼程序。[2] 通过在审查逮捕环节建立专家论证制度，有利于拓宽犯罪嫌疑人的权利救济渠道，增强审查逮捕工作的司法性

---

〔1〕　参见郑成良、袁登明、吴光荣："司法监督与司法公正"，载《中国司法》2004年第6期。

〔2〕　参见张智辉、邓思清："论我国刑事强制性措施制度的改革与完善"，载《法商研究》2006年第1期。

和诉讼性。同时不可否认的是，专家论证中存在着程序公正与实体公正、程序公正与诉讼效率、程序公正与打击犯罪之间的价值冲突。我国现行法律中，检察机关在审查逮捕工作中举行专家论证制度似乎还存在一些明确的合法性的依据，需要各地在现行法律框架内探索出一些切实可行、行之有效的专家论证的具体模式。如贵阳市检察机关利用该市高校集中、人才专家聚集的优势，聘请高校法学专家作为人民监督员，对几类特殊审查逮捕案件出具"人民监督员意见"供办案人员参考，较好地把监督和专家意见融为一体，一定程度上解决了专家意见不中立、形式不规范、无法可依等相关问题。当前，在司法体制改革背景下，检察机关审查逮捕工作中更须在处理好各种价值与利益平衡的同时，在现行法律框架内积极稳妥地进行探索，以实际效果推动专家论证相关法律制度的建立和完善。

参考文献：

[1] 张智辉、邓思清："逮捕制度的价值取向"，载《河南社会科学》2009年第6期。

[2] 周平平、朱海兰："再论专家法律意见书"，载《黑龙江省政法管理干部学院学报》2005年第5期。

[3] 万春："侦查监督制度改革若干问题"，载《河南社会科学》2010年第2期。

[4] 张惠娥："法律专家论证干扰司法公正——畸形制度产生怪胎"，载《南方都市报》2003年10月9日。

[5] 宋英辉主编：《刑事诉讼原理》，法律出版社2007年版。

[6] 郑成良、袁登明、吴光荣："司法监督与司法公正"，载《中国司法》2004年第6期。

[7] 刘计划："逮捕审查制度的中国模式及其改革"，载《法学研究》2012年第2期。

[8] 王延祥、张雅芳："审查逮捕主要程序问题研究"，载《政治与法律》2011年第7期。

[9] 夏阳、钱学敏："建立听证式逮捕必要性审查机制"，载《人民检察》2009年第22期。

　　［10］张智辉、邓思清："论我国刑事强制性措施制度的改革与完善"，载《法商研究》2006年第1期。

　　［11］［英］罗杰·科特威尔：《法律社会学导论》，潘大松等译，华夏出版社1989年版。

　　［12］李利君："对我国逮捕决定权配置问题的几点价值分析"，载《当代法学论坛》2008年第1期。

　　［13］龙宗智："检察机关办案方式的适度司法化改革"，载《法学研究》2013年第1期。

论以审判为中心的诉讼制度改革下
如何做好公诉工作

*姜海山**

[摘要]　推进以审判为中心的诉讼制度改革，建立新型侦诉审工作机制，是党的十八届四中全会为完善司法权力运行机制作出的重要部署，强调审判阶段尤其是第一审程序中的法庭审判在整个刑事诉讼程序中的中心地位，强调把事实认定和证据采信限定在审判阶段，这对侦查、逮捕、起诉、审判等刑事诉讼各个环节都提出了新的更高要求，尤其是对检察工作的影响是全方位的，公诉部门更是面临巨大挑战。作为检察机关，在改革中必须坚持以证据为核心，发挥好诉前主导、审前过滤、庭审指控、人权保障等作用，更加注重构建科学合理的新型诉侦、诉审、诉辩关系，才能适应这项改革，才能依法全面履行公诉职能，促进司法的公平正义和刑事诉讼活动的顺利进行。

[关键词]：审判中心　诉讼制度　公诉

党的十八届四中全会通过的《中共中央关于全面推进依法治国若干重大问题的决定》（以下简称《决定》）明确提出要"推进以审判为中心的诉讼制度改革"，这为完善诉讼制度、保证司法公正指明了方向，是为完善司法权力运行机制作出的重要部署。推进这项改革要始终坚持"公检法三机关在刑事诉讼活动中分工负责、互相配合、互相制约"的宪法原则，强调公检法三机关的办案活动都要按照《中华人民共和国刑事诉讼法》（以下简称《刑事诉讼法》）要求的事实证据标准开展，更加重视发挥公诉在庭审时的指控功能，更加重视发挥公诉在审前程序的主导作用，强化检察机关对刑事审判活动合法性和判决裁定公正性的监督，共同促进庭审实质化，共同维护司法公

＊　姜海山，男，法律硕士，贵阳市筑城地区人民检察院检察员。本文系 2016 年贵州省检察理论研究年会征文。

正和权威。

一、以审判为中心诉讼制度的含义及其本质与实质

以审判为中心是法治国家诉讼制度的基本特征，也是近现代国家普遍认同的一项刑事诉讼原则，理论上一般称为审判中心主义，是指整个诉讼制度和诉讼活动围绕审判而建构和展开，审判对案件事实认定、证据采信、法律适用、作出裁决起决定性和最终性作用。通常认为，以审判为中心有三个层面的含义：第一，审判是整个刑事诉讼程序的中心。因为相对于立案、侦查、起诉、执行等程序而言，只有在审判阶段，才能最终确定被告人的刑事责任。第二，一审是整个审判体系的中心。法庭审判所要解决的根本问题是案件的事实认定和证据的采纳与排除，这类问题的解决并不因审级提高而变得更为容易，相反，会因审级越高，所需时间越长，离事实真相越远而更加棘手。因此，"理想的中心主义应当是一审中心主义"[1]。第三，法庭审判是整个审判程序的中心。因为定罪权是刑事审判权的核心，相对于庭前准备、判决书送达等程序而言，法庭审判是决定被告人罪之有无的关键环节。刑事案件的定罪权由人民法院统一行使已成为世界各国的立法通例[2]。我国2018年修订的《刑事诉讼法》第12条也明确了审判是决定被告人是否有罪的关键阶段，即规定"未经人民法院依法判决，对任何人都不得确定有罪"。在某种意义上可以说，我国在立法上已经确立了审判在刑事诉讼中的中心地位。同时，《决定》提出"确保侦查、审查起诉的案件事实证据经得起法律的检验""健全检察机关与公安机关、审判机关、司法行政机关各司其职，检察权与侦查权、审判权、执行权相互配合、相互制约的体制机制"。而这一规定正是"推进以审判为中心诉讼制度改革"的前提、基础和原则。

以审判为中心诉讼制度的本质是以庭审为中心，是就侦查、审查起诉和审判这三个诉讼程序之间的相互关系而言的。审判是在法庭主持下，由诉辩双方共同参与的诉讼活动，裁判的基础取决于起诉指控，裁判的结果取决于

---

〔1〕 顾永忠："'庭审中心主义'之我见"，载《人民法院报》2014年5月16日，第5版。
〔2〕 参见陈光中、龙宗智："关于深化司法体制改革若干问题的思考"，载《中国法学》2013年第4期。

诉辩双方在法庭上的质证和辩论情况。因此，以审判为中心既不是以人民法院为中心，也不是以法官为中心。换句话说，诉讼制度改革的本质，就是以庭审为中心，让庭审在刑事诉讼中起到决定性作用。

以审判为中心诉讼制度的实质是以证据为核心。证据在刑事诉讼中具有极其重要的基础和核心地位。一方面，整个诉讼活动始终都在围绕证据的收集、审查、质证、认证、适用进行，没有确实、充分的证据，就不能算是侦查终结，就不能提起公诉，更不可能有合法、客观、公正的审理判决。另一方面，无论是否认定被告人有罪，是否处罚以及如何处罚，都完全依据法庭上对定罪证据、量刑证据的调查、质证、认证的情况。诉讼制度改革，实质上就是要求一切刑事诉讼活动都要围绕证据这个核心运行。

二、推进以审判为中心的诉讼制度改革的重要意义

认识问题是解决问题的起点。认识不到位、思想不统一，甚至相互抵触，改革势必难以顺利推进。中央部署推进以审判为中心的诉讼制度改革，其重大意义可以从多角度、多层面进行阐释。根据习近平总书记对《决定》所作说明以及相关重要讲话精神，我们认为，党中央作出这项重大改革部署，至少有以下三方面的意义。

（一）推进以审判为中心的诉讼制度改革，符合诉讼规律和司法规律

根据《刑事诉讼法》规定，公检法三机关在刑事诉讼中应当分工负责、互相配合、互相制约。这是符合中国国情、具有中国特色的诉讼制度，必须坚持。但毋庸讳言，这一原则在实际执行中并不理想，三机关之间或多或少存在"配合有余、制约不足"的问题。长期以来，我国刑事诉讼的实际重心在侦查阶段，案件的实质、全面调查都在这一阶段完成；我国诉讼制度的总体现状是"以侦查为中心"的流水线诉讼模式，"以案卷为中心"的法官审理模式，"下级服从上级"的行政决策模式，"辩护形式化"的刑事辩护模式；这本质上与诉讼规律、司法规律并不契合[1]。要彻底解决刑讯逼供、超期羁押、控辩失衡、庭审虚化等问题，必须摒弃过去以侦查为中心的诉讼制

---

[1]　参见王守安："以审判为中心的诉讼制度改革带来深刻影响"，载《检察日报》2014 年 11 月 10 日，第 3 版。

度，依法推进诉讼制度改革。以审判为中心的诉讼制度改革，目的就是要切实发挥审判程序应有的制约、把关作用，形成一种倒逼机制，促使公检法三机关办案人员树立案件必须经得起法律检验、庭审检验的理念。

（二）推进以审判为中心的诉讼制度改革，有利于防范冤假错案，促进司法公正

以往过分强调以侦查为中心，过分强调审前的作用，侦诉审配合多制约少，监督制约作用没有发挥，庭审虚化，导致事实不清、证据不足或者违反法定程序的案件"带病"进入起诉、审判程序，造成起点错、跟着错、错到底。推进诉讼制度改革，就是要切实发挥审判程序应有的终局裁断功能及其对审前程序的制约引导功能，纠正公检法三机关"配合有余、制约不足"之偏，让庭审起到决定性作用，通过程序公正来保证实体公正。

（三）推进以审判为中心的诉讼制度改革，有利于人权的司法保障

在过去相对封闭的侦查和审查起诉阶段，不易发现、防止刑讯逼供等非法取证行为，当事人合法权益往往得不到保障。推进以审判为中心的诉讼制度改革，就是让诉辩审三方充分参与庭审，一切有关定罪、量刑的事实、证据都在法庭上公开展示、质证、辩论、认证、适用，侦查、审查起诉工作取得实际成效。公诉人必须在法庭上依法履行证明被告人有罪的举证责任，证据必须达到确实充分的标准；被告人及其辩护人享有充分的辩护权，有权对控方证人当面质证，也有权提出有利于己方的证据，还有权对有关办案程序是否合法提出质疑，要求排除非法证据等；是否定罪、是否处以刑罚，完全由法官根据庭审情况作出判决。最终需要通过、也必须通过法庭审理来检验，法庭审理是确保案件公正处理的最终程序，通过庭审，尽可能客观全面地呈现真实完整的案件事实。坚持以审判为中心，并不取决于人的好恶，也不涉及各专门机关地位高低、作用大小等问题，而是为了更好地落实公检法三机关分工负责、互相配合、互相制约的诉讼原则，更好地实现惩罚犯罪、保障人权的诉讼目的[1]。

---

〔1〕 参见孙长永："审判中心主义及其对刑事程序的影响"，载《现代法学》1999 年第 4 期。

三、对构建新型侦诉审工作的意见和建议

改革不是一蹴而就的，要完全颠覆我国现有的刑事诉讼制度也是不现实的，要想做好司法体制改革工作，打造以审判为中心的诉讼制度，必须依靠公检法三机关在依法履行好各自职责的基础上，相互配合，形成合力，才能构建新型侦诉审格局，提高整体司法水平，逐步实现诉讼制度的改革。如何构建新型侦诉审工作机制，笔者认为应当从以下方面进行改革：

（一）强化人民检察院提前介入制度

其实在我国的司法实践中，人民检察院提前介入、引导侦查的情况并不少见，但这也并不意味着这一做法具有普遍性。一般来说，只有大要案或者自侦案件，公诉部门才会提前介入侦查。依据《中华人民共和国宪法》的规定，我国警检关系应当是分工负责、互相配合、互相制约的，两者是平行的关系。但由于种种原因，在实践中我国已经形成了警主检辅的警检关系。要改变这种现状，最好的做法就是加强检察机关对侦查活动的引导权。发挥检察官在侦查阶段的引导作用，要确立完善提前介入的机制，从当前的公安机关领导侦查转变成公安、检察共同领导侦查。一方面要确保每一案件检察机关都要提前介入、引导侦查，另一方面要确保检察机关能够介入全部的侦查环节，充分发挥检察引导侦查的作用。

（二）扩大检察机关的起诉裁量权

"以审判为中心"有利于充分实现程序正义，但其对诉讼资源和时间上的投入有很高的要求，这必然会在一定程度上影响效率。"迟到的正义是非正义"，公正和效率是现代诉讼的最大价值追求，为了更充分地实现程序正义，对刑事案件在审前进行科学分流、完善多元化的案件处理机制，是"以审判为中心"的应有之义[1]。这就要求扩大检察机关的起诉裁量权，强化其审前调节职能。

（三）扩大法律援助的范围

2018年修订的《刑事诉讼法》规定，犯罪嫌疑人自被侦查机关第一次讯

---

〔1〕　参见陈卫东、郝银钟："我国公诉方式的结构性缺陷及其矫正"，载《法学研究》2000年第4期。

问或采取强制措施之日起有权委托律师担任其辩护人。这对于维护被告人的辩护权来说，是一个巨大的进步。但据调查，我国律师平均出庭率在30%左右，经济发达地区略高一点。也就是说，在法庭审理的过程中，70%的被告人要面对公诉人强有力的指控，却没有同样有力的辩护，不仅被告人的辩护权难以得到真正的保障，司法公正也很难得到真正的保证。对这一问题，最可行的做法是扩大法律援助的范围。我国《刑事诉讼法》第35条规定了三种应当提供法律援助的情形：被告人因经济困难或者其他原因没有委托辩护人的；被告人是盲、聋、哑人，或者是尚未完全丧失辨认或者控制自己行为能力的精神病人；被告人可能被判处无期徒刑、死刑的。但在司法实践中，只有符合后两种情况，或者在被告人是未成年人的情况下，被告人才能够得到法律援助。而且，在实践中，办理法律援助案件往往都是律师自掏腰包，而律师只要一年办理一到两个法律援助的案件，就足以顺利通过年审。这不仅在客观上限制了接受法律援助的范围，主观上也没有调动律师办理法律援助案件的积极性。一方面，对于《刑事诉讼法》第35条第1款规定的情况，提出明确的界定经济困难的标准，明确其他原因包括哪些方面的情况，可以进一步扩大法律援助的范围。另一方面，不仅要保障律师办理法律援助案件的经费，还可以对律师每年办理的法律援助案件提出硬性指标，以案件数或人数计算[1]。

四、以审判为中心的诉讼制度改革和新型侦诉审工作机制改革下，如何做好公诉工作

"以审判为中心"诉讼制度改革是我国刑事司法的一场革命，给检察机关转换工作模式、提高办案质量提供了新的切入点，检察机关应顺应时势积极探索，从推动检察工作创新发展的角度及时总结经验教训。公诉工作作为连接侦查与庭审的纽带，应当找准自我定位，及时作出调整与转型。

（一）公诉人必须不断更新执法理念

1. 必须全面尊重和保障犯罪嫌疑人和被告人的人权

推进以审判为中心的诉讼制度改革，是落实《刑事诉讼法》"未经人民法

---

〔1〕 参见樊崇义主编：《刑事诉讼法实施问题与对策研究》，中国人民公安大学出版社2001年版。

院依法判决，对任何人都不得确定有罪"基本原则的重要举措。公诉人，作为一名执法人员，必须要树立保障人权与惩罚犯罪并重理念。一是在人民法院裁判前，不能将犯罪嫌疑人和被告人当罪犯看待、处理；二是不能强迫任何人自证其罪。使实际上已默认的无罪推定理念在公诉工作中做到规范化、具体化，坚决对任何冤假错案说不，维护法律的公正与权威。

2. 必须坚持和维护审判中立、控辩平衡的诉讼构架

公诉人在刑事诉讼中应当保持客观公正的立场，要以客观事实为根据，既要注意犯罪嫌疑人构成犯罪的证据、事实和法律，又要注意有利于犯罪嫌疑人的证据、事实和法律，要不偏不倚。重视犯罪嫌疑人、被告人的辩解，尊重辩护人的诉讼权利，尊重辩护人的辩护意见。

3. 强化检察机关的审查起诉职能

"迟到的正义是非正义"，公正和效率是现代诉讼的最大价值追求，为了更充分地实现程序正义，对刑事案件在审前进行科学分流、完善多元化的案件处理机制，是"以审判为中心"的应有之义[1]。

（二）要不断提高公诉技能和公诉质量

1. 加强对证据的审查、分析能力

公诉人要对案件整体把握，需要对案件的事实、情节、定罪量刑等问题能作出客观、正确的判断。首先，审查证据要全面，不仅审查有罪、罪重的证据，还审查无罪、罪轻的证据，要避免先入为主的错误思想，如确无证据证实犯罪嫌疑人实施了犯罪行为时，要客观公正地作出正确处理；其次，要学会换位思考和反向思维，即学会从辩方的可能观点审视指控证据的瑕疵，同时要把握指控证据可能产生的动态变化，还要主动预测辩方可能提出的新证据，有针对性地采取防范措施，将辩方可能的主张及其理由或可能提出的新证据纳入己方证据体系之中，意识中做好证据的攻与防，牢牢把握住案件的主动权。

2. 提高控制庭审主动性的能力

庭审过程是公诉人与辩护人全方位斗智斗谋的过程，公诉人要在吃透案情的基础上与辩护人据法据理力争，维护国家公诉的形象；在面对可能出现

---

[1]　参见陈卫东、郝银钟："我国公诉方式的结构性缺陷及其矫正"，载《法学研究》2000年第4期。

的变化时，公诉人在法庭上要能迅速适应庭审变化，把握住造成变化的主要原因，敏锐地调动自己所掌握的事实、证据材料和自身积累的知识，迅速地形成应变对策的思路和方式方法，给对方以有力的反击。

3. 提高公诉质量

公诉人应当从庭前证据审查和庭上举证辩论两个方面寻找改善工作的切入点：首先，应当更加重视庭前的证据审查工作，对证据的客观真实性、与案件的关联性、取得证据的合法性进行全面、细致、严格审查，充分考虑证人出庭作证可能引起的证据变化和对案件定罪量刑产生的影响，围绕案件焦点作好出庭应对准备；其次，庭审实质化使得庭审活动更具对抗性和不可预测性。公诉人必须不断增强业务素质，提高交叉询问能力和当庭应变能力，真正通过扎实的证据和严密的论辩，履行好对犯罪的追诉职能。

（三）加强侦查引导和侦查监督，构建新型的侦诉关系

公诉人应根据庭审证明需要，以客观公正的视角，从应对法庭质疑和律师挑战的角度有针对性地引导侦查人员收集、补充证据，更加注重证据的真实性、合法性和证据链条的完整性，从整体上提高追诉质量。不是在检察机关与公安机关两个权力主体之间建立管理关系，而是为了适应庭审需要，在原有基础上发展出更为合理科学的关系。

1. 加强侦查引导

首先要促使其取证程序合法化。指导侦查人员在办案过程中严格依取证程序合法取证，排除非法证据及瑕疵证据，以免辩护人会把侦查环节的非法证据和瑕疵证据用来大做文章，以此来否定案件合法性；其次是促使其侦查取证高效化。综合来说，新《刑事诉讼法》对据以定罪量刑的证据要求越来越高，非法证据需排除，瑕疵证据需补正。这就需要侦查部门在取证时要严格从证据的三性出发，注重证据的客观性及关联性，注重对直接证据、原始证据的搜集，确保搜集的证据能达到确实充分、排除合理怀疑的刑事案件证明标准。

2. 加强侦查监督

一方面要秉持客观、中立的定位，依托审查案件发现问题。通过单个证据合法性、客观性的审查和综合运用证据审查全案，发现是否存在非法收集证据，是否存在阻碍辩护人、诉讼代理人行使诉讼权利，是否存在强制措施和强制性侦查措施不当等情况。对情节较轻的违法行为，口头要求纠正；对

于情节较重的违法行为，向侦查机关发出纠正违法通知书；对违法情节严重，构成犯罪的，应当移送本院侦查部门审查。另一方面，对重特大、疑难复杂刑事案件适时提前介入，弥补事后监督的弊端。通过个案的监督，发现有普遍性、共性的问题，通过召开联席会议告知侦查机关，以避免错误问题重复出现。

五、结语

检察机关既要尊重和支持法官在审判活动中的主导地位和权威，又要依法全面履行法律监督职能，推动公诉工作和刑事审判工作既相互配合又相互制约，共同促进庭审实质化，共同维护司法公正和权威。必须统一思想和行动，真正从保证公正司法、加强人权司法保障、提高司法公信力的高度，准确把握、全面理解以审判为中心诉讼制度改革的基本精神，深刻认识这项改革对公诉工作提出的重大挑战，正确把握和处理诉、侦、审、辩等关系，推动构建新型的诉侦、诉审、诉辩关系。

基层检察机关内设机构调整的改革设想

杨 慧*

我国检察机关内设机构自 2000 年至 2003 年集中改革后，一直沿用至今。在十多年的运行中，内设机构的设置问题随着检察工作的发展不断暴露出来。在这一轮司法体制改革中，各试点人民检察院也对内设机构调整进行了积极探索和实践。从试点情况看，去行政化和实行大部制改革是内设机构改革的大趋势，但是，去行政化和实行大部制改革，并非简单地去除各内设机构的厅长、局长、处长、科长等称谓，或者把各内设机构进行简单的撤并，而是既要结合检察工作职能，又要结合各地实际，同时还要考虑检察官的发展和前途。下面，笔者就检察机关现行内设机构设置存在问题试进行分析，并对内设机构调整提出几点不成熟的看法，以供参考。

一、存在的问题及原因分析

（一）没有统一的配置标准，内设机构设置"多"而"乱"

《中华人民共和国人民检察院组织法》第 18 条规定："人民检察院根据检察工作需要，设必要的业务机构。检察官员额较少的设区的市级人民检察院和基层人民检察院，可以设综合业务机构。"对如何设置、何种称谓，均没有明确的规定，同时，由于检察机关的行政属性，检察官们只有职级提高了，工资等待遇才能得到解决，为此，各地检察机关在保持大框架不变的情况下，充分发挥自己的沟通协调能力，通过增设机构、高配职务等方式，积极为整天埋头办案的检察官们提高一点工资待遇。由于各地检察机关的沟通协调情况不同，出现了同一地区基层人民检察院内设机构负责人有的只是正股级，有的是副科级或正科级。2000 年中央明确规定："市级院设 8 到 11 个内设机

---

* 杨慧，贵州省安顺市人民检察院检察官。本文系 2017 年贵州省政法重点工作专题调研成果。

构，根据工作需要，可增加或减少 1 到 2 个，基层院设 6 到 8 个内设机构，根据工作需要，可增加或减少 1 到 3 个。"许多人民检察院的内设机构早已突破数量的限制，有的甚至超出了一倍。笔者所在的市级人民检察院也有 20 个内设机构和 1 个派驻检察室，按设 13 个内设机构的最高限额，也超了 8 个机构。而下辖的基层人民检察院中，最多的有 16 个内设机构，最少的也有 14 个内设机构，都超出了中央明确规定的数量。而近年来，特别是基层人民检察院在普遍存在编制不足、又招不进人的情况下增设机构，案多人少矛盾更加突出。

（二）担心影响队伍的稳定性，对内设机构改革持观望态度

检察机关内设机构"多"而"乱"的问题已提了多年，各级检察机关也意识到这个问题，但是，如果不彻底改革检察机关的行政属性，检察机关内设机构的"多"和"乱"问题很难解决。虽然，这轮司法体制改革没有引发预测的检察官辞职潮，但是检察机关人才流失现象仍较突出。笔者所在地区的检察机关共有 419 名检察人员，2013 年以来，已有 22 人调离了检察机关或辞职，占全体检察人员的 5.3%，且均是年轻的高学历法律专业人才，绝大多数调到了党政部门或做了律师。其中，最主要的原因有四点：一是工作辛苦；二是职级待遇低；三是晋升机会少；四是职业尊荣感不强。检察机关内设机构的"多"和"乱"，实际上也是各级检察机关在现行体制下，为了留住优秀人才不得已采取的措施。如果现行体制不变，要对内设机构进行改革和规范，阻力肯定较大。

（三）担心案件质量降低，影响考核和司法公信力

实行扁平化管理，减少了审批层级，原来需要部门负责人、分管检察长，甚至检察长逐级审批的，现在承办人经授权后自己就可以作出决定，办案时间大大缩短，工作效率得到较大提高。但是由于层级的减少，对案件质量的把关难度加大。根据最高人民检察院《关于完善人民检察院司法责任制的若干意见》第 39 条的规定："对于检察官在职权范围内作出决定的事项，检察长（副检察长）不因签发法律文书承担司法责任"，检察长或副检察长对检察官在职权范围内作出的决定，虽然不承担司法责任，但是，如果检察官办了错案如何补救？虽然可以按规定对检察官进行追责，但是社会上只知道是某某检察机关办理了错案，上级检察机关在对下级检察机关的工作进行考核或作出评价时，也是对单位进行考核或评价，并不只是对某某检察官进行考核

或评价，检察机关的司法公信力将大打折扣。

二、检察机关内设机构改革的原则

检察机关内设机构改革既要突出检察机关的法律监督属性和司法属性，同时还要兼顾检察机关专业化、职业化发展方向。

（一）应按检察职能分类和设置

多年来，检察机关的批捕职能和公诉职能是否合并行使一直是人们争议较多的问题。特别是一些基层人民检察院为了解决案多人少的矛盾，极力主张捕诉合一，认为捕诉合一可以避免重复阅卷、效率低下，有利于从审查逮捕环节就用提起公诉的证据要求审查案件，符合以审判为中心的诉讼制度改革精神。笔者认为在《中华人民共和国刑事诉讼法》（以下简称《刑事诉讼法》）明确规定审查逮捕和提起公诉两个诉讼程序的情况下，审查逮捕和提起公诉职能应当由不同的部门或同一部门中不同的人员行使，因为捕诉合一不符合现代诉讼规律和权力监督制约原则。多一道审查把关程序就是为实现公平正义多一份保障。刑事司法活动的价值追求是公平正义，不同权力主体的"重复劳动"和适当的资源投入是实现公平正义的客观需要。不能因为追求办案的高效率和资源的低投入而忽视公平正义。因此，在设置内设机构时，要以检察职能作为检察机关内设机构设置的主要依据和导向，不宜由同一内设机构行使两项以上存在相互监督制约关系的职能。

（二）应兼顾法律监督机关属性和司法属性

检察机关的宪法定位是国家的法律监督机关，这也是检察权的根本属性，其内设业务机构名称也应突出国家法律监督机关的性质。因此，有的学者提出对检察机关内设机构统一冠以"监督"之名。也有的学者建议与人民法院一样统一称"庭"，如公诉庭、侦监庭等。但是，随着检察机关职能的增加，检察机关除了监督属性外，还有职务犯罪侦查和预防、审查逮捕和提起公诉等司法职能。笔者认为检察机关在突出其法律监督属性的同时，还要考虑其司法属性，不能一律冠以"监督"之名，统一称"庭"与检察机关的法律监督属性也不相符。为此，建议根据检察工作实际，对法律监督属性较强的内设机构统一称为"某某监督部"，如，"侦查监督部""执行监督部"；对司法属性较强的内设机构直接按其职能称呼，如"职务犯罪侦查部"；对综合行政部门根据工作职能进行撤并后，按部门性质分类后直接称呼，如"后勤保障部"等，如此既显统一、协调，也突出机构性质与特色。

（三）严格控制内设机构数量

随着经济的发展，一些新型犯罪越来越突出，对社会的影响也越来越大。比如，网络犯罪、知识产权犯罪等。以及社会各界对一些特殊犯罪案件的关注度越来越高，比如，生态环保案件、未成年犯罪案件等。如果因为某时期某项工作比较突出或重要，就增设专门的检察机构，势必会造成机构臃肿，不利于基层人民检察院工作开展，还将造成人力资源的浪费。基层人民检察院的编制数本来就少，如笔者所在地基层人民检察院只有 34 名检察人员，成立了 14 个内设机构，除去 5 名院领导，平均每个部门只有 2 人，为确保办案任务较重的反贪局和公诉部门有足够的办案人员，也就毫无疑问出现了多个 1 人科，案件质量和效率很难保证。

三、内设机构改革的设想方案

上下级检察机关的内设机构应保持相对一致性，上级检察机关管辖范围较广，更强调对下业务指导以及对疑难复杂问题的研判答复，编制和规模上具备细分机构的条件，可以适当细分，基层人民检察院更注重办案，强调人员资源的优化配置，实行扁平化管理、大部制机构应当作为首选。

（一）职务犯罪侦查部

包含原反贪污贿赂局、反渎职侵权局、职务犯罪预防局的职能。这三个部门的工作性质相似，工作之间有着紧密联系，合并在一起有利于工作，容易形成合力。全面负责、统一行使人民检察院管辖的职务犯罪案件的初查、侦查、调查以及职务犯罪预防工作。

（二）刑事检察部

包含原侦查监督科、公诉科、未成年人犯罪检察科。全面负责刑事案件的审查批捕、审查起诉以及在办理审查批捕、审查起诉以及侦查活动监督和审判监督等工作。侦查监督科和公诉科虽然合并，但是对同一案件的审查逮捕和提起公诉建议由不同的办案人员履行。对一些特殊案件可以成立专门的办案组，如未成年犯罪案件办案组、知识产权案件办案组等专门工作组。

（三）刑事执行监督部

包含原刑事执行科和刑事赔偿工作。全面负责执行监督等工作。《刑事诉讼法》修改后，检察机关新增了死刑执行临场监督、社区矫正监督、财产刑执行监督等监督职责。侦查监督科和公诉科的监督职责，主要是诉前、诉中监督，刑事执行监督是对各类案件的执行监督，刑事赔偿案件也是在执行期间的纠错行为，两项工作职能有一定的关联性。

（四）民行检察监督部

包含原民行检察科和生态环保部门。民事行政检察工作在检察机关工作职能中相对较独立，工作性质和要求与其他部门关联性不大。《中华人民共和国民事诉讼法》修改后，基层人民检察院民行部门主要工作任务是开展对错误裁判和调解书监督、审判活动违法行为监督、民事执行活动监督，以及督促起诉等案件。基层院生态环保科成立时间较晚，有的基层人民检察院没有成立，工作由民行检察科负责，主要承担的也是对生态环保领域的公益诉讼、督促起诉等工作。生态环保领域的职务犯罪案件和普通刑事案件仍然是相关部门在办理。因此，建议把生态环保部门并入民行检察科。

（五）案件管理部

包括原案件管理办公室、控申科、法律政策研究室（含检察委员会办事机构）和技术科职能。主要履行案件受理、管理、统计、疑难复杂案件的研究和决策和技术服务，全面负责对业务工作的统筹、指导、管理、研究与服务等工作。

（六）检务保障部

包括原办公室、计财装备科等行政后勤管理职能。办公室主要负责政务，计财装备科主要负责后勤，都是检察机关的后勤保证部门，两个部门整合有利于政令畅通，为检察业务做好保障和服务。

（七）政治部

包含原政工科、机关党委和法警队。主要负责干部队伍管理、教育、培训、党建、宣传、维稳等工作。政工科和机关党委都涉及干警的教育管理等工作，法警队实行的是警察序列，其工作性质与政工和机关党委有较大差距，但多年来，一直是由政工科科长兼任法警队政委，将法警队并入政治部也便于管理和工作协调。

（八）监察部

纪检监察部门单列。近年来，为防止纪检监察机关既当裁判员，又当运动员，职能越位错位等问题，中央对纪检监察部门提出了"转职能、转方式、转作风"要求，纪检监察部门的职能是监督，承担的是监督责任，因此应单列，不宜与其他部门合并。

黔西南州检察机关司法责任制改革的实践与思考

刘 青* 刘 奇**

[摘要] 贵州省2016年在全省全面推开司法体制改革试点工作以来，黔西南州检察机关紧紧抓住司法责任制"牛鼻子"，深入推进完善司法人员分类管理、完善司法责任制、健全司法人员职业保障、推动省以下地方人民法院人民检察院人财物统一管理四项改革任务落实，在完善司法管理体制和司法权力运行机制，提高司法质量效率和公信力方面作出了积极探索。本文立足黔西南州实践，坚持问题导向，拟对进一步完善司法责任制体系作出探讨，以期对深化司法体制综合配套改革有所裨益。

[关键词] 司法责任制改革 实践 困难和问题 思考和建议

黔西南州检察机关在全面推进司法体制改革过程中，坚持遵循司法工作规律和检察工作规律，将推进司法责任制落实作为出发点、落脚点和着力点，积极探索优化检察权配置、完善检察权运行模式的办法措施，在优化资源配置、加强配套制度建设、强化监督制约等方面积累了一些实践经验。与此同时，在改革实践过程中，也存在和发现一些困难和问题，这些困难和问题需要在深化司法体制综合配套改革中予以解决。

一、司法责任制改革的"黔西南实践"

在推进司法责任制改革过程中，黔西南州检察机关坚持以公正为核心价值、以高效为重要目标、以权威为基本保障，聚焦影响司法公正、制约司法能力的深层次问题，着力推动构建权责统一的检察权运行新机制。

---

* 刘青，黔西南州人民检察院党组书记、检察长。
** 刘奇，黔西南州人民检察院研究室副主任。本文系2017年贵州省政法重点工作专题调研成果。

（一）优化资源配置，夯实司法责任制基础

1. "择优入额"，严把检察官入口关

深刻把握"员额制是司法责任制的基石"这一核心要义，聚焦"能办案"这一根本前提，严格遵循中央确定的39%员额制控制目标，规范检察官入额程序，从客观表现、办案经历、办案业绩等方面设置严格的遴选标准，通过"考核+考试"等方式择优遴选检察官，让办案多、质量高、效果好的人员入额。全州两级院共遴选员额制检察官159名，占实有中央政法编制数的33.33%，实现优秀人才、业务骨干回归办案岗位，同时预留员额制33名，为后续发展留足了空间。

2. 优化机构设置，整合司法资源

深入推进组织结构创新，着力构建扁平化管理和专业化建设相结合的司法组织结构新体系，坚持机构精简与职能优化相结合，对检察职能进行科学划分和优化组合，所有县（区）级人民检察院将原有17个内设部门整合为5个业务机构和3个综合管理机构（兴义市人民检察院为6个业务机构和4个综合管理机构），平均减少内设机构近9个，州人民检察院将11个业务部门整合为7个办案团队，实现资源力量的优化组合，司法专业化水平和司法效能得到提升。

3. 科学配置力量，突出司法属性

坚持问题导向，立足解决案多人少、事多人少等突出问题，科学配备各内设机构、各业务条线办案力量，让入额人员多办案、办好案。两级院共399名检察官和检察辅助人员集中到办案一线，占全州检察人员总数的85.81%，检察工作的司法属性进一步凸显，法律监督职能明显强化。2017年上半年，全州两级人民检察院立案侦查职务犯罪案件数同比增长12.73%，立案查办要案数同比增长160%，开展职务犯罪警示教育预防次数同比增长94.89%，提供行贿犯罪档案查询数同比增长23.42%；监督立案数同比增长100%，监督撤案数同比增长112.50%，纠正漏捕、漏诉数同比增长233.33%，提出抗诉数同比增长25%，书面纠正侦查活动违法数同比增长105.62%，书面监督纠正刑事审判活动违法数同比增长22.22%；刑事申诉案件审结数同比增长225%，开展司法救助数量从同期0件增加到14件；羁押必要性审查采纳数占执行逮捕数名列全省第一；公益诉讼试点工作勇夺全省"单项冠军"，册亨县人民检察院督促县国土资源局履行矿山恢复治理监管职责公益诉讼案被最高人民检察院评为诉前程序典型案例。

4. 定岗定责，各司其职

着力构建权责明晰、监管有效、保障有力的检察权运行新机制，坚持"人岗相宜"原则定员、定岗、定责，出台关于完善司法责任制明确检察官职责的暂行规定，细化明确各业务条线和各部门检察官、检察辅助人员、司法行政人员岗位职责，三类人员各归其类、各司其职、各负其责，检察队伍的活力不断迸发。

（二）强化权责担当，不断完善责任体系

1. 完善办案组织，突出检察官主体地位

构建以检察官为核心、以检察业务需求为导向的专业化新型办案团队，根据不同检察业务特点，设置不同人员配比的办案组织，突出检察官主体地位，明确检察官、检察官助理和书记员分工权限，推动人员专业化分工。根据履行职能需要、案件类型及复杂难易程度等，实行独任检察官或检察官办案组的组织形式，办理不同业务条线案件，疑难复杂案件由办案组办理，一般案件由独任检察官办理，实现案件繁简分流，提高办案效率。司改以来，全州两级院审查逮捕案件办案时间平均缩短 16.64%，审查起诉案件办案时间平均缩短 16.55%，民事行政案件办案时限平均缩短 28.23%。

2. "清单授权"，强化检察官办案责任

贯彻"谁办案谁负责、谁决定谁负责"要求，坚持合理放权与加强领导相统一、突出主体地位与强化监督制约相统一原则，按业务条线细化检察官权责清单，在法律规定的框架内，向一线检察官"放权"，将 9 个业务类别的166 项职权授予检察官独立行使，减少了审批层级，实现了扁平增效。同时明确检察官行使各项职权应承担的责任，让检察官真正成为办案主体和责任主体，确保了权责明晰、权责相当。司改以来，全州两级人民检察院 74.3% 的审查逮捕案件和 89.86% 的审查起诉案件由检察官独立作出决定，业务部门负责人作为承办检察官直接办案，不再审批案件，检察长、副检察长审批案件大幅减少，检察官责任担当意识进一步增强。

3. 不断完善检察职业保障制度，增强职业尊荣感和使命感

紧紧依靠党委领导推进司法体制改革工作，在州委坚强领导和州政府大力支持下，全州两级人民检察院 2017 年经费资产实现了州级统一管理，州人民检察院和各县（市）人民检察院均作为州级财政一级预算部门，两级人民

检察院公用经费、人员经费、项目经费和大要案经费全部纳入州级财政保障，两级人民检察院经费保障水平全面提高，为落实司法责任制奠定了坚实基础。

4. 强化领导干部履职担当，凸显司法亲历性

把推动领导干部办案制度化、常态化作为落实入额办案责任的关键举措，充分发挥"关键少数"在司法办案中的履职示范作用，制定出台领导干部办案规定，对入额领导干部办案的数量、质量、效果等作出明确要求。州人民检察院专门设置重大疑难复杂案件办案组，由检察长或副检察长担任主任检察官，负责办理各业务条线的重大、疑难、复杂案件和新类型案件，分管业务的入额院领导参与业务部门轮案，各县（区）级人民检察院将入额院领导编入各业务条线办案组，直接参与轮案。2017 年 1 月至 8 月，两级人民检察院检察委员会专职委员以上入额院领导直接承办或审查审批案件 6064 件，人均办案量为 108.29 件，共出庭支持公诉 326 件，其中两级院检察长出庭公诉 26 件。

5. 建立完善检察官联席会议制度，严把案件质量关

针对少数检察官不适应独立办案可能导致案件质量隐患的问题，建立和不断完善检察官联席会议制度，对于重大、疑难、复杂案件，由承办检察官提请召开本部门或相关部门检察官参加的检察官联席会议"集体会诊"，充分发挥检察官联席会议作用，凝聚集体智慧，为承办检察官决策提供参考咨询意见。2017 年以来，全州两级人民检察院共召开检察官联席会议 96 次，既发挥了对案件质量的把关作用，又起到了"过滤"作用，防止检察官随意将案件提交检察长或检察委员会，以转移自身应承担的办案责任。两级人民检察院检察委员会召开次数同比减少 30.86%，研究案件数量同比下降 36.7%，检察委员会委员同时以员额制检察官身份在会上充分发表意见，检察委员会议事议案的水平和质量进一步提高。

（三）强化监督制约，提升司法规范化水平

1. 始终坚持全面从严治检

认真落实从严治党治检各项要求，制定司法办案行政管理和党建工作运行方案等制度文件 22 个，用"制度铁笼"确保放权不放任、有权不任性。落实"四位一体"从严管理干部机制[1]，制定"党建约谈·动态考核"办法，

---

〔1〕　即"工作目标、岗位责任、正向激励保障、负向惩戒约束"四位一体从严管理干部机制。

将两级院从严治党治检和司法办案各项任务要求细化为可量化、可观察、可评价、可考核的指标，依托州人民检察院研发的"贵州检察队伍动态管理信息系统"，一季一考评、一季一督查、一季一通报、一季一约谈，动态跟踪问效，时时传导工作压力，激发工作动力。

2. 推进案件质量评查制度化常态化

坚持"一案一评查，范围全覆盖"，修订完善案件质量评查办法，要求每个业务条线对本条线办结的案件及时开展评查，下一个办案环节对上一个办案环节移送的案件要开展评查，每季度要组织对检察官办理的每一件案件开展评查，并在此基础上适时组织开展重点案件质量评查，推动司法办案质量监控由事后监督向全流程动态监督转变。2017 年以来，全州共开展评查 31次，评查案件 2018 件，所有案件质量全部合格。在 2017 年上半年省人民检察院组织的审查逮捕、审查起诉案件质量评查中，黔西南州取得了总成绩全省第二名、起诉案件质量第一名的好成绩，司法责任制提升案件质量的基础性作用正在显现。

3. 探索"智慧检察"，依托"大数据"对办案过程全程监控

抢抓新一轮科技革命的历史性机遇，深化运用统一业务应用系统（司改版）、司法办案辅助系统、大数据分析服务系统和"贵州检察队伍动态管理信息系统"等智能系统强化监督管理，变人工监管为智能监管、事后监控为实时监控、粗放监督为精准监督，以"数据铁笼"确保规范司法，提高司法公信力。2017 年以来，两级人民检察院依托软件系统发现并纠正不规范问题381 个、预警办案期限 376 件（次）。依托网络信息技术深化案件信息公开，主动接受监督，2017 年 1 月至 8 月，两级人民检察院通过网络信息平台公开法律文书 1460 份、重要案件信息 611 条、程序性信息 2398 条、接受辩护与代理预约 332 次，通过 12309 检察服务平台提供查询、预约、咨询等服务 40 余次，司法办案更加透明、便民，人民群众对公平正义的获得感增强。

4. 强化绩效考核

按照"一人一档"要求，制定三类人员业绩档案管理办法，客观记录检察人员履职情况，特别是检察官办案数量、质量、效率、效果、安全等情况，确保司法办案全程留痕，为绩效考评、晋升奖惩、监督追责提供依据。强化绩效考核，倒逼责任落实，制定三类人员绩效考核及奖金分配实施办法，根据岗位职责、工作任务难度、完成质量和效果等因素，明确将三类人员的考

核结果分为优、良、中、差四个等次，并据此兑现绩效考核奖金，实现奖金分配向办案量多、办案难度大、办案质效高的检察官倾斜，鼓励引导检察官专心专注办案、精细精准司法。

二、黔西南州检察机关在推进司法责任制改革中存在的困难和问题

（一）内设机构改革效果欠佳

2016年7月，中央政法委书记孟建柱在全国司法体制改革推进会上指出，中央机构编制委员会办公室已明确，内设机构改革中，原有编制、领导职数及待遇不核减。2016年8月，中央机构编制委员会办公室、最高人民检察院印发《省以下人民检察院内设机构改革试点方案》，明确指出，按照党的机构设置要求和工作需要，统筹内设机构改革，内设机构整合后，精简空出的编制应向基层和检察一线调配使用，原核定的领导职数暂不作调整。2016年6月，最高人民检察院检察长曹建明指出，经中央机构编制委员会办公室同意，县（区）级人民检察院内设机构改革机构不减编制、不减领导职数。但2017年5月，省机构编制委员会办公室下发《关于规范市县人民法院人民检察院机构编制管理的电话通知稿》，明确"市县人民法院人民检察院内设机构规格与同级政府工作部门一致，市（州）人民法院人民检察院机构规格为正处级，内设机构为正科级；县（市、区）人民法院人民检察院机构规格为正科级，内设机构应为正股级。市县人民法院人民检察院的政工部、执行局和反贪污贿赂局机构规格应为正科（股）级"。由于全州两级人民检察院一些内设机构经党委批准已经升格，受政策因素影响，中央关于内设机构改革的一些要求落不到实处，导致县（区）级人民检察院内设机构改革后一定程度上还存在"穿新鞋走老路"，甚至不如"老路"的问题。

（二）办案机制建设不适应新型办案模式运行要求

一是检察官和检察官辅助人员的权责需要进一步明确。有的县（区）级人民检察院员额制检察官、检察官助理办案权限清单不明晰，存在由检察官助理办案、员额制检察官审案的挂名办案情况。二是检察官联席会议职能发挥作用还有欠缺。少数员额制检察官对他人承办的案件重视程度不够，态度不够积极，会前准备不充分，对案件了解不够全面深入，会中难免出现偏向承办人的意志或发现问题后不指出、应付的情况，研判案件达不到预期的参

考把关目的。

（三）新型监督管理机制落实不到位

在认识和处理"突出检察官主体地位和加强对司法办案的监督制约相统一"这个关系上还有差距，个别县（区）级人民检察院办案模式仍沿用老的逐级审批模式，没有完全实现检察官独立承办案件；个别县（区）级人民检察院过于强调检察官在司法办案中的主体地位，疏于对检察官办案过程的监督管理。同时，县（区）级人民检察院普遍反映，院领导和干警参与检察业外工作和考核较多，特别是院领导在院内又要承担大量综合行政管理事务，无法投入更多精力办理重大疑难复杂案件和参与一般检察官轮案，制约了对领导干部亲自办案要求的落实。

（四）工资制度改革政策落实有差距

司法体制改革以来，在党委政府的高度重视和大力支持下，全州检察机关经费保障总体水平有了明显提高，特别是州委办、州政府办出台的《关于进一步做好全州检察机关经费保障的通知》《关于印发黔西南州州以下人民检察院经费、资产由州级统一管理实施方案（试行）的通知》解决了全州检察机关长期以来公用经费、聘用检察辅助人员经费、查办大要案件经费不足等实际困难，为完成司法体制改革各项任务奠定了坚实的基础。但在实际执行过程中，相关协作单位对司法体制改革精神的理解仍存在一定分歧，导致推进改革的联动性、协调性和主动性不足。一是对两个"绩效"的理解分歧较大。2016 年 10 月省人社厅、财政厅印发的《贵州省法官、检察官工资制度改革试点实施意见》（黔人社厅通〔2016〕157 号）对改革后检察人员的基本工资、津贴补贴、绩效考核奖金等作了明确的规定，其中绩效考核奖金是改革后检察人员工资构成的必要项目，具体标准"按高于当地其他公务员一定比例"的原则由省级财政部门核定。地方年度目标绩效考核奖励是地方党委政府为激励干部职工干事创业、创先争优而设立的奖励性政策措施，在各级党政机关应得到普遍性执行。两个"绩效"虽然在名称上有一定重合，但实质上有着本质的区别，司法体制改革新设绩效考核奖金是改革的重大创新和举措，是推进检察官工资制度改革，提升薪酬待遇，落实职业保障待遇的主要体现，以此提升检察职业尊荣感，促进公正司法，是深化司法体制改革的重要内容之一。如果执行检察人员绩效考核奖金制度后，取消或削减了对检察人员的地方年度目标考核奖励，导致职业保障待遇调整的明升暗降，实际都是对司法体制改革政策的打折执行,不符合中央对司法体制改革的总体部署和要求。二是部分政府性专项预算申领程序繁琐,执行效率不高。2017 年预算中,全州检察机关的聘用人员经费、查办大要案件经费均是在政府性专项预算中进行安排,由于申请使用政府性专项预算均要专门提交申请报告并通过财政审核后报政府常务会批准,程序相对复杂,耗时也相对较长。三是由于员额制检察官等级与相应行政职级的衔接办法不完善,导致部分检察官免除原行政职务后,没有享受到与原职级对等的车补、医疗、出差等方面的待遇;一些员额制检察官退休后,没有享受到原行政职级应有的退休福利待遇。

(五)员额制退出机制不健全

为强化员额制检察官队伍管理,畅通员额制检察官能上能下、能进能退渠道,打破"入额终身制",州人民检察院根据最高人民检察院《关于完善人民检察院司法责任制的若干意见》等相关规定,制定了员额制检察官退出暂行办法,规定不能独立办案、不能独立承担办案责任、办案质量达不到要求的检察官要退出员额制。但由于中央、省委和上级检察机关尚未出台员额制退出的相关制度机制,缺乏顶层设计政策的支撑,且员额制检察官任免权限由省遴选委员会和省人民检察院管理,我州的员额制检察官退出暂行办法在实际操作中存在一定困难。同时,由于员额制检察官等级与行政职级的衔接机制不完善,检察官进退流转的行政职级和政治待遇确定存在困难。

(六)员额制比例不适应办案需求

由于编制数有限,县(区)级人民检察院普遍反映存在人员不足问题,案多人少、事多人少的矛盾较为突出,尤其是司法体制改革后受总编制数和司法行政人员比例的限制,使综合行政部门人员不足,且要承担大量的综合行政事务工作,矛盾较为突出,一些具备办案资格的人员不愿意从事司法行政工作,司法行政队伍稳定性受到一定程度影响。同时,受总人数影响,员额制检察官、检察辅助人员与书记员配比失调,三类人员配合方面缺乏有效的协作模式。如个别基层院民事行政检察部只有一名检察官助理(科长)和一名检辅人员,不利于司法责任制的落实。

三、对进一步完善司法责任制体系的几点思考和建议

（一）进一步健全完善司法责任制改革配套机制

一是认真落实最高人民检察院和省人民检察院关于检察官权力清单的指导意见，对县（区）级人民检察院办理的大量普通案件包括简易程序案件，检察官授权范围可以大一些，能放则放。二是根据人员编制情况，合理配备员额制检察官、检察辅助人员与书记员，确保满足办案工作需要。三是检察官联席会议要发挥好类案建议、专业咨询、业务交流等作用，做到会前充分准备、会上积极讨论发言，发现问题及时提醒，确保研判案件达到预期的参考目的，促进检察官自我约束、自我管理。四是认真落实聘用制书记员管理制度改革方案，研究制定具体实施办法，确定聘用制书记员等级设置、薪酬标准，并负责统一招聘、统筹调配，重点向基层和办案任务重的地方倾斜，确保招得进、用得好。根据工作实际需要，合理确定招录聘用制检察辅助人员的学历层次，不宜片面强调高学历，可以考虑招录大专左右层次的人员，解决学历较高的检察辅助人员把检察机关作为就业"过渡站"的问题。

（二）进一步强化检察长对司法办案的领导权和检察委员会的决定权

一是要坚持突出检察官主体地位与检察长领导人民检察院工作相统一，构建权责明晰、制约有力、运行高效的检察权运行机制。既要重视赋予检察官在司法办案中相对独立依法决定的权力，又要坚持检察一体化原则；既不能将实行司法责任制简单理解为向检察官"放权"，又不能因此否定检察长对司法办案的领导权和检察委员会的决定权。二是要综合考虑案件的重大、复杂、疑难程度，进一步明确检察长、检察委员会和检察官的办案事项决定权。三是坚持放权与强化监督制约并重，加强对员额制检察官办案活动的监督，确保放权不放任。院领导和业务部门负责人要从微观的个案审批、文书签发向宏观的全院、全员、全过程的案件质量效率监督转变，检察委员会要将工作重心转移到总结办案经验、统一法律适用上来，推动从整体上提高司法办案质量和水平。

（三）进一步完善绩效考评制度机制

一是合理制定绩效考核标准。每个季度第一个月的上旬，由考核主体根据省人民检察院、州委以及州人民检察院党组的工作部署，合理制定动态考

核指标体系，要抓住重点，不能"面面俱到"，特别对县（区）级人民检察院检察长的考评指标体系要与县（区）级人民检察院检察长进行"共商"、形成"共识"；考核指标要杜绝唯数量论，要充分考虑考核事项的难易程度、完成的质量等因素。二是考核主体严格考核评价。各考核主体要按照制定的季度考核指标，严格打分，出现扣分情形的，不仅要提出扣减的分值，也要充分说明扣分的原因，做到以问题为导向，解决工作中出现的问题。关于机动分值，既不得滥用，也不能一律不用，要通过机动分值的运用，解决"干得多、错得多、扣得多""不干事、不出事、不扣分"的问题，树立正确的考核导向，激发干警干事创业激情。三是制定科学合理、简便易行的绩效奖金分配办法，既不能搞平均主义，也不能搞繁琐主义；要按照最高人民检察院文件规定，根据考核结果拉开差距，使绩效奖金发放向办案一线倾斜，向办案多、质量高的人倾斜。四是考核结果的分类运用。由于检察工作具有特殊性，各业务条线不具有可比性，在考核结果应用上，切忌将全部检察人员放在同一个平台上进行评价，要根据工作性质进行分类别适用，确保工作性质相近的人员在一个平台上进行评价。

（四）进一步完善员额制检察官遴选、退出等机制

一是合理预留员额制指标。由于员额的稀缺性，入额达到满额后，没有退出的员额制检察官，就没有进入空缺名额，其他干警特别是年轻干警将不能入额，对于干警成长，队伍的稳定不利，必须合理地预留员额名额，让未入额的干警看到希望，得到成长。二是强化员额制检察官办案质量评查。对于员额制检察官办理的案件实行"一案一评查"，增强员额制检察官办案主体意识和责任意识，倒逼入额后不办案、办挂名案、办案质量不合格的员额制检察官主动申请退出员额制。三是落实好退出员额制的检察官配套等级待遇，让退出员额制的检察官无后顾之忧，促使不能胜任员额制检察官的人员主动申请退出。

（五）有序推进内设机构改革

一是内设机构改革既要尊重检察工作规律，不搞左右看齐，也要考虑不同层级人民检察院职能差异，不搞上下完全对口。二是要坚持综合机构和业务机构同步改，机构精简和职能优化相结合，让政务、业务运行更为顺畅高效。三是要用好内设机构整合后编制和领导职数不核减的有利政策，积极争取党委、政府支持，空出的职数主要用于检察辅助人员和司法行政人员职务

晋升，提升未入额干警的积极性。

（六）进一步强化职业保障

一是严格落实省委印发的《关于进一步支持人民检察院依法独立公正行使检察权的意见》和州委印发的《关于进一步支持人民检察院依法独立公正行使检察权的实施意见》，对于地方党委政府安排的业外活动，要主动与有关领导同志和部门沟通，争取支持，确保聚焦主业主责。二是按最高人民检察院的规定明确检察人员职务序列等级应享受的政治待遇、交流政策和车补、医疗、出差、退休等福利待遇问题，解决员额制检察官的后顾之忧。三是进一步强化精准培训，开展干警素质能力培训专题调研，了解干警培训需求，借助国家检察官学习教学实践示范基地平台，邀请有关专家给干警精准授课；教育培训要"走出去"，到发达的地方去，通过学习对比，查找少数民族地区和个人存在的差距与不足，提高干警观大势的能力。四是进一步加大与州财政局等部门的沟通联系，积极构建简便易行的财务审批程序，让基层财务干警少跑腿，切实减轻财务人员负担，提高财务工作效率。

实行检察官办案责任制改革背景下的
办案质量保障与控制

张 宇*

[摘要] 检察官办案责任制是检察机关实行司法责任制改革的关键,该项改革在强调分权,充分赋予检察官相应办案职权的同时,也不可避免地带来办案质量的风险。如何在坚持改革方向和路径的同时,有效地防控风险、保障质量,是推进检察改革中必须认真应对的问题,也是检验改革成效的一个重要内容。对此,仅仅强调监督制约只是其中一个方面,应该从办案主体、办案规律、办案实际出发,从规范业务管理、强化办案监督、提供辅助支持、强化素能提升四个方面综合予以考虑,构建办案质量保障控制体系。

[关键词] 检察官 办案责任 司法体制改革 质量控制

当前,司法体制改革不断深化,其中司法责任制改革正是其中最为核心的内容。对此,孟建柱在上海召开的全国司法体制改革试点工作会上指出:"完善司法责任制等改革,是这轮改革的基石,对建设公正高效权威的社会主义司法制度具有决定性影响"。笔者认为,作为检察机关而言,司法责任制作为一个整体性的制度机制体系,其最为基础和关键的改革举措就是检察官办案责任制。为保证该项改革的规范实施和深入推进,最高人民检察院于 2015 年制定下发了《关于完善人民检察院司法责任制的若干意见》(以下简称《若干意见》) 对"检察官办案责任制"及相关内容和机制进行了相对明确的规定。

贵州省作为全国第一批司法体制改革试点省份,各项司法体制改革措施已全面推行。时任贵州省人民检察院检察长袁本朴强调:"通过实行检察官办案责任制,让案件承办人根据对证据和事实的审查,独立作出判断,并在此基础上决定法律适用,形成让办案者决定、让决定者负责的办案模式是实行

---

* 张宇,贵州省高级人民法院审判员。

责任制的目标"。贵州省人民检察院根据《若干意见》规定和袁本朴检察长要求，结合改革试点工作实际，于 2015 年制定了《关于完善县（市、区、特区）级人民检察院司法责任制明确检察官权限的暂行规定》和《关于完善市（自治州）级人民检察院司法责任制明确检察官权限的暂行规定》（以下简称"两个暂行规定"）。2017 年 3 月，为进一步规范检察官办案责任制的运行，最高人民检察院出台了《关于完善检察官权力清单的指导意见》，根据该指导意见精神，贵州省人民检察院也在总结试点工作做法基础上，对"两个暂行规定"进行修改完善。总体而言，检察官办案责任制的实行极大地放权于检察官或检察官办案组，尽管相应的办案责任也由其承担，但对于外部而言办案最终结果仍然是检察机关的决定和责任。为此，如何在实行改革的同时有效保障和控制办案质量是个现实而紧迫的问题。

一、检察官办案责任制改革的内涵

搞清楚检察官办案责任制与传统办案模式的区别，是我们研究其质量风险并采取有效质量保障和控制措施的前提。

（一）检察官办案责任制的概念

2013 年 12 月，最高人民检察院制定的《检察官办案责任制改革试点方案》中明确提出"建立以主任检察官制度为主要内容的检察官办案责任制"，要求以主任检察官为基数组成办案组织，赋予主任检察官执法办案相应决定权，并在北京市、上海市、广东省、重庆市、四川省、贵州省等 7 个省市开展试点工作。2014 年党的十八届四中全会通过的《中共中央关于全面推进依法治国若干重大问题的决定》明确要求，完善主任检察官制度，落实谁办案谁负责。这在党的历史上还是第一次对检察官办案责任制进行规定。2015年，最高人民检察院制定的《关于深化检察改革的意见（2013 年–2017 年工作规划）》明确要深化检察官办案责任制改革，完善检察机关执法办案责任体系。

《若干意见》明确提出推行检察官办案责任制，实行检察人员分类管理，强调检察官必须在司法一线办案，并对办案质量终身负责。同时还明确实行独任检察官和检察官办案组的办案组织形式，其中独任检察官承办案件，配备必要的检察辅助人员；检察官办案组由两名以上检察官组成，配备必要的检察辅助人员，办案组负责人为主任检察官。在《若干意见》中，还规定了业务运行方式，检察长、检察官、主任检察官的职责权限等重要内容。可见，司法责任制是一个完整而庞大的改革体系，包含办案组织、运行机制、职权界定、监督管理、责任追究等多项改革措施及配套制度。检察官办案责任制则是司法责任制改革中一项最为基础性和关键性的改革举措。而主任检察官办案责任制的内涵则更小，只是检察官办案责任制的一种具体形式和内容。在厘清三者的关系后，有助于我们准确把握检察官办案责任制概念和内涵。具体到检察官责任制概念和内涵的界定上，众说纷纭，如龙宗智认为检察官责任制就是"检察官有职有权有责。能够相对独立地办理案件，作出决定。谁承办谁负责，检察官责任制也可以称为承办负责制。"[1]蔡巍认为："检察官办案责任制，是指检察官作为基本的办案组织，在履行办案职责过程中所形成的组织关系、工作机制，以及为了保障检察官客观、公正、独立地行使职权而建立的保障机制和监督机制。"[2]重庆市检察机关"检察官办案责任制改革实证研究课题组"研究认为：所谓检察官办案责任制，是指以检察官为办案主体，依法执行检察事务，享有相应权力，承担相应责任，并受到监督制约，从而保证案件质量、维护司法公正的一种工作制度。[3]笔者认为，以上界定都是从不同的角度得出不同的认识和结论。实质上，检察官办案责任制就是关于检察职权赋予检察官行使并承担相应责任的机制。其核心内容在于权力授予、职权行使和责任承担三个方面。

（二）检察官办案责任制与传统办案模式的主要区别

党的十八届四中全会《决定》指出："完善确保依法独立公正行使审判权和检察权的制度"。这既是这一轮司法体制改革的动因，也是改革的目的。在传统的检察制度构建下，且不论人民检察院整体的职权行使受到外部干预和影响较多，就一项具体的检察执法办案工作而言，往往实行承办人审查、科室负责人审核、分管检察长（检察长）审批的"三级审批"为主和过于倚重科室讨论、检察委员会集体决策的传统办案模式。客观而辩证地来看，这种

---

〔1〕　龙宗智："加强司法责任制：新一轮司法体制改革及检察改革的重心"，载《人民检察》2014年第12期。

〔2〕　蔡巍："检察官办案责任制比较研究"，载《人民检察》2013年第14期。

〔3〕　参见检察官办案责任制改革实证研究课题组："检察官办案责任制改革实证研究"，载《中国检察》2016年第25卷。

传统的办案模式在检察机关恢复重建后的一定的历史时期和执法环境下，也发挥了其一定的积极作用，尤其是在检察官整体素质不高，整个外部环境对法治理解和接受程度偏低的情况下，对确保案件的总体质量、提高执法的外在权威等方面较为明显。但其弊端同样是不容忽视且愈发凸显。一方面其不符合司法亲历性的要求，违背司法办案的本质属性，造成"审的不定、定的不审"的怪现象；另一方面，传统办案模式下，层层审批导致的是办案责任层层稀释，最后往往化解于集体决策的无形。近年来逐渐曝光的一些冤假错案，其成因也直接剑指传统办案模式的弊端。最具有司法权的检察机关而最不以司法的方式办案，这是一个突出的悖论。承办责任和决定权的完全分离，不符合检察权的运行规律，造成一线办案人员缺乏荣誉感和责任心，一线留不住法律精英，妨碍了办案质量，也对检察官队伍建设及检察机关长远建设十分不利。[1]

推进检察官办案责任制，正是为了大力解决传统办案模式的弊端，确保检察权依法独立公正行使的重要改革。其与传统办案模式的区别主要在四个方面：一是凸显检察官的独立性。改变以往检察机关内部强调执法办案大一统、上命下从的格局，通过检察官办案责任制的实行，突出检察官作为办案主体的独立地位，在司法办案中消除行政化色彩。二是回归司法办案的亲历性。自古以来，司法办案便有"听讼""察言观色"等要求和经验总结，强调司法官员需要亲身接触当事人、审查案件证据、正确适用法律并形成理性分析判断。正如有学者所言："必须建立健全检察办案活动中决策者亲历案件事实的工作机制。"[2]检察官办案责任制正是通过让检察官独立自主办案，实现执法办案活动的亲历性和决断性，从而使检察权的运行符合其规律。三是强调办案责任的确定性。检察官办案责任制改革的一个重要方面，就是落实"谁办案、谁负责"。决定的独立性伴随的是责任的确定性。这样一来，以往我们在一些冤假错案中所看到的，检察官办案草率不负责任或领导和外部稍加影响，检察官就改变正确决定等情况将在极大程度上被避免。四是激发检察官的能动性。检察官办案责任制的实行，改变以往职权行使的被动性，与独立性相生的除了责任，还有内生的荣誉感和责任感，这也将促使检察官增

---

〔1〕 参见龙宗智："检察官办案责任制度相关问题研究"，载《中国法学》2015 年第 1 期。

〔2〕 向译选、曹苏明："检察规律及其启示"，载《华东政法大学学报》2010 年第 6 期。

强职业归属感，注重维护自己的形象和声誉，主动提高自身综合素质，积极自觉地全面履职。

二、实行检察官办案责任制存在的质量风险

如上所析，检察官办案责任制改革是必需的，其正面和积极的效应是毋庸置疑的。但改革作为打破一种既有惯性的举措，其可能导致的阻力和偏差我们也应当充分估计并作出防范性应对，这样才能确保改革的正确方向、实现改革成果的最大化。检察官办案责任制的关键词在于"办案"，而质量正是办案工作的生命线。因此，我们在推进检察官办案责任制过程中，无论是推进改革的重点、防止改革的偏差还是检验改革的成效，都必须聚焦到办案质量这个关键上来。对此，需要从检察官办案责任制改革后的办案方式、职权配置、素质能力等方面来分析。

（一）检察官办案责任制实行后办案方式转变

检察官的办案方式是指检察官办理案件的组织形式。根据组织形式的内容不同，可分为独任制和协同办案制两种。其中独任制是指检察官在检察辅助人员的协助下相对独立地办理案件并做出决定；而协同办案制则是指两个以上检察官相互协调或配合办理案件。[1]龙宗智所言基本符合改革后的实际，只是在称谓上，分为独任检察官办案制和检察官办案组办案制。实践中，因为职务犯罪侦查强调集团作战，故检察官办案组主要在职务犯罪侦查办案工作实行，另外则是在极少数复杂疑难刑事案件的起诉、重大诉讼监督工作中存在。独任制则是检察官办案责任制的主要方式，尤其在绝对数量（不含备案审查、行贿档案查询工作）占检察机关逾70%的办案工作的审查逮捕、审查起诉办案中，绝大多数均采用独任制。独任制意味着大量的检察办案工作相对独立地由检察官自主承担，尽管有检察辅助人员、书记员加以辅助，但其都只是作为检察官的助手，按照检察官的安排开展工作，决定由检察官作出并承担责任。与以往检察机关在相关案件办理中的二人办案制不同，传统的二人办案制一人为主办、另一人为协办，双方往往都具备办案资质，客观上存在配合与监督的关系；而独任检察官则意味着在所办理案件中，其在该

---

〔1〕　参见龙宗智："检察官办案责任制相关问题研究"，载《中国法学》2015年第1期。

类案件的授权范围内具有绝对的自主权。在这一点上，我国的改革与德国的模式相似。德国检察官的职权主要是侦查权、公诉权和刑罚执行权。根据《德国法院组织法》第 144 条的规定，检察官在行使职权时，法定为检察长的代理人，对外以检察长名义进行执法，无须再获得检察长的授权，纵使检察官在内部关系上违背了上级的指令，其对外的诉讼行为仍然具有完整的效力。据此，德国检察官所采取的办案方式为独任制。

（二）检察官办案责任制实行后职权范围扩大

《若干意见》专章规定了检察人员职责职权，其中明确"决定是否逮捕或是否批准逮捕犯罪嫌疑人""决定是否起诉"等十项职权由检察长（含受委托的副检察长、检察委员会专职委员）履行。但随着改革试点工作的深入推进，其中部分职权也逐渐由检察官独立行使，如对一般刑事案件的批准决定逮捕、提起公诉，等等。对此，最高人民检察院 2017 年 3 月出台的《关于完善检察官权力清单的指导意见》中，亦采取有限放开并承认的态度，明确规定："基层人民检察院和地（市）级人民检察院的一般刑事诉讼案件中多数办案事项决定权应当委托检察官行使""诉讼监督案件中以人民检察院名义提出终结审查、不支持监督申请的决定权，可以由检察长（副检察长）或检察委员会行使，也可以委托检察官行使"。具体权力清单的内容由省级人民检察院确定，根据贵州省"两个暂行规定"的（征求意见稿），也充分体现了扩大检察官授权范围的精神。根据实践，对于检察官可以行使的职权（按高检院精神不含办案职责、非办案业务、操作性及事务性工作等），除了职务犯罪侦查工作相对授权较少之外，可以大致简单地总结为：诉讼案件中说"是"的权力，如批准决定逮捕、决定提起公诉；诉讼监督案件中说"不"的权力，如不支持二审抗诉、立案复查后决定不提出。[1]实践运行中，从贵州省 2016 年通报的司法体制改革情况看，全省人民检察院 90% 以上的案件已由主任（独任）检察官决定和审批。可见，尽管权力清单对于不批准逮捕、不起诉、提起抗诉、启动监督等大量权力仍明确由检察长行使，未授予人民检察院独立行使，但就已授权范围而言，相较改革前而言仍是不可相提并论的。譬如，在审查逮捕中，对于刑事犯罪嫌疑人社会危险性的认定、宽严相济刑事政策的把握

---

〔1〕 参见郑青："关于实行主办检察官办案责任制的几点思考——以湖北省检察机关实践为范本"，载《诉讼法修改与检察制度的发展完善——第三届中国检察基础理论论坛文集》2014 年。

往往有较大弹性，存在把不应逮捕或不用逮捕的犯罪嫌疑人批准（决定）逮捕的可能；在审查起诉中，对于不应或可以不提起公诉的案件提起公诉，对提起公诉被告人法定或酌定情节的认定、提出量刑建议的幅度、共同犯罪案件中不同被告人的作用顺序排列，等等，无不直接关系到案件当事人的权益。此外，尽管检察官不具有独立决定不捕、不诉的权力，但其具有审查提出意见的职责，这同样也会对后面的审核审批带来不容忽视的影响。

（三）检察官办案责任制实行后素质要求提高

在传统办案模式下，由于一个决定往往要经过三级审核审批，期间还存在较多的集体讨论决策过程，故检察官即便存在执法办案差错，在检察机关决定作出之前其被发现和纠正的概率相对较高。但在实行检察官办案责任制后，对于一般案件的审查处理都由检察官个人决定。一方面对检察官个人证据审查、法律适用、经验阅历等业务素质提出更高的要求；另一方面办案活动客观上缺乏外在监督，对检察官道德素质也带来更大的考验。综上分析可见，实行检察官办案责任制后，客观上还是存在办案质量风险。当然，我们决不能因噎废食，动摇改革的决心和方向，延缓改革步伐，但要考虑建立有效的机制、采取合理的措施加以平衡与解决。

三、强化办案质量保障与控制的基本构想

实行检察官办案责任制改革后，如何实现对办案质量的保障与控制，当前理论、实务界都更多地着眼于监督制约，但笔者认为，这固然没错，但只是其中一个重要方面，应该从办案主体、办案规律、办案实际出发，从规范业务管理、强化办案监督、提供辅助支持、强化素能提升四个方面综合予以考虑，构建办案质量保障控制体系。

（一）规范业务管理

本文所提业务管理，包含微观的具体办案管理、宏观的业务指标管理两个方面。前者主要是从办案全流程出发对检察官办案工作的管理，后者主要是从整体案件质量控制和问题发现出发而做的设计。

1. 具体办案管理方面

一是完善分案管理机制。贵州省检察机关于 2017 年 5 月初已试点的司改版统一业务系统，实行随机分案为主、手动分案为辅的机制。笔者认为，在

制定分案规则时要结合本地案件数量、案件类型、人员状况等实际情况，充分考虑办案专业化方向。如对于经济类犯罪案件、毒品类犯罪案件实行专门办理，另对于案件数量较大、人少案多矛盾突出的单位，可以通过实行繁简分流，从侦查机关送案环节即区分轻罪认罪案件，在检察环节专门分案办理，以此提高办案专业化水平、避免人少案多带来的质量隐患。对提前介入侦查案件等案件实行同一检察官办理分案模式。根据需要探索建立收案通报制度，对于相关重点罪名、新罪名案件，案管部门及时告知办案部门，办案部门决定是否手动分案确定承办检察官。二是深化案件质量评查。近年来，检察机关通过开展案件质量评查，有力促进规范司法，但在促进办案实体质量提升方面的功能还发挥不够，需要通过科学界定评查案件范围，原则上应为已有诉讼结果的案件；在评查标准中增加和细化实体评价内容，如共同被告人地位排列是否正确、定罪量刑情节认定是否合理全面、对非法证据和瑕疵证据的处理是否得当、监督事由是否充分等；在评查结果运用上加大反馈、整改、总结力度。三是开展重点案件评鉴。结合案件质量评查工作的开展，对判决无罪、撤回起诉、存疑不起诉、抗诉维持等与被监督单位、侦查机关、人民法院定性分歧较大的案件，探索实行办案质量评鉴，通过组织检察委员会委员、业务骨干、专家学者进行充分研讨，对办案质量提出合理评鉴意见。四是科学办案绩效管理。把对执法办案业绩的评价聚焦到执法办案数量、质量和效果上来，探索不同案件之间、不同部门办案工作之间复杂系数的设定，对检察官办案情况进行科学考核。五是规范司法业绩档案。制定司法档案模本，完整收集、记载、反映检察官的执法办案总体情况、案件质量评查情况、理论调研情况、奖惩情况、教育培训情况，为对检察官的培养、管理和考核提供详实依据。

2. 整体案件质量控制方面

一是开展案件质量评估。案件质量评估是指通过对一定时期的检察办案情况，分条线和类型进行统计分析，发现存在的突出问题和明显趋势，以采取有针对性的措施加以引导和指导。具体可按照反映执法办案效率、质量、效果等，对各条线关键性数据和指标进行梳理、分类、分析和研判。二是强化办案质量预警。办案质量预警是案件管理部门和上级业务部门定期或即时对发现的异常指标和重点案件进行关注并向办案单位、部门和领导进行通报的机制，以提醒其高度重视并分析和处理，对于可能存在的案件质量问题及时解决。

（二）加强办案监督

司法责任制改革的核心在于放权，但放权到位的同时不意味着放弃监督。对此，曹建明指出：在司法责任制改革中既要按照"谁办案谁负责、谁决定谁负责"的要求，做实检察官的权力，又要强调加强监督制约，保证检察官依法公正行使检察权。既要防止出现"一放就乱"，又要避免过分强调控权监督导致"一限就死"的现象。当前，由于改革运行初始，出于各种考虑，各地出台了如法律文书审核、领导口头审批等方式加强监督，但这实质上与检察官办案责任制的精神不相一致，绝非长久之计，应该在严格按照权力清单授权检察官独立行使权力的同时，充分运用改革后的组织监督功能、流程监控手段等方式来加强办案监督。一是发挥检察长和部门监督功能。除部门通过分案机制做到初始案件质量预控制之外，部门负责人、检察长（分管检察长）应注意审查检察官所办案件是否属于应提交检察官联席会议讨论、应报检察长审核审批的范围，防止检察官不按程序或越权办案。对被认为属于应提交检察官联席会议讨论范围的案件，可以依职权责令承办检察官提交。检察长（分管检察长）可以结合收案情况，对重点案件办理情况进行抽查，按《若干意见》的规定行使审核权。二是流程监控常态化。实现对所有检察官办案数量、进度和程序的全程动态监控。对存在的问题及时监督纠正，对于发现的重大程序性问题或质量隐患，必要时可以建议检察长（分管检察长）更换办案检察官。目前，贵州省检察机关已全面运行网上流程监控系统。三是优化检察委员会职能作用。规范检察委员会讨论案件的范围和程序，改进检察委员会讨论案件的范围和方式，增强检察长、检察委员会委员对疑难复杂刑事案件的亲历性和专业指导性，赋予检察委员会见案件当事人、听取律师意见、调阅卷宗、责令调查核实证据等权力，加强类案监督指导和案件质量评查工作，实现将案件中心从案件讨论转移到业务指导上来，从个案拍板到权威指导，从具体把关转向组织监督上来。[1]四是深化检务公开，接受外部监督。通过诉讼流程公示、法律文书公开、受理控告举报、听取律师意见、

---

〔1〕　笔者认为，这样的设置应该是根据实际办案情况、特点和影响考量，一般而言，检察机关的诉讼案件往往涉及侦查等已实施环节，在检察环节终止或终结往往会涉及诉讼程序的进退存续和多方利益，而诉讼监督的启动同样涉及相关诉讼程序的发起和既有利益格局的调整，故较为慎重，仍需检察长或检察委员会来决定。

邀请人民监督员参与、接受人大执法检查等方式，主动接受外部监督。

（三）提供辅助支持

从过去倚重集体决策的模式向个体独立决策的模式转变，不可避免地需要一个过程，尤其对于一些办案经验尚不够丰富的年轻检察官或在办理一些重大疑难复杂案件之中，充分利用制度机制和信息大数据手段提供有力的办案辅助与支持十分必要，这也是保障办案质量的有效举措。

1. 充分发挥检察官联席会议功能

笔者认为，检察长和部门负责人监督启动检察官联席会议是一种监督措施，但检察官联席会议本身则更多是帮助检察官办案决策而非监督功能。改革中，贵州省人民检察院出台了《贵州省检察机关检察官联席会议暂行规定（试行）》对该项工作予以规范。需要强调的是，各单位和部门应当根据实际情况合理确定需要提交联席会议讨论的案件范围。同时，为避免参加检察官联席会议的其他检察官发言随意不尽责，可以结合案件最终诉讼结果或处理情况，建立联席会议采纳观点分析通报制度，定期对列席会议的检察官发言正确率进行统计并纳入司法业绩档案。

2. 深化大数据辅助办案运用

早在 1897 年，美国大法官霍姆斯在《法律的道路》一文中说道："对于法律的理性研究，懂得法条的人可能掌握着现在，但掌握未来的人则是统计学与经济学大师。"[1] 如果说以往我们认为大数据还是个概念，那当下我们已经实实在在地感受到"大数据时代"的来临。近年来，贵州省检察机关扎实推进信息化建设和运用，从统一业务系统在全国率先上线、12309 平台的运行、法检互联的实现到办案辅助系统等的开发运用，为检察机关打开更为广阔的视阈，为检察工作科学发展提供更加强有力的保障。笔者认为，科学的办案辅助系统，至少可以从三个方面为办案提供有力支持：一是通过要素比对，及时发现个案在程序、证据上与同类一般案件相比存在的异常和风险，使承办检察官在全面审查案件的同时，及时聚焦问题和关键点，有效防控和降低办案风险。二是通过法条推送，使检察官能够全面掌握与该案件罪名等关键词有关的所有法条、司法解释和相关规定，避免出现法律适用遗漏或错误问题。三是通过类案推送，使检察官能够全面掌握与所办案件相似的同类

---

〔1〕 霍姆斯 1897 年在美国波士顿大学法学院发布的题为《法律的道路》的演讲。

案件的处理情况，同时提供法律文书参考。此外，同时也可以通过对检察官所办案件的全程留痕和比对分析，发现同一检察官办理同类型案件中的法律适用、执法尺度是否一致，以此实现有效内部监督。

3. 完善专家咨询服务机制

地市级以上人民检察院和有条件的基层人民检察院，应充分调动外部资源，根据实际办案需求，建立完善专家提供咨询服务制度，通过广泛聘请专家学者、专业领域人才、业务骨干，在办理相关类型案件中，对涉及司法鉴定、电子取证、金融管理、公司运营、证券交易、国际贸易等领域的专业知识提供专家意见和专业支持，更好地保证办理疑难复杂案件和新类型案件的质量。同时，对于开展该项工作所需费用，在检察业务经费开支项目里也是有明确规定的。2017 年，贵州省人民检察院也开展了疑难刑事案件专家聘请工作，但在范围和领域上还可以更加突出专业化和权威性。

（四）强化素能提升

实际上，检察官办案责任制推行后，最大的风险就是人的素质能力不足的风险。尤其是在西部欠发达省份，许多边远民族地区人民检察院在改革前就存在进人难、留人更难的困境，人才储备薄弱，特别是高层次、高素质人才极其匮乏。司法体制改革后，尽管一些同志通过公平遴选进入了员额制，但其素质能力和经验还是存在欠缺，在实行检察官办案责任制的形势下，迫切需要采取有力措施加以提升。笔者认为，一般性的泛泛的教育培训难以适应当前需求，应考虑从以下几个方面来有效提升。一是强化实战岗位练兵。通过举办文书评比、出庭观摩评比、疑难案例拟办、业务技能竞赛等方式，有效增强业务素质和实操能力，如对于公诉部门而言，可以通过信息化手段，建立规范化、常态化的出庭观摩评价机制，使公诉人能够在直观地借鉴学习、接受评判过程中不断提高自身出庭公诉水平。二是强化专项素能训练。通过拟定专题组织强化训练、分类培训等方式，对一般办案通常需开展的讯问、询问、笔录制作、文书拟制、物证审查、非法证据排除等工作进行专项培训和训练，促进基础素能的强化和提升。结合实际，对于相关重点类型案件开设系统性、实务性、指导性较强的专题培训班，努力做到"培训一次、弄通一门""训练一期、掌握一技"。三是强化常态学习管理。要看到，培训和训练都是外在的能力素质的提升，根本上还是要看个人的学习和实践。笔者在多年实践中注意到一个现象，一名检察官如果只是机械地重复办案，不善于学习更新和总结反思，纵使办再多的案件也难以持续提高其能力，可称之为"办案量陷阱"。因此，作为检察机关，应注重营造重视学习的氛围，可以通过开发教育学习系统，加强对检察官日常学习的管理和引导；通过建立课题奖励机制，鼓励检察官多结合办案实际开展调研，提高其法律思维能力。

司法体制改革视域下检察委员会宏观业务
指导职能的思考

——以凤冈县人民检察院为视角

陈昌余* 任 伟**

　　党的十八届三中全会通过了《中共中央关于全面深化改革若干重大问题的决定》，对深化司法体制改革作出全面部署。至本文完成时，检察机关的司法体制改革已经稳步推进两年，检察人员分类管理制、检察官办案责任制、检察人员职业保障制、省以下地方人民检察院人财物统一管理这四项改革措施直面检察机关改革中的"人""权"和"钱"等核心难题。检察委员会是检察机关最高业务决策机构，对检察工作具有决策重大案件、重大事项和宏观业务指导、内部监督的职能作用，检察委员会制度随之也应作相应的改变。在深化司法体制改革的大背景下，县（区）级人民检察院检察委员会如何在确保检察官独立办案的同时，发挥好检察委员会的宏观业务指导作用，是当下县（区）级人民检察院检察委员会工作发展应该思考的一个重要课题。

一、县（区）级人民检察院检察委员会宏观业务指导的现状

（一）"重议案，轻议事"问题突出

　　《人民检察院检察委员会组织条例》第4条规定：检察委员会讨论决定重大案件和其他重大问题。据此，检察委员会的任务主要有两项，一是决策重大案件，二是决策重大问题。但是，在司法实践中，县（区）级人民检察院由于提交检察委员会审议的案件过多，讨论决定重大案件一直是检察委员会

　　* 陈昌余，贵州省习水县人民检察院党组书记、检察长。

　　** 任伟，凤冈县人民检察院检察委员会专职委员兼法律政策研究室主任。本文系2016年贵州省检察理论研究年会征文。

的主要工作，而对涉及检察工作中重大决策、总结检察经验、研究检察工作新情况、新问题、审议专项工作等重大事项的讨论却常常被忽视。以笔者所在的凤冈县人民检察院为例：2013 年，检察委员会共审议议题 24 件，其中议案 21 件，议事 3 件，议事所占议题比例为 12.5%；2014 年，共审议议题 29 件，其中议案 27 件，议事 2 件，议事所占议题比例为 6.9%；2015 年，共审议议题 17 件，其中议案 12 件，议事 5 件，议事所占议题比例为 29.4%。从近三年来的数据不难看出，研究检察工作中全局性、根本性的问题比例严重偏低。应该说，基层人民检察院"重议案，轻议事"是倾向性问题，对涉及检察工作的安排部署、全局性问题讨论少的现象是县（区）级人民检察院的共性问题。某种程度上检察委员会成了"案件分析机构"。

（二）检察委员会与党组会、检察长办公会、院务会等相关会议的职责不清

县（区）级人民检察院人少事多，事务繁杂。一方面肩负贯彻落实党的路线方针政策、服务地方经济发展、维护社会稳定等大局使命，另一方面承担宪法、法律赋予的履行法律监督的职责使命。在实践中，部分县（区）级人民检察院由于事务繁杂，往往分不清楚哪些会由检察委员会行使，哪些会由党组会审议，哪些会由检察长办公会、院务会来研究。据笔者了解周边的湄潭、正安、务川、余庆等县院和本院的实际情况，涉及检察工作的很多工作安排、部署的议题被党组会所取代，专项工作安排、部署的研究很少进入检察委员会审议范围。县（区）级人民检察院混淆了检察委员会、党组会、检察长办公会、院务会及其他办案组织的职责，弱化了检察委员会宏观业务指导职能的发挥。

（三）检察委员会办事机构不健全

根据最高人民检察院的要求，县（区）级人民检察院应设检察委员会办事机构，并要切实加强检察委员会办事机构的建设。但是，从目前来看，基层人民检察院检察委员会一般没有设专门的检察委员会办公室，而是采用挂靠和合署办公的办法（实践中以检察委员会办事机构挂靠在法律政策研究室较为普遍）。对于检察委员会日常工作由谁负责，县（区）级人民检察院的做法也不尽相同，有的由检察委员会专职委员担任，有的由院办公室人员承担，有的设立兼职人员来承担。以我院为例，检察委员会办公室的工作就由民事行政检察科的一名科员兼职承担检察委员会的日常工作。对于由兼职人员来

承担县（区）级人民检察院检察委员会日常工作的情况，由于是兼职，往往没有时间和精力专门从事检察委员会议案的审查工作，导致有些议案的审查把关不严，或者造成会前准备不充分，致使检察委员会宏观业务指导职能发挥的质量较差。

（四）检察委员会专职委员的职责发挥不充分

当前，县（区）级人民检察院检察委员会在工作实践中，专职委员制度存在着职责定位不明确、履职保障不到位和管理机制不健全等诸多问题，大大影响了专职委员应有作用的发挥。如：有的县（区）级人民检察院不按照最高人民检察院《人民检察院检察委员会专职委员选任及职责暂行规定》的规定执行检察委员会专职委员的职责，真正安排专职委员分管检察委员会办事机构工作的情况不多见；有的县（区）级人民检察院还在安排专职委员负责部门工作，把专职委员作为中层领导干部在使用，没有按照《中共中央关于进一步加强人民法院、人民检察院工作的决定》的规定把专职委员作为所在单位的副职对待，专职委员远未真正拥有院领导的相应政治和生活待遇；有的县（区）级人民检察院不安排专职委员列席党组会，不安排参加院务会、业务部门会等，致使专职委员知情渠道不畅，不能掌握案件分析、执法调研、法律政策调研的基础材料，严重制约了专职委员对宏观业务指导参谋作用的发挥。

二、县（区）级人民检察院检察委员会宏观业务指导的新思路

（一）县（区）级人民检察院要把检察委员会宏观业务指导摆在更加突出的位置

随着司法体制改革的不断深入，检察官办案责任制的实施，检察委员会审议案件将会逐渐减少。检察委员会如果只重视研究案件不研究其他重大问题，这不利于检察工作的科学发展。因此，县（区）级人民检察院要把检察委员会宏观指导职能摆在更加突出的位置。笔者认为，要充分发挥县（区）级人民检察院检察委员会宏观业务指导的职能作用，必须要有以下几方面的工作意识。一是要加强对在检察工作中贯彻执行国家法律、政策等重大问题的审议；二是要加强对贯彻执行本级人民代表大会及其常务委员会决议等重大问题的审议；三是要加强对贯彻执行上级人民检察院工作部署、决定的重

大问题的审议；四是要加强对检察工作中的根本性、全局性问题的研究；五是要加强重要业务规范性文件的审议；六是要加强对重大专项工作和重大业务工作部署的审议；七是要加强研究检察工作中的新情况、新问题。

（二）充分认识基层人民检察院检察委员会的职责，厘清检察委员会与党组会、检察长办公会、院务会及其他办案组织的职责

在司法体制改革的大背景下，从检察委员会制度的发展和现状来看，首先要厘清检察委员会与党组会、检察长办公会、院务会等相关会议的职权划分。检察委员会是检察机关内部最高业务决策机构，业务范围主要是讨论决定重大案件和其他与检察业务相关的重大问题。党组会主要体现党对检察事业的领导地位，是在路线、方针、政策等政治上的领导。在处理二者关系时，既要坚持党对检察事业的领导地位，也要坚持检察委员会对检察业务的领导权威。检察长办公会是由检察长统一领导，并由各副检察长协助检察长执行的一个决策机构，以处理人民检察院的行政事务作为主要职责。院务会是由检察长领导、副检察长和相关部门负责人参与，处理重大行政事务的机构，与办公会相比较，处理的事务更为细化、具体，但它不能对重大案件或其他重大问题做出决策。其次要厘清检察委员会与主任检察官、检察长的职权划分。要以探索检察委员会与主任检察官办案责任制改革为契机，将绝大多数案件的决定权交由主任检察官。为防止承办检察官独立办案导致自由裁量权过大或者因对法律适用理解不到位引发案件质量的问题，检察长可通过行使决定权，对于检察官有权决定的案件，检察长认为重要且有争议的，可以决定由检察委员会审议。检察委员会的议案职能则不因检察官办案责任制的实施、检察委员会审议个案的数量减少而弱化。检察委员会可通过行使最高业务决策权，发挥绝对的领导、监督、预审、错案追究等权力，实现对办案检察官的制约。

（三）注重调查研究，建立县（区）级人民检察院检察委员会案件通报制度，拓展检察委员会的宏观业务指导职能

县（区）级人民检察院检察委员会办事机构在开展工作时，应将检察委员会的宏观指导职能与县（区）级人民检察院法律政策研究工作有机结合起来，对已经讨论过的案件进行整理、提炼，探索各类案件的规律，对于提高检察机关决策水平有重要的指导意义。从典型案件中可以提高对一个或数个罪名的法理上的认识，可以深化对一类犯罪社会成因、趋势等的认识，可以

评价一个办案集体的业务素质。建立案件通报制度，就是通过检察委员会的引领、指导作用，促进正确适用法律、维护司法统一，提升办案质量，最终达到从实体上规范检察工作、提升法律监督能力的目的。在新形势下，县（区）级人民检察院的议案应当尽快实现从个案决策向类案研究指导的转变。

（四）加强经验总结，积极研究检察工作中的新情况、新问题

检察委员会是检察机关最高业务决策机构。为了决策的正确，检察委员会应不断地总结检察工作经验，积极研究检察工作中的新情况、新问题。县（区）级人民检察院检察委员会应经常听取部门工作情况汇报，收集检察工作中带有普遍性的问题和困难，分析原因、总结经验、吸取教训，并以此指导今后的检察工作。县（区）级人民检察院在研究检察工作中发生的新情况、新问题时，要深入细致地开展好调查研究，组织内部开展分析交流，通过比较分出优劣，通过交流共同提高，检察委员会要努力提高分析问题、解决问题的能力。

三、县（区）级人民检察院检察委员会宏观业务指导的创新与发展

（一）建立健全检察委员会办事机构，为检察委员会宏观业务指导提供强有力的组织保障

检察委员会办事机构是检察委员会的服务机构。县（区）级人民检察院检察委员会不设专门的办事机构，不利于检察委员会工作的开展。《人民检察院检察委员会组织条例》规定，检察委员会办事机构的职责是：对提交检察委员会讨论的案件或者事项材料是否符合要求进行审核；对提交讨论的案件或者事项提出法律意见；对提交讨论的有关检察工作的条例、规定、规则、办法等规范性文件提出审核意见；承担检察委员会会议通知、会议记录、会议纪要和会议材料归档工作；对检察委员会决定事项进行督办；检察委员会交办的其他工作。从这个规定来看，检察委员会办事机构是检察委员会制度运转的协调中心，其作用的发挥直接影响县（区）级人民检察院检察委员会工作的质量和效率，它对于保障检察委员会工作正常化、规范化进行具有十分重要的作用。因此，县（区）级人民检察院建立健全检察委员会办事机构十分必要。县（区）级人民检察院要按照高检院的统一部署，切实抓好检察委员会办事机构的建设，注意挑选政治坚定、业务精通、作风优良、工作细

致、善于沟通的检察人员从事这项工作，并完善相关工作机制，支持办事机构切实履行职责，真正发挥桥梁纽带作用，促进检察委员会提高议事质量和效率。检察委员会办事机构在工作中，要大胆探索，勇于创新，积极探索检察委员会委员绩效管理制度和数字检察委员会会议系统的应用等工作，不断推进检察委员会工作向前发展。

（二）充分发挥检察委员会专职委员的职能作用，把检察委员会宏观业务指导提高到新水平

检察委员会专职委员制度是我国司法体制改革的产物，也是有效提升检察机关检察委员会工作质量和办事效率的重大举措。2006年《中共中央关于进一步加强人民法院、人民检察院工作的决定》规定，人民检察院检察委员会专职委员按照同级党政部门副职规格和条件，从具备良好政治业务素质、符合任职条件的检察官中产生。这是从中共中央层面对我国检察委员会专职委员职位相应待遇所作的定位。2008年，最高人民检察院修订的《人民检察院检察委员会组织条例》规定，各级人民检察院检察委员会由本院检察长、副检察长、检察委员会专职委员以及有关内设机构负责人组成。这是从组织法的角度和检察委员会组成人员方面对专职委员所作的定位。2010年，最高人民检察院《人民检察院检察委员会专职委员选任及职责暂行规定》规定，人民检察院检察委员会专职委员履行的职责：一是党组或者检察长分配的检察业务工作；二是指导下级人民检察院的检察业务工作；三是协助办理重大疑难案件，对有关检察工作的重大问题进行协调、研究并提出意见和建议；四是开展检察调研，总结检察工作经验；五是代表本院出席院外有关会议；六是分管检察委员会办事机构工作；七是负责其他检察业务工作。这是从岗位职责方面对检察委员会专职委员的定位。县（区）级人民检察院要把检察委员会宏观业务指导职能发挥提高到新水平，就要高度重视专职委员的选配工作，严格按照《中共中央关于进一步加强人民法院、人民检察院工作的决定》的规定，真正把政治素质好、议事能力强、专业水平高的资深检察官和优秀检察官选配为专职委员。基层人民检察院一定要明确专职委员的职责，同时保障其相应的政治和生活待遇。已配备专职委员的县（区）级人民检察院，要有1名专职委员具体分管检察委员会建设和检察委员会办事机构工作。配备2名专职委员的，要有合理分工，让专职委员都有"职"有"权"。确保发挥专职委员的专题调研能力、对检察委员会办事机构的指导能力，充分发

挥专职委员会前的把关职责、会中的引导职责、会后的督办职责。对专职委员的分工和职责，下级人民检察院要严格按照最高人民检察院《人民检察院检察委员会专职委员选任及职责暂行规定》的规定及时报告上级人民检察院。

（三）牢固树立创新意识，不断推动检察委员会宏观业务指导科学发展

创新是引领发展的第一动力。要发挥县（区）级人民检察院检察委员会的宏观业务指导作用，离不开工作的创新。第一，检察委员会要加强对规范性文件的审议，着力夯实检察委员会对检察工作中根本性、全局性、方向性问题的研究。规范性文件进入检察委员会审议一直是县（区）级院检察工作的短板，一方面致使检察委员会了解全局性、根本性的问题渠道不畅通，另一方面致使县（区）级人民检察院出台的规范性文件质量不高。在这项工作中，县（区）级人民检察院要推进像案件统一业务应用系统一样的工作模式，开展好规范性文件的审查、审议等工作。各部门拟要出台的规范性文件，必须通过规范性文件统一业务应用系统移送检察委员会办公室审查把关，对于需要检察委员会审议的，应进入会议业务流程。这样做，一方面加强了检察委员会对检察工作全局性、根本性问题的把握，另一方面能够促进各部门规范执法。第二，加强对重大法律监督事项的决策和指导。随着时代的发展，检察机关法律监督的职能作用在不断延伸，在执法办案的同时，还有许多发挥检察职能作用的重要使命。如：紧扣服务经济发展、紧扣影响社会和谐稳定的突出问题；紧扣公共服务和管理中的重大问题；密切关注涉农、食品药品监管、环境保护等影响民生的重要问题；紧紧围绕司法领域、行政执法领域中有法不依、执法不公、执法不严、不规范执法等有损法制的统一、尊严和权威的问题。诸如由检察委员会对提出的法律监督意见进行审议，确保这类重大法律监督事项决策的准确性、权威性和有效性。第三，加强对专项工作的部署、推进和总结。近几年，检察机关根据时代的要求和历史的使命开展了很多专项工作活动。县（区）级人民检察院开展的专项工作活动有最高人民检察院部署的，有省级和市级检察机关部署的，还有本级院安排的。如：在全国检察机关开展的减刑、假释、暂予监外执行专项检察活动，规范司法行为专项整治工作活动；贵州省在全省检察机关开展的督促起诉专项行动、生态环境保护专项行动、民生资金保护专项活动；遵义市在全市检察机关开展的饮用水源保护专项行动、乌江流域生态环境保护专项行动；凤冈县人民检察院开展的"互联网+7"生态环境保护专项行动。专项工作的针对性非常

强，而其有效性则依赖于开展落实的情况，开展工作的经验和不足则依赖于总结。因此，加强对专项活动工作的部署、推进和总结是发挥检察委员会宏观业务指导职能的重要方面。检察委员会要审议重大专项工作的实施方案，确保部署到位；要研究解决专项工作中遇到的问题和困难，确保推进有力；要及时总结专项工作经验，形成长效工作机制。

浅议司法体制改革背景下检察机关的
司法公信力建设

刘　奇*

[摘要]　进一步提高司法公信力是推进司法体制改革的重要任务，对建立和维护司法权威，建设法治中国具有重要意义。检察机关作为法律监督机关，强化法律监督、维护公平正义，树立司法权威、提升检察公信力，既是回应社会各界对检察工作新期待新要求的需要，也是检察工作的价值追求之所在。

[关键词]　司法体制改革　司法公信力　检察公信力建设　路径选择

一、司法公信力概述

(一)司法公信力的概念

《现代汉语词典》对"公信力"一词的解释为：使公众信任的力量。公信力的概念源于英文单词 accountability，是指对某一事件进行报告、解释和辩护的责任以及对自己的行为负责任、并接受质询的义务。国家法官学院司法审判研究中心主任毕玉谦认为："公信力是以特定的物质生产条件和思想观念为基础反映社会群体对特定机构或个人的动机、行为所表现出的信心、信任或信赖。"[1]大多数学者认为，公信力是指在社会公共生活中，公权力面对时间差序、公众交往以及利益交换所表现出的一种公平、正义、效率、人道、民主、责任的信任力，其既是社会诚信体系的重要组成部分，同时也是公共权威的真实表达，属于政治伦理范畴。

"司法公信力"是由"司法"和"公信力"组合而成的概念，现有的研究成果从不同角度、不同侧面对司法公信力进行了深入研究，有的观点认为，

---

* 刘奇，黔西南州人民检察院法律政策研究室副主任。本文系 2016 年贵州省检察理论研究年会征文。

〔1〕　毕玉谦主编：《司法公信力研究》，中国法制出版社 2009 年版，第 1 页。

司法公信力是社会公众对司法机关及其行为的信任和信心，以及司法机关对社会公众所保持的一种信用状态。这是一个双重主体、双重互动的衡量司法建设标准的概念；从公权力行使的角度观察，司法公信力是享有司法权的司法机关通过司法活动和行为在社会生活中建立起的一种公共信用，是司法机关据以赢得社会公众信任和信赖的资格和能力；从社会公众角度看，司法公信力是司法机关的司法活动、司法行为在社会公众观念中所形成的一种信服状态，是社会公众对司法主体及其行为的一种主观评价和心理反映，它体现了人们对法律的信仰和遵从。笔者认为，司法公信力包含了司法机关公信力、司法行为公信力和司法人员公信力三方面的属性，既反映了公众对司法机关行使司法权的过程及结果、司法人员素质及其司法行为的尊重信任程度，也反映了司法在社会生活中的权威性和影响力，是一个国家法治化水平和法治基础的直接体现。

（二）司法公信力的构成要素

司法公信力的构建与维系，涉及司法权威、司法公正、司法独立、司法人员素质以及社会公众的法律信仰等诸多相互关联的因素。

1. 司法权威

严格地说，司法权威不是一个法律概念，而是一个社会和政治概念，是指司法机关通过公正司法活动严格执行宪法和法律，形成命令和服从关系，具有使人信服的力量和威望。司法权威与司法公信力的构建既有联系又相互支撑，司法具有权威性可以增进司法的公信力，反之亦然。

2. 司法公正

司法公正是指司法权运行过程中各种因素达到理想状态，在司法活动过程和结果中体现公平、平等、正当、正义的精神。司法公正是司法公信力的基本价值因素，司法的公正来自公正的司法，只有公正的司法才会赢得公众的信任与信赖。

3. 司法独立

司法独立是指司法权的行使不受外界的非法干预。司法独立是司法公信力的前提性因素，只有从观念上承认司法独立，从制度上保障司法不受任何外来不当因素的干扰，人们才能够相信司法是公正的。

4. 司法人员素质

司法人员素质是司法公信力的主体因素，司法不仅仅是执行法律的工作，同时也是司法人员践行道德的过程。公众对司法机关的信任，不可避免地与司法人员的素质紧密相连，司法工作人员道德素质、法律专业素质的高低决定着司法公信力的整体水平。

5. 社会公众的法律信仰

法律信仰是社会主体在对法律现象理性认识的基础上，对法产生的一种认同感和皈依感。社会公众的法律信仰是司法公信力的基础因素，人们只有忠诚地信仰法律，才可能对适用法律的司法活动产生尊重和信任。

（三）检察维度的司法公信力

检察机关的司法公信力简称"检察公信力"，是司法公信力的重要组成部分，是指社会公众长期以来对检察机关行使检察权产生普遍信任和尊重，而在心目中建立起来的公平、公正、诚实、正派的信任度和影响力，表现为社会公众对检察权运行过程或结果的安全感和满意度、对检察人员的认同、信任和尊重。因检察机关既是法律监督机关，又是司法机关，所以检察公信力的内容不仅包含社会公众的对检察机关自身执法办案活动的评价，还包含对检察机关法律监督行为及其效果的认同。检察公信力的高低，反映了人民群众对检察机关自身司法活动和法律监督职责行使的尊重、信赖和服从程度。检察机关司法公信力是检察工作的生命线，在司法体制改革的新形势下，检察机关如何进一步加强司法公信力建设，不断提高人民群众对检察工作的信任度和满意度，是当前检察机关面临的一个重要课题。

二、检察机关司法公信力现状及原因分析

随着我国法治建设进程的不断加快，检察机关执法规范化建设也取得了突破性进展，各级人民检察院法律监督能力不断提高，执法办案的力度、效果和社会影响力不断增强。总体上看，现阶段检察机关司法公信力呈不断提升趋势，但由于种种原因，在部分地区和部分领域司法公信力不足的情况依然存在，与人民群众的期待和要求之间还有一定差距。

（一）民众法律信仰松动，司法公信力的总体基础不扎实

现阶段，公众的法律意识在不断加强，但对法律的认知程度仅仅停留在"工具价值"上，把法律定位为维护自身权益的工具之一，缺乏对法律权威真正的敬仰，对整个法律体系的存在价值没有应有的关注。中国漫长的封建社

会形成了主要以人治思想为基础的法律文化和认知传统，无论是"德主刑辅"，还是"礼法并用"，其中蕴含的更多是一种道德先位的法律观。社会公众关于司法权力先入为主的民族记忆决定了司法公信力在我国当前不可能有很高的地位。正因为受传统观念和当前社会风气的影响，公众既没有把法律奉作行为选择时的权威性准则，同时也不认为法律是社会有序运行的底线和保障。公众法律信仰的缺失，使得整个司法公信力的公众基础薄弱，给司法机关的司法公信力建设增加了难度。

（二）司法腐败在一定范围内存在，极大地挫伤了人民群众对检察机关的信任和尊重

司法公正是社会公正的最后一道防线，司法不公现象的存在，是对检察公信力建设的极大威胁。当前，检察机关在履行法律监督职责的同时，不断加强自身建设，强化检察内部监督，反腐倡廉建设效果凸显，检察干警防腐拒变的能力不断增强，检察形象不断提升。但以权谋私、贪赃枉法、徇私舞弊等司法腐败现象在作为法律监督机关的检察机关内部仍时有发生，刑讯逼供、违法办案、粗暴执法等行为屡禁不止，使人们对司法公正丧失了信心，极大地挫伤了人民群众对检察机关的信任和尊重，给检察公信力建设造成了致命打击。

（三）检察权的地方化和行政化，检察权运行的公正性遭到质疑

当前检察机关的领导体制为双重领导体制，既要接受上级检察机关的领导，又要接受地方党委的领导，检察管辖权与行政区划完全重合，检察机关的人财物权受制于地方党委政府，从而导致了检察权力的地方化。一些地方政府直接把同级人民检察院看成是自己的下属部门，干涉检察工作，使人民检察院的独立地位很难落到实处，国家司法权统一行使的法治原则受到严重挑战，法律的统一和司法的权威无从树立和维护。检察权的地方化和管理体制的行政化，使公众潜意识里将检察机关完全等同于行政机关，在诚信政府、诚信社会的大环境尚未形成的背景下，检察权的运行也在不断遭受着质疑。加之人情关系网复杂，以权压法现象屡禁不止，司法公正遭到扭曲，检察机关作为法律监督机关的属性在公众印象中不断淡化，检察公信力建设受到挑战。

（四）检察队伍建设的大众化，影响了公众对检察机关的专业化评价

司法活动的非常态性、专业性和对决性要求司法队伍要具有超出社会一

般预期的专业化水平。司法公信力建设的核心是司法公正，而司法公正的前提是检察官职务行为的专业性、法律性和公正性。由于检察队伍的偏行政化管理，检察官准入门槛不高，检察系统内部行政管理人员和检察业务人员未进行严格区分，混同现象严重，使得检察官队伍较之一般公务员队伍特征并不明显，从而影响了公众对检察机关的专业性评价，因此对检察机关的执法办案信任度和依赖度不高，甚至出现抵触和对立情绪。

（五）舆论媒体的不当介入，拉大了检察机关与人民群众的距离

随着网络信息技术的高速发展，信息传播速度的不断加快，舆论和媒体对检察工作的关注度越来越高。舆论媒体的广泛关注，一方面对检察工作起到了积极的宣传作用，增进了人民群众对新时期检察工作的了解，但另一方面，新闻媒体对检察工作的过度侵入和舆论监督的不断越位，给检察机关形象塑造造成了极大的损害。不可否认，冤假错案的存在极大伤害了人民群众的感情，从根本上动摇了人民群众对司法机关的信任和尊重，但部分媒体习惯性地把法律适用的差异性当作法律的不公正适用大肆宣传报道，将其与徇私舞弊、贪污腐败挂钩，司法不公和司法腐败被无限放大。部分舆论媒体和网络用户以"唯恐天下不乱"的心态推波助澜，拉大了检察机关与人民群众的距离。

（六）对涉法涉检信访的不当处理，加剧了检察公信力建设的严峻形势

涉法涉检信访行为与日俱增，一方面折射出民众对司法公信力的极度失望，另一方面，政府、司法机关自身等相关部门的不当处理对涉法涉检信访现象的泛滥也难辞其咎。在构建和谐社会、加快小康社会建设的背景下，一些地方政府和有关部门以及部分司法机关为了平息信访波澜，采取了迁就补偿的做法，使信访当事人丧失了对检察机关的信任。信访案件的恶性循环，新案才平、旧案又翻，导致检察机关公信力建设的形势更加严峻。

（七）社会治安形势严峻，导致社会公众对检察机关的法律监督能力和水平信心不足

我国还处在社会转型时期，随着现代化进程的不断加快，社会利益主体多元化，各种社会矛盾不断凸显，社会治安形势十分严峻。黑社会性质犯罪、"两抢一盗"、强奸、杀人等财产和暴力犯罪等案件发生数量居高不下，给人民群众生命和财产安全造成极大威胁；网络信息技术的日益发达，网络诈骗等新型犯罪不断增多，社会诚信缺失；城市化进程不断加快，暴力拆迁等现

象时有发生，公权力遭受信任危机；城乡体制二元化，社会管理存在盲区和死角，不稳定不和谐因素增加；经济发展不平衡，两极分化严重，社会对抗增多……以上种种因素的存在，使社会治安形势长期处于严峻状态。检察机关作为国家法律监督机关，社会公众很容易将严峻的社会治安形势与检察机关的监督缺位联系在一起，检察机关的法律监督能力和水平遭到质疑，导致人民群众对检察公信力信心不足。

三、检察机关在司法公信力建设中的路径选择

司法公正是社会公正的底线，检察机关加强司法公信力建设，坚守司法公正底线，不断提高人民群众对检察工作的认同感和满意度，是建设法治中国的内在要求和客观需要。

（一）加大队伍专业化建设力度，不断提高法律监督能力和水平

检察队伍专业化建设是检察公信力建设的基础和前提，也是检察机关法律监督能力和水平不断提高的保障。各级检察机关要深入贯彻落实十八届三中全会精神，探索建立符合检察职业特点的检察人员管理制度，健全检察官统一招录、有序交流、逐级遴选机制，适当提高检察官准入门槛，保证检察官队伍的专业化。要加快检察人员分类改革步伐，实行行政管理人员和检察业务人员适当分离、分类管理的制度，保证执法办案队伍的专业化。不断完善检察官职业保障制度，加强检察官队伍的业务能力建设、职业道德建设和执法水平建设，以队伍的专业化促进法律监督能力和水平的不断提升，树立良好的检察职业形象，不断提高检察机关公信力。

（二）大力推行检务公开，主动接受外部监督，确保检察权在阳光下运行

检务公开是提高检察工作透明度、主动接受人民群众监督的重要举措。近年来，全国检察机关不断深化检务公开工作，增进了人民群众对检察工作的了解，既表明了检察机关主动接受外部监督的明确态度，也在一定程度上宣传了检察工作，争取了人民群众对检察工作的支持。但在看到成绩的同时，我们也应当清醒地认识到检务公开工作依然存在的一系列问题：形式化严重，为应付目标任务而公开；选择性公开，对重要案件的处理结果不予公开；公开不主动，对关系人民群众切身利益的案件办理情况经当事人申请才公开；公开不及时，重大案件办理情况要等到舆论媒体披露以后才公开。部分人民

检察院在检务公开工作中含糊其辞、躲躲藏藏的态度，不但没有争取到外界对检察工作的支持，反而授人以柄，使人民群众对检察工作心存芥蒂，影响了检察机关的形象和司法公信力建设。十八届三中全会通过的《中共中央关于全面深化改革若干重大问题的决定》明确要求，要推进检务公开，确保检察权在阳光下运行。各级检察机关应坚决贯彻落实会议要求，大力推进检务公开，加大公开力度、范围，对事关人民群众切身利益的重大司法决策，要实行公示、听证制度，完善检察机关新闻发布和信息披露制度，扩大人民群众的知情权、参与权、表达权和监督权。规范检务公开程序，保证检务公开及时、全面、彻底，切实使社会公平正义以群众看得见的方式得以彰显。以更加主动的姿态接受人民群众对检察工作的监督，不断提升检察工作的亲和力、影响力。

（三）坚持检察工作的群众路线，进一步牢固司法为民的宗旨意识

国家的一切权力来源于人民，检察权属于国家权力的一部分，人民性是检察权的根本属性。检察机关行使检察权，必须始终坚持司法为民方向，把人民群众放在最高位置，牢固树立"立检为公、执法为民"的宗旨理念，把解决好人民群众最关心、最现实、最紧迫的利益问题作为做好检察工作的出发点和落脚点。要以当前开展的群众路线教育实践活动为契机，进一步强化群众观念教育，密切联系群众、深入体察民情、增进群众感情，做到依靠人民群众开展检察工作、为了人民群众开展检察工作。要按照人民群众的新期待新要求改进检察工作，不断满足人民群众日益增长的司法需求，建立为民、利民、便民的工作机制，使检察工作符合民意、反映民情、保障民生，以实际行动回应人民群众对检察工作的新期待新要求，赢得人民群众对检察工作的认同、尊重和信赖，夯实司法权威和检察公信力的群众基础。

（四）正视问题，转变观念，提升新媒体时代的社会沟通能力

随着移动互联网技术的迅猛发展，论坛、微博、微信等信息交互平台使信息的发布与传播变得异常简单，以个人为中心的新兴媒体已经成为现代化和大众化的信息载体和传播工具，成为民意表达、公众监督的最新渠道，新媒体时代已经全面到来。新媒体时代的到来对检察工作既是重大机遇，又是严峻挑战。检察公信力不足，一定程度上与舆论媒体的不当介入和不实宣传有关，检察机关加强公信力建设，必须正视在应对新闻网络媒体工作中存在的问题和不足，与时俱进，积极转变思想观念，完善工作机制，提升新媒体

时代的社会沟通能力，加强法律监督能力建设和自身建设，适应新媒体时代的新要求。在媒体和公众面前，检察机关应更加坦诚主动，一方面要主动接受舆论媒体监督，不能躲避媒体，逃避舆论监督；另一方面要积极引导媒体，建立和新闻媒体的良性互动、合作共赢关系，把网络媒体作为宣传检察工作的主阵地，主动实现信息公开，通过媒体与群众零距离对话，直接主动地与群众交流，深入了解纷繁的利益需求和复杂的社会心理，传递"正能量"，提高检察工作的影响力。

参考文献：

［1］袁承东："努力提升司法公信力，切实推进稳定发展"，载《贵州政法》2013年第5期。

［2］余汉泉、韩冰："试论提升检察机关司法公信力的途径"，载正义网。

［3］苗勇："司法是检验道德的试金石"，载《人民检察》2013年第21期。

［4］温珍奎："论司法公信力：概念、内涵、制约因素——基于社会公众认知视角的思考"，载《公正司法与构建和谐社会：全国人民法院第十八届学术讨论会论文集》2006年。

［5］郭鲁生："关于检察机关执法公信力问题的若干思考"，载《中国司法》2008年第9期。

［6］李晓丽："试论如何提高检察机关的执法公信力"，载《检察日报》2011年2月18日。

［7］邴志凯："检察机关司法公信力形成要素与提升路径"，载《人民检察》2013年第19期。

司法体制改革背景下检察人员思想状况研究

周国超*

[**摘要**] 毛泽东同志说过，政治路线确定之后，干部就是决定的因素。这句话表明，人的因素是第一大事，对于检察队伍建设而言亦是如此。当前，贵州省检察机关员额制改革已经完成，检察队伍结构出现了新变化，新的办案模式运转已近一年时间，检察队伍思想状况呈现出一些新情况新问题，需有针对性地加以解决。笔者以册亨县人民检察院队伍思想状况为例，对司法体制改革背景下检察人员思想状况进行探讨，以期对加强检察队伍建设提供有益建议。

[**关键词**] 思想状况 分类管理 员额制 思想教育

一、司法体制改革背景下检察人员思想状况的表现形式

（一）检察人员在分类管理改革中的思想状况及面临的思想困境

通过调研，多数检察人员认为人员分类管理后会使办案力量增强，管理更加规范，更加突出检察工作特点，有利于落实对检察队伍的专业化职业化规范化建设目标，有利于落实司法办案责任制。但也有部分检察人员认为，实行分类管理后存在三类人员面临的心理落差如何解决、职业保障差异如何平衡、三类人员的工作衔接如何搭建、三类人员的考核如何规范及行政工作与办案工作如何统筹推进等方面的问题。

（二）检察人员在员额制改革中的思想现状及面临的思想困境

通过调研，多数检察人员认为员额制改革突出检察官的主体地位，均愿意入员额制。入额是检察人员的职业追求，入额后有较好的职业保障，社会地位较高。但也有相当部分人员认为实行员额制后，办案责任大、办案压力大，担心个人的办案经验和办案能力还有差距。

---

* 周国超，册亨县人民检察院政工科科长。本文系 2017 年贵州省政法重点工作专题调研成果。

（三）检察人员在内设机构改革中的思想现状及面临的思想困境

通过调研，多数检察人员认为实行机构大部制改革有利于整合力量，充分调动现有力量积极完成工作任务。但也还有相当部分人员认为实行大部制改革后，领导职数减少后会影响自己的成长发展；有的认为内设机构改革影响自己的日常工作开展；有的认为部门机构职能调整过程中职能如何分配存在问题；有的认为内设机构改革面临上下级院之间如何上传下达的问题。

（四）司法责任制改革中检察官助理思想状况及面临的思想困境

通过调研，多数检察人员认为司法责任制改革对提升司法公信力的意义非常重大；办案权限和办案责任比以前多，工作压力比以前大；实行司法办案责任制后，检察官办案独立性更强，承担的办案风险和办案压力会更大。

（五）检察人员在司法体制改革中履职和遵守纪律方面的现状及面临的困境

通过调研，实行司法办案责任制后，面对考核更严、监督更严、责任追究更严的情况，多数检察人员认为能够适应和胜任现在的工作，但也还存在部分人员认为不适应、不能胜任现在的工作的问题。

二、司法体制改革背景下检察人员面临思想困境的原因

通过调研，司法体制改革后册亨县人民检察院检察人员面临思想困境的原因主要是：

（一）员额制检察官心理压力有所增加

员额制改革后，册亨县人民检察院首次进入员额制的检察官有 14 人。实行司法办案责任制后，执法办案标准更高，程序更加严密，案件实行终身责任制，员额制检察官的办案数量有所增加，承担的办案风险更高，加之，检察官在完成本职办案业务的同时，还须完成大量的行政管理事务和地方党委政府的中心工作任务，这给员额制检察官造成较大的心理压力。

（二）检察辅助人员职业发展信心不足，心理不平衡

一是司法体制改革后有许多同志已经通过法律职业资格考试取得法律资格证，但由于没有得到及时的任前培训尚未任命为检察官，在首次的员额制选任中没有资格，只能进入检察辅助人员序列任检察官助理，在改革后成了"配角"，与员额制检察官之间各项待遇差距大，有的甚至认为降低了身份，导致心理不平衡。二是检察辅助人员晋升检察官空间狭小，特别是没有取得

检察员和助理检察员资格的检察官助理晋升空间又特别狭小。他们必须在助理岗位工作五年以上，才有资格参加员额制检察官的选任，而且员额制检察官与检察辅助人员、检察行政人员不仅薪资拉开距离而且地位、责任也分出了差距，在身份保障上也存在差距。这一现状对检察辅助人员的责任心、积极性、主动性都会有不同程度的影响，造成他们对未来职业的发展缺乏信心。

（三）检察行政人员发展前景受到限制

一是实行人员分类管理后，检察机关领导职位必须是在员额制检察官中选任，也就是说只有具有员额制检察官身份，才有可能被选拔到领导岗位任职，这一规定使检察行政人员看不到发展的希望。二是行政部门工作点多面广，负责整个院的工作上传下达、协调沟通等。主要负责的工作有文秘机要、干部教育、干部管理、档案管理、行装财物管理、信息宣传调研、联络督查、信息化建设等方方面面。整个司法行政工作事务繁、多、杂、细、精，司法改革后，人少事多，工作压力进一步增大，存在费力费神而得不到肯定的问题，影响检察行政人员工作的积极性。

（四）工资待遇差距过大使部分检察人员获得感降低

司法责任制改革凸显检察官地位、提高检察官待遇极大地调动了员额制检察官的工作热情。随着工资套改和绩效奖金的落实，三类人员的待遇差距越拉越大。从工作实际看，检察行政人员和检察辅助人员承担着检察机关大量的行政管理事务工作和大量案件办理辅助工作任务，工作量不亚于检察官的工作量，待遇差距拉得过大，同样是影响检察人员的工作积极性的又一原因。

（五）实行大部制后上下级工作衔接较以前麻烦

根据机构改革方案规定，基层人民检察院的机构设置根据人员编制50人以下设置5个业务内设机构，不要求与上级内设机构相对应。试行大部制改革后，上级人民检察院的内设机构设置较多，对下指导和考核存在几个部门对一个部门，且上级各部门都强调各自部门的重要性，使县（区）级人民检察院检察人员难以应对，在工作衔接上较以前麻烦，对工作推动不大。

三、司法体制改革背景下检察人员思想状况问题的对策建议

（一）加强思想政治教育，增强检察职业荣誉感

一是坚持用理论武装思想。始终坚持以马列主义、毛泽东思想、邓小平

理论、"三个代表"重要思想、科学发展观和习近平新时代中国特色社会主义思想为指导，认真贯彻学习习近平总书记系列重要讲话精神，深入开展社会主义法治理念教育，提升检察干警的思想理论和政治觉悟，引导干警牢固树立"立检为公、执法为民"的执法理念，增强政治意识、大局意识、核心意识、看齐意识。二是树立先进典型，弘扬正气。要善于发现、积极培养、认真总结和大力弘扬身边的先进典型，充分发挥检察模范的带动和引领作用，激发干警的上进心和进取心，增强检察职业的荣誉感和归属感。三是要狠抓党风廉政教育。认真落实"两个责任"，坚持经常性教育和个别谈话教育相结合，开展具体而深入的思想教育工作，坚决将检察人员中的违法违纪苗头解决在萌芽状态。组织干警学习相关文件、通报典型案例，举办以廉政为主题的道德讲堂、新时代大讲堂，观看廉政电影，坚持以党风党纪约束人、以道德典型感化人、以反面案例警醒人，使全体检察人员时刻保持警钟长鸣，以正派的作风和饱满的激情投入到检察工作中。

（二）提高职业保障水平，提升检察职业吸引力

一是提高县（区）级检察人员的工薪待遇，特别是要提高司法体制改革人员分类管理后检察行政人员和检察辅助人员待遇。要进一步建立起有助于提升检察行政人员和辅助人员职业吸引力和职业荣誉感的保障机制，以提升检察行政人员和辅助人员工作积极性和工作热情，缓解他们的心理不平衡感。二是提升青年检察人员的职业待遇。要从政治上、生活上关心他们，为青年检察人员提供基本生活保障，充实青年检察人员的精神文化生活，达到稳定检察队伍和聚才留才的目的。三是要充分保障员额制检察官以外其他类别检察人员的晋职空间。在大力推行员额制改革、突出员额制检察官核心地位的同时，也要重视未入额青年检察人员、检察行政人员的成长空间，保障这些人员的晋升发展空间。要建立健全检察官入额遴选办法、员额制检察官退出机制，增强检察官助理履职的信心和动力。科学把握检察官单独职务序列实行后空缺的非领导职数，优先配置给检察行政人员，提升检察行政人员的职级待遇。

（三）强化教育培训，提高检察人员综合素质

一是加强检察职业道德教育培训。组织检察人员积极参与检察职业道德教育培训和相关的宣传教育实践活动，开展经常性检察理论学习、主题实践等活动，建设体现检察职业道德的文化走廊、荣誉室、图书室、党员活动室

等，深化检察人员对检察事业的认同感、归属感和使命感，牢固树立"忠诚、公正、清廉、文明"的检察职业品格。二是加强学习型检察机关建设。进一步巩固深化"两学一做"学习教育成果和贯彻落实每周二、周五学习制度，由院班子成员带头落实学习和讲课安排，学习政治理论、业务知识、文明创建等相关知识，并建立考核机制、奖惩机制等保障措施，促进相关学习方案取得实效。三是加强青年检察人员队伍建设。在共青团组织中成立青年工作委员会，建立青年检察人员列席联席会议参与案件讨论制度，定期举办读书沙龙、实务辩论等活动，建立互联网+教育、导师培养等机制，为青年检察人员学习搭建平台，充分发挥青年检察人员理论基础扎实的优势，激发他们学习研究的热情和潜能，促进其专业知识和综合素质的不断提升。

（四）转变职业观念，树立正确检察职业观

一是对检察人员进行职业规划培训和指导。检察人员要准确定位，正确认识和评价自己的性格、能力和兴趣，结合自身实际做好规划定位。针对近年来"往上走、往外走"等检察人才流失严重的情况，检察政治工作部门要切实转变观念，实现以人为本，在指导和参与检察人员进行职业规划的同时，还应综合检察人员的学历能力、个性需求、家庭经济等状况全面了解检察人员的思想状况，为检察人员确定以个性化为主导的职业规划，引导和帮助其树立正确的职业观和发展观。二是探索建立科学有效的青年检察人员轮岗制度。结合检察机关实际，探索建立青年检察人员轮岗制度，确保青年检察人员能够在多个岗位上得到锻炼，保证所有具有办案资格的青年检察人员平等地享有参加检察官入额遴选考试的机会，让各检察职能部门不仅留住人，还能留住心。三是加强对检察各职能部门的宣传力度。要切实转变以往存在的"重业务轻宣传""重业务轻保障"的观念，加大对各检察职能部门的宣传力度，特别是要加强对行政综合保障部门的宣传，促使广大群众了解检察各职能部门的重要性，理解和尊重检察人员，从而带动检察人员自身职业观念的转变，增强各职能部门检察人员的职业尊荣感，激发全体检察人员的职业责任心。

（五）强化改革意识，深化检察机制改革创新

一是要完善检察机关的招录制度。在员额制改革的背景下，检察机关应贯彻落实分类招录制度，即将招录岗位明确分为检察业务和综合岗位。一方面提高招录门槛，如设置要求本科以上学历、通过司法考试等限制，确保招

录到高质量的法学专业人才，为检察一线办案提供充实的后备人才保障。另一方面应适当引入中文、艺术类、管理类、技术类等专业的人才到综合部门工作，使其能够学有所用，提高综合部门队伍的稳定性，进一步提高综合部门检察人员素质和能力。二是完善目标管理考核制度。根据不同类别管理人员的岗位职责科学制定相应的绩效考核细则，使不同分类管理的检察人员的工作成效在考核上得到充分体现，做到多劳者多得、少劳者少得、不劳者不得，营造创先争优、奋发积极的干事创业精神，打造具有中国特色的职业化、精英化、专业化的检察人才队伍。三是完善检察职业保障机制。落实"非因法定事由，非经法定程序，不得将法官、检察官调离、辞退或者作出免职、降级等处分"和"依法履行检察职责不受行政机关、社会团体和个人的干涉"的规定。进一步完善人财物省级统管制度，建立领导干部干预司法活动、插手具体案件处理的责任追究制度，减少地方行政对司法的干预。健全检察职业安全保障制度，除了进行财产和医疗保险，还应为检察人员购买人身意外伤害保险和工伤保险，采取措施预防和严惩一切对检察干警打击、报复的行为。四是进一步完善上级院领导和指导下级院工作机制。要针对县（区）级人民检察院机构改革，部门设置与上级院内设机构设置不对应问题，采取统一领导和指导的办法开展对下领导和指导工作，切实解决上级部门"各唱各的调"，下级人民检察院无所适从的问题。

第三编

贵州省检察体制经验做法[1]

[1] 本编材料由贵州省检察院提供。

统筹兼顾　以点带面

——科学制定省、市、县三级权力清单

权力清单作为明晰检察人员权责，优化检察权配置的改革举措，是本轮司法责任制改革的重要组成部分。自 2015 年 7 月全国大检察官会议召开以后，按照时任检察长曹建明的要求，贵州省人民检察院根据《关于完善人民检察院司法责任制的若干意见》（以下简称《意见》）以及上海司法体制改革试点座谈会、全国检察机关贯彻落实《意见》部署会会议精神，结合贵州省司法体制改革试点经验，在综合考虑检察业务类别、办案组织形式、不同级别人民检察院职能范围等因素的基础上，制定下发了省、市、县三级人民检察院权力清单。我们的主要思路和做法如下。

一、紧扣"两个关系"，科学设置不同检察人员的岗位职责

在总结贵州省司法体制改革试点人民检察院改革经验的基础上，省人民检察院在制定权力清单时，通过明晰检察委员会、检察长、副检察长和各办案组织成员的岗位职责，规范了各层级权力主体职权的收取和转移。

一是紧扣检察委员会与办案组织的关系。根据贵州省前期改革试点经验，省院将应当提交检察委员会审议的重大、疑难、复杂案件作为划分检察委员会案件决策与办案组织案件决策的分界线。细化列举了 8 种属于重大、疑难、复杂案件的情形，即犯罪情节特别恶劣的；造成特别严重危害后果的；在法律适用方面存在重大分歧意见的；涉及人大代表、政协委员、县处级以上干部、司法工作人员的；可能引起重大舆情的；涉及国家安全、外交和社会稳定的；上级人民检察院交办的案件；其他检察长认为重大、疑难、复杂的案件。通过明确细化重大、疑难、复杂案件的情形，防止办案组织为规避责任将案件提交检察委员会。

二是紧扣检察长与副检察长的关系。省人民检察院将明确检察长与副检察

长之间的职责界限作为重点，一方面突出检察长的领导责任，防止检察长将自己的职责随意下放给副检察长，比如在权力清单中明确规定检察长应对全院办案工作负监督责任，明确检察长要负责全院办案工作的总体部署、组织实施、调整调度。另一方面突出副检察长的分管责任，防止副检察长"只办案不协调"，将管理职责全部交给检察长，比如在权力清单中明确规定副检察长在承担主任检察官或独任检察官职责的同时，还需就上下级、各部门办案组织之间的业务协调承担分管责任，如组织召集检察官联席会议，负责案件风险评估防范等。

二、坚持"三个导向"，突出不同属性权力的授权重点

在明确检察长授权范围时，省人民检察院根据最高人民检察院《意见》明确应由检察长履行的10项权力，全面梳理了统一业务系统中的1606项权限配置，对不同级别人民检察院的检察长、副检察长、部门负责人、承办人权限内容进行了划分，以正面清单的方式列举了检察长可以委托副检察长、检察委员会专职委员行使的12个业务类别权力，并规定检察长的其余职权可以授权给主任检察官和独任检察官。

一是以实现权责一致为导向，委托行使部分决定权。针对一些司法属性比较明显的业务，如公诉业务、审查逮捕业务，为落实"谁决定谁负责，谁办案谁负责"的要求，在制定权力清单时，将省、市、县三级人民检察院检察长享有的部分决定权，以正面清单的形式委托给副检察长、检察委员会专职委员，如不起诉决定权、提请抗诉权、不批准逮捕权。其余未明确的各项审批权，采取一般性授权的方式，明确授权给检察官。通过授权，实现办案主体与决策主体的统一。

二是以提高办案效率为导向，下放部分审批权。针对一些行政属性和监督属性比较明显的业务，如职务犯罪侦查业务、侦查监督业务、民事行政检察业务。按照《意见》要求，一方面保留了部门负责人的审核权，将上述业务中的审批权分为决定权与审核权，没有完全将审批权下放给检察官。如将职务犯罪立案决定权与提请立案权相分离。另一方面为提高办案效率，将部分与办案有关的审批权下放至检察官，比如将采取传唤的审批权、延长侦查羁押期限的批准权下放给检察官。

三是以健全办案组织为导向，塑造一线办案责任主体。通过设置检察官

办案组或独任检察官，将检察官确立为有职有权、并配备检察辅助人员的办案组织，形成以检察官为中心的相对独立的办案主体。通过权力清单将检察事务区分为独立办理业务与审批业务，减少行政指令和审批事项，让检察官脱离一般行政事务，专事业务组织管理和重大案件、事项的办理。科、处长负责科、处行政管理，同时对业务工作实施一般监督和特殊监督。这样使检察官—检察长成为检察权行使的载体和责任链条，权责明确、关系清楚，检察一体与检察独立较好地结合了起来。

三、明确"一个原则"，科学划分不同权力主体之间的责任

根据《意见》明确的司法责任认定要求，省院在制定权力清单时明确了"以个体责任为主，以共同责任为辅"的责任划分原则，为划分不同权力主体的司法责任提供了指导。

一是细化个体责任。权力清单专门设定"责任划分"一章，就不同权力主体承担责任的情形做了细化，大体分为因决定产生的办案责任，因参与决定产生的办案责任，因事实和证据产生的办案责任三种情形，并根据个体行为的不同性质，明确了承担全部责任和按过错大小承担责任的两种责任划分形式。

二是细化共同责任。根据《意见》当中明确的共同责任情形，在综合考虑司法行为效果的整体性和每个责任人意思表示的不可分割性后，省人民检察院将权力清单明确的共同责任情形进行了细化，明确共同责任中每个责任人均需承担全部责任，为解决实践中如何确定共同责任份额提供了指导。

四、下步工作方向

虽然目前贵州省检察机关形成了体例结构相对规范完整的三级权力清单，但权力清单作为新生事物，还有许多需要完善和值得探索研究的地方。下一步，省院将重点研究和细化以下三个问题：一是研究如何保持权力清单的稳定性，防止因为机构调整等原因造成权力清单不够稳定；二是细化检察委员会专职委员的权力配置，通过突出检察委员会专职委员权力配置的特殊性，进一步提高检察委员会工作的法治化、民主化、科学化水平；三是积极探索司法责任构成要件研究，为认定、细化司法责任提供法理基础。

贵州省检察机关五招并举　强力推进
司法责任制改革试点工作

自 2014 年贵州省司法体制改革试点工作开展以来，在中央确定的改革框架内，贵州省检察机关以"检察人员分类管理"为基础，以"建立健全司法责任制"为重点，坚持"择优入额、清单授权、扁平增效、全程留痕、终身负责"五招并举，强力推进检察官员额制、司法责任制改革工作。截至 2016 年 4 月，检察人员分类管理成效初显，两批 9 个试点人民检察院共遴选 208 名员额制检察官，队伍思想稳定，干警工作努力；司法责任制促进办案质量和效率双向同步提升，可复制、可借鉴、可推广的司法体制改革"贵州经验"逐步形成。最高人民检察院向全国转发了贵州省检察改革的经验做法，海南省、黑龙江省、四川省、湖南省等 12 个省级人民检察院来黔考察学习交流。

一、择优入额，确保员额制检察官专业化职业化

我们通过构建科学的员额分配机制和公正透明的遴选机制，实现了 39% 以下的检察官员额制控制目标，确保了优秀人才、业务骨干向办案一线流动。

一是科学合理设计员额制分配机制。在评估全省检察官和各试点院员额制情况后，省人民检察院在员额制管理上采取了"三个动态调节"的办法，即：省人民检察院对全省检察官员额制数量动态调节；各试点院根据队伍年龄结构，对各年龄段检察官员额制比例动态调节；根据各个业务条线职能特点与办案态势情况，对各业务条线检察官员额制比例动态调节。在"三个动态调节"的基础上，省人民检察院根据全省全面推开的实际，提出了"省级统筹、二次分配、条块结合、动态管理"的原则，即省人民检察院以政法编制数的 39% 为基准，核算全省检察机关员额制总数，提出各市州的检察官员额数；各市州根据省人民检察院下达的员额数，提出本院及所辖各基层院员额数。同时，省人民检察院根据各业务条线的性质和特点，提出各业务条线

的员额制指导比例，下达各市州院参照执行。最后，省人民检察院预留 2% 的员额制指标，根据各市州队伍情况和业务工作情况在全省调剂使用。

二是建立公正透明的遴选机制。按照省委的统一安排部署，各试点院在预留 10% 员额数的基础上，对班子成员和检察委员会专职委员采取考核方式选任员额制检察官，对检察委员会委员、检察员、助理检察员采取"考核+考试"方式选任员额制检察官。2015 年 10 月，完成第一批 85 名员额制检察官的确认工作；2016 年 4 月，完成第二批 123 名员额制检察官的确认工作。两次遴选，程序公开透明，结果客观公正，得到了试点院干警的普遍认同。

二、清单授权，确保权责明晰、履职有据

为落实"谁办案谁负责、谁决定谁负责"的要求，省人民检察院根据最高人民检察院制定下发的《关于完善人民检察院司法责任制的若干意见》（以下简称《意见》），在综合考虑检察业务类别、办案组织形式、不同级别人民检察院职能范围等因素的基础上，按照"明确'一个原则'，紧扣'两个关系'，坚持'三个导向'，确保权责明确、关系清晰、授权合理"的思路，在全国率先制定下发了省、市、县三级人民检察院权力清单，最高人民检察院向全国转发了贵州省的授权清单。

一是明确"以个体责任为主，以共同责任为辅"的责任划分原则，科学划分权力主体之间的责任。明确个体责任的三种情形和两种责任划分形式。同时，将共同责任明确为每个责任人均需承担全部责任，为"谁办案谁负责"提供了制度依据。

二是紧扣"两个关系"，科学设置不同检察人员的岗位职责。紧扣检察委员会与办案组织的关系。将应当提交检察委员会审议的案件作为划分检察委员会案件决策与办案组织案件决策的分界线，细化列举了 8 种属于重大、疑难、复杂案件的情形，防止办案组织为规避责任将案件提交检察委员会。紧扣检察长与副检察长的关系。一方面突出检察长的领导责任，防止检察长将自己职责随意下放给副检察长。另一方面突出副检察长的分管责任，防止副检察长将管理职责全部交给检察长。

三是坚持"三个导向"，突出不同属性权力的授权重点。在明确检察长授权范围时，我们坚持权责一致、提高效率、健全办案组织三个导向，全面梳

理了检察机关统一业务应用系统中的 1606 项权限配置，对不同级别人民检察院的检察官权限内容进行了划分，以正面清单的方式列举了检察长可以委托行使的 12 个业务类别权力，其余未明确的各项审批权，采取一般性授权的方式，授权给检察官，使检察官—检察长成为检察权行使的载体和责任链条，实现办案主体与决策主体的统一，检察一体与检察独立较好地结合起来。

三、扁平增效，凸现员额制检察官办案的主体性、亲历性

针对领导层次和工作环节过多，职能分工重叠，工作效率不高的现状，我们经过全面的"重新洗牌"，建立符合司法规律的办案组织，强化检察官的办案主体地位，落实员额制检察官办案责任制，减少审批环节，实现了"检察长—检察官"的扁平化管理模式，真正发挥了员额制检察官依法定权限独立办案、独立承担司法责任的作用。

一是打破部门界限、减少管理层级，促进检察资源整合优化。按照诉讼和监督"两个适当分离"的原则，试点院在组织机构上，除刑事检察办案部、职务犯罪侦查部、综合管理部外，还设置了诉讼监督部专司诉讼监督，设置案件管理部专司案件管理，由过去的一人一科唱"独角戏"，变为现在的多部同演"大合唱"，变"单兵种"单打独斗为"多兵种"协同作战，真正实现了"1+1>2"的效果。在组织运行上，根据诉讼工作和诉讼监督、案件办理和案件管理的不同规律，重新设计工作流程。中层以上干部包括检察长、副检察长都亲自办案，实现了检察权的优化配置。

二是依法授权、合理放权，突出员额制检察官的办案主体角色。按照《意见》，以员额制检察官为核心，建立了检察官办案组和独任检察官的基本办案单元，通过权力清单，依法赋予检察官办案决定权，给予员额制检察官布置工作任务、调度办案资源、掌握案件进程、定夺处理意见的自主权，压缩管理层级，改变了以往"三级层报审批"的办案模式，突出员额制检察官主体地位，建立以员额制检察官为主体的运行管理模式，充分发挥检察官的主观能动性，确保检察权的高效运行。

改革后，办案力量明显增强，85% 的人员投入办案一线，形成了以检察官为核心的多点办案单元，第一批 4 个试点院办案力量平均增加 26.6%。凸显司法的亲历性特征，第一批 4 个试点院 92.7% 的批捕案件和 93.58% 的起诉

案件由检察官独立作出处理决定；试点院业务部门负责人共办理案件 1248 件，较改革前平均上升 65.1%；检察长从审批案件转变为亲自办理案件，4 个试点院检察长（副检察长）共办理 175 件案件。检察委员会研究案件数量明显下降，汇川区院检察委员会研究案件数下降近 80%。办案效率进一步提升，试点单位基本形成"检察官—检察长（副检察长）"的"扁平化"办案模式，减少了审批环节，批捕案件办案效率平均提升 20.21%，起诉案件办案效率平均提升 27.05%。

四、全程留痕，实现执法办案实时、动态监督

建立重要执法事项、重点执法环节"全程留痕"制度，通过全程留痕，使执法规范的软约束变成网络运行的硬要求，实现了执法办案的全程、统一、实时、动态管理和监督。

一是对所有案件进行全程、实时、动态监督。在全国检察机关率先全面运行远程视频审讯系统和统一业务应用系统，实现全省各级人民检察院全覆盖、各项工作全覆盖、人员岗位全覆盖。执法办案的内部监督模式由过去侧重于质量评审这一静态的事后监督逐步向流程、质量并重的动态监督模式转变，实现了动态监督与静态监督相结合、事中监督与事后监督相结合。

二是建立节点控制和预警纠错机制。依托全国检察机关统一业务应用系统，用数字技术把刑诉法、民诉法和人民检察院刑事诉讼规则、执法工作基本规范等固化下来，对办案流程进行统一的规范化设计，对重要环节实行节点控制和预警提醒。试点人民检察院办理的各类案件，从案件受理、办理、流转、审批到用印，各个环节都在应用系统上操作，确保案件走到哪个程序，流程监控就延伸到哪个程序，切实防止程序违法、案件超期等情况发生。

五、终身负责，确保所办案件经得起历史检验

坚持"人可以退休，但责任不会退休"的司法理念，实行"谁承办谁负责、谁主管谁负责、谁签字谁负责"的执法办案质量终身负责制，为防止冤假错案提供了有力的制度保障。试点开始至今，试点人民检察院未发生一起无罪判决和撤回起诉案件，有罪判决率为 100%，确保让人民群众在每一个司

法案件中感受到公平正义。

一是真正实现员额制检察官权责利的统一。制定《关于完善人民检察院司法责任制明确检察官权限的暂行规定》《关于完善加强司法办案内部监督的规定》等规定，让员额制检察官在行使案件决定权的同时，对办理的案件质量终身负责，同时提升员额制检察官收入水平，形成权力清晰、责任明确、收入可观，终身负责司法责任长效机制，促使员额制检察官以更加严谨、细致的工作，以更加公平、公正的办案，接受公众检阅和历史检验，赢得公众信任。

二是建立健全常态性案件质量评查机制。每月定期对员额制检察官办结案件进行评查，对执法规范性、办案质量进行综合评价，为考核提供依据。通过实行办案终身负责，真正把责任落实到"人"，避免"责任分散、主体不明、责任难追"和"逐级审批层层把关、集体负责而无人负责"的情况。由于责任明晰、监督到位，员额制检察官司法办案的责任意识、担当精神明显增强，钻研业务的氛围空前浓厚，规范执法的自觉逐步养成。各个试点院反映，以往检察官在遇到吃不准的问题时，第一反应是向领导请示汇报，现在的第一反应是仔细翻阅卷宗，核查事实证据，查阅法条和司法解释。检察官指控犯罪更加精准，执法规范更加精密，文书起草更加精细，执法公信力得到提高。通过改革，办案质量大大提高，4 个试点院审查逮捕案件未出现公安机关提出复议复核的情况，公诉案件也未发生一起无罪判决和撤回起诉案件，没有发生一起办案安全事故，各项法律监督工作均有较大幅度提升。

实践证明，贵州省检察机关司法体制改革符合中央要求、符合贵州省实际，改革思路对头，改革推进有序，充分体现了"深化司法体制改革，要紧紧牵住司法责任制这个'牛鼻子'"的要求。

贵州省人民检察院初步建立案件质量标准
体系 着力推动案件质量评查"六化"建设

为落实时任省委副书记、省委政法委书记谌贻琴同志在省委政法工作会议上提出"今后案件质量评查活动要常态化，对员额制法官检察官办理的案件要进行重点评查，充分发挥最大监督效能"的要求，强化案件质量评查对检察官执法办案的监督管理、考核考评的基础性作用，省人民检察院制定下发了《贵州省检察机关案件质量评查办法（试行）》和《贵州省检察机关案件质量评查标准（试行）》（以下简称《办法》《标准》），初步建立案件质量评查体系，为落实司法责任制提供了客观评查标准。

一、评查工作常态化，不断增强检察官执法办案的责任心

省人民检察院将全省员额制检察官所办案件作为开展案件质量评查工作的主要内容，建立了普遍评查与重点评查相结合的工作制度。普遍评查，即每季度对员额制检察官已办结的立案侦查的贪污贿赂案件、立案侦查的渎职侵权案件、审查逮捕案件、立案监督案件、审查起诉案件、民事行政监督案件、申诉复查案件、减刑、假释、暂予监外执行监督案件进行评查，2018年上半年，共对员额制检察官已办结的3800余件案件进行评查。重点评查，即对全省已办结的职务犯罪案件、审查逮捕案件、审查起诉案件、民事行政提抗案件、刑事申诉复查案件五类案件，按照不少于5%的比例进行随机评查，对撤回起诉案件，生效无罪判决案件，复议复核改变原不捕、不诉决定案件，职务犯罪立案后撤案案件等五类重点案件，做到发生一起评查一起，一案一查一报告，有效提升评查工作的针对性。每季度形成员额制检察官案件质量评查报告，及时反馈评查意见，对评查中发现的问题，认真分析原因，提出具体处理意见和整改措施，将办案责任落实到具体案件、落实到具体员额制检察官。员额制检察官责任意识、规范意识和证据意识得到进一步增强，办

案质量得到明显提高。

二、评查手段信息化，不断增强案件评查的及时性

为推动案件评查常态化，落实"一案一评查"的要求，省人民检察院认真贯彻陈敏尔书记"要把制度创新和科技进步作为动力，要一手抓改革，一手抓科技强检"的重要论述，紧紧围绕司法责任制为核心的制度创新和以信息化为基础的科技强检，充分发力，在全国率先开发了案件质量评查系统，做到司法责任制与评查系统同部署、同建设，在前期35个院试点运用的基础上，在全省同步推开，初步实现了案件质量评查的客观性、及时性、安全性和集约性，为司法责任制建立后检察官执法办案考评监督提供了信息化平台支持，为案件质量评查常态化奠定了坚实的技术基础。

三、评查方法规范化，不断增强案件评查的客观性

省人民检察院制定的《办法》，规定评查内容包括事实认定、证据采信、法律适用、办案程序、风险评估、文书使用和制作、涉案财物处理、办案效果等方面，规范评查方式、范围和程序，在事实认定方面，做到案件事实清楚，能够排除合理怀疑；在证据采信方面做到证据确实充分，依法排除非法证据，依法补强瑕疵证据；在法律适用方面做到适用法律正确，引用法律条文准确；在程序规范方面做到在法定期限内办结案件，诉讼程序合法、规范等；对需要进行风险评估的案件，做到评估预警及时正确，应对处置积极有效；文书使用和制作方面做到正确、规范、基本要素齐备、说理充分；涉案财物处理方面做到及时、依法处置，手续完备；办案效果方面做到未发生因办案过错引发的涉检信访或涉检舆情等；统一业务应用系统使用方面做到流程操作规范，文书制作及用印规范，案件信息填录全面、及时、准确。明确各部门职责分工，在评查工作中案件管理部门负责评查组织工作，制定评查工作方案，抽选评查案件，指定评查人员，对评查结论进行汇总报告，向评查领导小组汇报后通报评查结果，对责任追究进行跟踪监督。根据评查案件类别，由业务部门负责制定评查标准，以确保评查的科学规范。

四、评查内容标准化，不断增强案件评查的操作性

根据《中华人民共和国刑事诉讼法》《中华人民共和国民事诉讼法》以及检察机关执法工作基本规范等要求，结合执法实践中的常见问题，省人民检察院制定下发了《标准》，对刑事立案监督、审查逮捕、审查起诉、未成年人刑事案件、贪污贿赂案件、渎职侵权案件、减刑、假释、暂予监外执行案件、民行监督案件、涉检信访案件、刑事申诉案件这 10 个业务条线的案件在程序和实体上明确了质量标准，基本覆盖了检察机关执法办案的各个环节。这些标准就是案件办理的质量遵循，是评价案件质量的客观依据，也是全省各级人民检察院案件质量评查的统一标准，更是司法办案的重要参考依据，为规范执法行为发挥了导向性作用。

五、评查人员专业化，不断增强案件评查的公信力

全省各级人民检察院成立了案件质量评查领导机构，由分管副检察长任组长、各部门负责人为成员。省人民检察院建立了全省案件质量评查人员库，由省人民检察院业务部门负责人，各市州人民检察院、基层人民检察院分管业务工作检察长、检察委员会专职委员、业务骨干、"十佳"公诉人、侦监检察官共 255 人组成，为案件质量评查工作的顺利开展奠定了人才基础。

六、评查结果实效化，不断增强案件评查的可持续性

为强化评查结果的运用，员额制检察官遴选产生、司法责任制建立后，按照"一案一评查、一人一档案"的要求，同步建立检察官司法业绩档案，将员额制检察官案件质量评查结果和评查报告以及反映执法业绩、执法作风、执法纪律等情况纳入执法业绩档案管理，为评价检察官的执法业绩提供客观、全面、真实的基础材料。让案件质量评查结果与检察官业绩考评、检察官办案责任追究有效衔接，为检察官业绩评价和办案补助发放的基本依据，为建立员额制检察官退出机制奠定了基础，防止了办多办少一个样、办好办坏一个样的"大锅饭"现象。

通过开展案件质量评查，落实办案终身负责制，真正把责任落实到"人"，避免"责任分散、主体不明、责任难追"和"逐级审批层层把关、集体负责而无人负责"的情况。由于责任明晰、监督到位，员额制检察官司法办案的责任意识、担当精神明显增强，钻研业务的氛围空前浓厚，规范执法的自觉逐步养成。各个试点院反映，以往检察官在遇到吃不准的问题时，第一反应是向领导请示汇报，现在的第一反应是仔细翻阅卷宗，核查事实证据，查阅法条和司法解释，检察官指控犯罪更加精准，执法规范更加精密，文书起草更加精细，执法公信力得到提高。

强办案，调结构，增活力

——毕节市检察机关做足用活人员分类管理大文章

　　人员分类管理是深入推进检察官办案责任制改革的基础性工作，也是司法体制改革的重点难点。2016 年 10 月 29 日，毕节市检察机关举行了首批 228 名员额制检察官任命颁证暨宣誓仪式，标志着毕节检察机关人员分类管理改革迈出了历史性步伐。改革后，全市检察机关三类人员比例为 35%、50%、15%，检察人员各归其位、各司其职、各行其道的格局基本形成。

　　通过人员分类管理，合理调控检察辅助人员和司法行政人员结构，优秀人才向办案部门流动趋势明显，有效缓解了基层人民检察院办案不平衡、案多人少的突出矛盾。毕节两级人民检察院业务部门人数由 506 人增加至 539 人，综合行政部门人数由 127 人减少到 87 人，办案人员比例达到 86.1%，比改革前提高了 11 个百分点，真正实现了将精干力量充实到办案一线。

　　人员分类管理，为年轻检察官提供了更多的发展空间。全市首批遴选入额的 228 名检察官中，56 岁以上人员占比 5.3%，较改革前降低 9%，35 岁至 55 岁人员占比 83.3%，较改革前提高 13%；本科学历以上人员占比 94%，法律专业人员占比 88.4%，分别较改革前提高 19%、8%。毕节市院公诉部门入额青年检察官赵志勇欣喜地说："'谁办案、谁负责，谁决定、谁负责'的办案责任制凸显了检察官办案主体地位，强化了员额制检察官办案责任感，有效提升了我们的办案责任心，极大地提高了办案效率。"月均办理公诉案件 5 件，同比上升 12.66%；平均审查起诉期限 21.33 天，同比缩短 5.53 天。从案件管理部门统计数据看，员额制改革后，全市各类案件质量总体保持平稳，捕后作存疑不诉、人民法院判无罪的人数比改革前同比分别下降 13.13%、11.11%，案件质量评查发现的司法不规范问题明显减少。

市院入额院领导王荣波副检察长在看守所提审犯罪嫌疑人

入额领导干部必须亲自办案，这是改革硬要求。纳雍县院副检察长袁贵龙对此深有感触，改革前他主要负责侦查办案件组织指挥、案件决策审批等行政事务，入额后不仅要带头办理典型性、代表性案件或重大疑难复杂案件，还要花更多精力参与案件审讯、制定侦查方案，司法办案亲历性更加具体。据悉，全省首次遴选员额制检察官后，全市检察机关班子成员、检察委员会专职委员共入额 63 人，占员额制检察官总数的 25.3%。为确保院领导"办什么案、怎样办案、办多少案"，市人民检察院制定了《院领导直接办理案件暂行办法》，对院领导办案量作出明确要求。2017 年 1 月-5 月，全市入额领导干部共办理各类案件 397 件（已结 256 件，未结 141 件），占入额检察官办案数量的 11.3%，同比增长 157.8%。

"人员分类管理改革，是一项系统工程，必须同步推进职业保障、司法责任制改革等重点任务，才能最大限度激发改革活力，释放改革红利。"毕节市院副检察长王荣波介绍，为着力破解制约毕节检察队伍建设的长期性、根本性问题，全市检察机关作了很多"文章"。比如针对检察辅助人员短缺的实际情况，市院合理计算办案需求与人员短缺的基础数据，积极争取党委政府支持，向社会公开招录了 15 名聘用制书记员，并将经费纳入财政保障，人均年经费保障标准 4.5 万元，年终一次性奖金 2.5 万元。通过待遇保障、科学管理"双轨"并行，极大提高了聘用制书记员的工作积极性、队伍稳定性，大大缓解了入额检察官工作压力。同时，通过与市委、组织部、人社部、财政部沟通协调，全市员额制检察官应保留和享受的津补贴待遇均得到足额保障和落实，保留地方年度绩效考核奖金，率全省之先采取用现行检察官等级反套行政职级的方式兑现了车补待遇，套改后员额制检察官工资待遇于 2016 年 10 月开始执行，办案绩效奖已于 2017 年 5 月兑现到位，提升了入额检察官的职业尊荣感和改革获得感。

人员分类管理改革中，全市检察机关有 26 名符合条件的检察干警"甘为绿叶衬红花"，自愿放弃入额报名，成为司法行政人员。问及原因，原市院公诉处青年业务骨干刘微的回答很有典型性："检察官诚然是份很荣耀的职业，但我认为司法行政人员的工作性质更符合我的个性特点和职业追求，我愿意在司法行政岗位奉献青春。"2017 年 4 月，经过竞职演讲、民主推荐、组织考察、任职公示，刘微走上了市院政治部目标办副主任岗位，经过几个月的辛勤工作，她成为全市目标岗位的行家里手，工作能力得到了全院干警的一致认可。

"人生因挑战而精彩，事业因成就而自豪。人员分类管理为检察干警展现抱负、施展才能提供了难得机遇和广阔舞台。我们做足、用活这篇大文章，以一流的检察工作业绩，持续推动毕节检察事业科学发展"，时任毕节市人民检察院检察长石子友寄语全市检察机关人员分类管理改革。

贵阳市：检察长亲自出庭办案

——引领全市检察机关领导干部带头办案新常态

核心提示：入额检察官必须在一线办案，并对办案质量终身负责是司法责任制改革的核心要义和基本要求。检察长既是检察工作的领导者，又是具体履行司法办案职责的检察官，直接办理案件，对于贯彻落实司法体制改革的总体要求，落实司法的亲历性要求，推进检察队伍专业化建设，具有重要示范意义。入额领导干部带头一线办案，是贵阳市检察机关深入贯彻中央司法体制改革精神，全面落实司法责任制要求和以审判为中心的诉讼制度改革，切实发挥检察机关领导干部在司法办案中的职能作用和示范引领作用的重要举措。

2017 年 3 月 24 日上午，贵阳市人民检察院检察长、国家二级高级检察官陈雪梅以国家公诉人的身份，出席由贵阳市中级人民法院公开开庭审理的林某故意杀人案一审法庭，依法支持公诉。时任贵阳市中级人民法院院长、国家二级高级法官赵福全担任审判长审理该案。据悉，法检"两长"同庭履职办案，在贵阳市级层面尚属首次。

2016 年 5 月 2 日中午，该案被告人林某与被害人曾某、高某秀在贵阳市南明区某工地因工资结算发生纠纷，遂产生杀人恶念，于当日 13 时许持刀对被害人曾某胸、腹、颈等部位多次捅刺，导致曾某当场死亡。被告人林某下楼途中又持刀对高某秀颈部、面部多次刺杀，并在高某秀逃跑时杀伤其背部。

庭审前，陈雪梅检察长依法审查了全部案卷材料，讯问了林某，听取了辩护人的意见，补充收集了相关证据材料，并制作了详细的出庭预案。庭审中，陈雪梅检察长宣读了起诉书，在法庭讯问、举证质证环节后，控辩双方围绕案件争议焦点展开了辩论。

陈雪梅检察长代表检察机关发表了公诉意见，指出该案事实清楚，证据确实充分，足以认定被告人林某的行为构成故意杀人罪，应当以故意杀人罪追究其刑事责任。陈雪梅检察长强调，该案是司法体制改革后贵阳市法检"两长"同时出庭履行职务的首个案件，目的是表明贵阳市政法机关强化办案、坚决依法严厉打击严重刑事犯罪的坚定决心，展现贵阳市政法机关服务大局、坚决维护省会城市和谐稳定的坚定信心，体现贵阳市政法机关立足人本、坚决保护群众生命财产安全的真切用心，彰显法律惩治与预防同步、威慑与教育并重的初心。最后，陈雪梅检察长指出，被告人法治观念极其淡薄，尚未到而立之年，却闯下大祸，犯下重罪，导致一死一伤，两个家庭彻底破碎。通过该案的沉重教训，警醒公众引以为戒，多一些法治意识，少一些冲动极端，多一些理性平和，少一些偏激戾气，增强法治思维，注重情绪管理，理性解决矛盾，平和处理纠纷。

被告人林某当庭自愿认罪悔罪，表示深感悔恨，认罪服法。审判长宣布休庭，法庭将择期对该案进行宣判。贵州省、贵阳市人大代表、政协委员、特约咨询员、特邀监督员及媒体记者 100 人旁听了庭审。贵阳市法检两院部分法官、检察官、贵阳市公安局部分干警观摩了庭审。2017 年 4 月 13 日，贵阳市中院依法判处林某死刑，缓期 2 年执行，并对被告人林某限制减刑。现判决已生效。

司法体制改革试点工作启动以来，贵阳市检察机关严守领导干部入额必须办案这条规矩，严把程序，严格标准，确保入额领导干部在办案一线发挥示范作用。目前，市院 5 名入额的领导干部分别列入公诉、反贪、反渎、侦监等主要业务条线直接承办或牵头承办案件。全市县（区）级人民检察院检察长、副检察长也陆续出庭公诉或办理各类案件，入额检察领导干部直接办理具体案件在贵阳检察机关已经成为常态。2017 年 1 月至 5 月，全市检察机关领导干部直接办理各类案件 927 件，人均办案 15.19 件。

贵定县人民检察院积极探索不断健全完善
检察官司法办案责任制
——贵定县院制定检察官办案责任制"9+1"制度体系

在司法体制改革试点工作中，贵定县人民检察院创新机制积极探索检察权运行管理监督机制改革，尤其是强化和突出检察官司法办案主体地位，完善司法责任制和加强对检察官执法办案监督。

一、科学合理配置员额制检察官岗位

2017 年 9 月中下旬在经过考核考试后，10 月 15 日贵定县人民检察院首批 18 名员额制检察官在省人民检察院进行任命宣誓。为科学合理对检察官定岗、定责，实现检察执法办案的扁平化管理和去行政化，突出检察官司法办案的主体地位和司法责任，院党组研究后决定将院 12 个业务部门人员整合为刑事检察（侦监、公诉、未检）、职务犯罪侦查（反贪、反渎、预防）、诉讼监督（控申、民行、生态环境保护、刑执）、检察事务四个部（案管、人民监督员办、法律政策研究），18 名员额制检察官全部配置在司法一线（刑事检察部 7 人、职务犯罪侦查部 7 人、诉讼监督部 3 人、检察事务部 1 人），在刑检部、诉监部实行独任检察官或检察官办案组模式，在职侦部实行检察官办案组工作模式。将案件管理中心和人民监督员办合并设为检察事务部，强化对检察官执法办案流程的内部监督。同时结合本院实际情况，对检察辅助人员合理进行岗位调整和安排。

二、完善制度体系，突出检察官办案主体地位和司法责任制

为确保检察权依法、独立、公正、规范行使，加强对员额制检察官的监督管理，本院成立检察官考评工作领导机构，明确在检察官考评中邀请代表、

委员、监督员、专家、律师参加。建立完善对员额制检察官及检察辅助人员、司法行政人员考核考评监督体系机制，制订出台了检察官办案责任制"9+1"制度体系，即《贵定县人民检察院员额制检察官业务考核办法》《检察官执法办案监督办法》《检察长办案规定》《检察官办案质量评查办法》《加强检察官内部监督意见》《检察官司法档案管理规定》《检察官执法过错责任追究办法》《检察官、检察辅助人员岗位职责规范》《人员分类管理绩效考核办法》9 个配套制度和《检察官岗位说明书》。

为体现检察官办案主体责任和地位，在检察官业务考核办法、检察官及检察辅助人员岗位职责规范中明确各业务条线检察官职责，将办案责任制明确落实到检察官，并通过业务考核和绩效管理考核由检察事务部、政工纪检监察对检察官主要执法业务和其他业务进行量化考核，着重从检察官办案数量、质量、效果、规范司法、执行办案纪律和廉洁自律等方面进行，实行百分制倒扣计分，将考核结果计入检察官司法档案，每季度兑现检察官办案考核津贴，每年度对检察官综合考评，对得分不满 60 分的实行退出机制。同时，为体现检察长（副检察长）对办案组织的领导和亲历性，规定检察长必须参与办案并对每年办案数量进行明确规定，要求检察长主动办理重大疑难复杂案件，检察长办案的考核考评监督与其他检察官一样。通过系列制度措施的建立完善，在实现检察官司法办案"谁办案、谁负责""谁决定、谁负责"原则的同时，也将办案责任制落实到检察官身上，形成权责明晰、权责统一、管理有序、监督有力的检察权运行机制。

注重放权与监督并重　着力构建检察权
运行内部监督制约工作机制

　　突出员额制检察官在司法办案中的主体地位，是这一轮司法体制改革中强调的一个重要价值取向。但在充分尊重检察官独立办案的主体地位基础上，建立一套有效的在检察官负责制基础上的案件质量管理和监督制约机制，探索有利于维护检察官依法独立行使检察权前提下的有效监督办法，保证在改革过程中办案质量不受到影响，更是司法体制改革的核心要义。遵义市人民检察院在推进司法体制改革的进程中，积极构建以"检察长—案件管理办公室—办案团队"为主体的检察权运行内部监督制约体系，制定了《检察长抽查案件办法》《办案流程监控工作办法》《切实开展对员额制检察官办理案件"一案一评查"工作方案》《检察官联席会议实施办法》《公诉案件质量控制办法》等一系列配套制度，确保监督制约权在既定的流程中依照既定的标准行使，确保司法责任制改革落到实处，确保司法体制改革真正实现让每一位人民群众都感受到司法的公正与效率。

一、建立案件质量内控工作机制，严把案件质量关

　　在过去三级审批办案模式下，案件质量的内部监督制约很大程度上取决于部门负责人、分管副检察长、检察长的层层把关。司法体制改革后，一线办案检察官成为有职有权、相对独立的办案主体，如何确保下放权力的同时不放松监督、提高效率的同时不降低案件质量成为落实司法责任制必须攻克的难点。事实上，司法体制改革实行新的办案模式给案件质量的把控确实带来一定的风险，如存在"公诉人当庭发表的公诉意见、量刑建议与审查起诉环节的审查意见不一致""人民法院判决认定和判处的事实、罪名、刑罚与审查起诉环节的审查意见或发表的量刑建议不一致，而公诉人又拟提出不抗诉意见"等情形，而部门负责人和检察长无法知晓进行监督控制。放权不等于

放任，放权强调的是独立行使检察权，强化监督强调的是保障公正行使检察权。为此，遵义市人民检察院公诉部门先行探索，注重放权与监督并重，突出主体地位与强化监督制约相统一，针对如上所述的可能存在失控的风险以及需要重点监督的重大事项，出台《公诉案件质量控制办法》，建立了公诉案件质量内控机制，确立"起诉前控制""起诉后控制""检察长审核监督"三个环节，积极实现对案件质量的全方位管控，确保检察官依法正确行使权力。根据控制办法，案件承办人在起诉前、起诉后发现有应当实施控制的相应情形时，应主动填写案件质量控制审核表，报部门负责人进行审核把关。检察长也可以根据部门负责人反映的情况，审核监督相关案件。下一步，我们还将继续探索研究在其他条线制定出台相关质量控制的办法，完善检察官司法办案内控监督体系。

二、建立办案流程监控工作机制，实行全程动态实时监督

《关于完善人民检察院司法责任制的若干意见》明确规定，人民检察院案件管理部门对司法办案活动实行统一集中管理，全程、同步、动态监督办案活动。如何进一步发挥案管作用，将检察机关全部办案活动和各类案件纳入全程、统一、实时、动态管理和监督，对所有案件"全程留痕"，在司法责任制改革大背景下越来越重要。对此，汇川区人民检察院进行积极探索，制定出台《办案流程监控工作办法》，依托办案流程监控系统，对办案检察官的办案流程进行全程、同步、实时、动态监督、提示、防控，自动阻却、提示各种程序不规范、不及时、不完备等问题，准确掌握办案的进展情况，对违法违规办案的情形，通过口头通知、发送《案件流程监控通知书》《案件流程监督纠正通知书》的方式予以督促纠正，确保涉案财物处理、办案期限、强制措施适用、当事人诉讼权利保障、法律文书使用等合法、规范的检察业务管理活动。同时，鉴于信息化不能完全代替人工，将一些信息化手段暂时不能覆盖的监控内容，制作人工流程监控清单和操作指引，不断建立健全以信息化为主、人工为辅，网上网下相结合的流程监控工作新机制，加强对司法办案活动的监督制约，使检察权运行更规范、管理更科学、监管更有效，保障司法责任制落实到位、改革到位。

三、建立办案督察工作机制，全面落实"人人办案"工作要求

为切实贯彻落实中央、贵州省委和省人民检察院的要求，进一步加大入额院领导直接办案力度，遵义市人民检察院多次下发通知要求各人民检察院入额院领导要充分认识领导办案的示范引领作用，自觉按照中央、贵州省委和省人民检察院的精神，亲自办理一定数量的案件，带头办理重大疑难复杂案件，更好发挥领导干部业务指导作用，更好落实司法办案责任制。市人民检察院杨滨检察长主动编入公诉办案团队，带头办理疑难复杂案件。市人民检察院还建立了定期通报制度，将全市入额院领导直接办案的情况在全市予以通报，督促领导亲自办理案件，督促领导及时对照差距抓整改，切实将"人人办案"的要求落到实处。此外，针对全市两级人民检察院均不同程度存在一些员额制检察官由于岗位原因无严格意义上的案件可办理的问题，市院下发通知，要求全市两级人民检察院根据实际情况，经检察长同意，将此类员额制检察官编入其他办案组，务必让此类员额制检察官能够办理一定数量严格意义上的案件。

四、建立逐案评查工作机制，强化事后监督与引导

案件质量评查，是指对检察官已办结的案件进行检查、分析、评价，发现问题并督促整改的检察业务管理活动。为充分运用好这一督促整改的功效，司法体制改革试点工作正式启动后，汇川区人民检察院在原有《案件质量评查办法》的基础上，结合《贵州省检察机关案件质量评查工作办法》，制定《切实开展对员额制检察官办理案件"一案一评查"工作方案》，对案件的事实认定、证据采信、法律适用、办案程序、风险评估、文书使用和制作、涉案财物处理、办案效果等进行评查，评定"合格案件"和"问题案件"（包括"错案""重大质量问题案件"和"一般质量问题案件"），将评查结果书面告知被评查案件承办人，对于一般性的问题，向检察官提出整改意见；对于确有严重质量问题需要纠正补正的"问题案件"，向检察长（分管副检察长）汇报，并由检察委员会作出最终认定，督促整改落实。

五、建立责任追究工作机制，强化问责促规范

为进一步落实司法责任制，遵义市院将检察官执法档案制度与案件质量评查制度相结合，把每一件案件质量评查的情况及相关结论装入相应的员额制检察官司法档案，并作为检察官绩效考核及奖金分配的重要依据。同时，加强对司法瑕疵、不规范司法行为以及产生原因的分析、研判，坚持问题导向，努力查找本院执法办案的薄弱环节和制度漏洞，有针对性地提出源头治理、规范司法的意见和建议，建立和完善相关制度，有效预防和减少了司法瑕疵、不规范司法行为的发生。制定《不规范司法行为责任追究制度》，对在案件质量评查中发现的可能需要追究办案检察官司法过错责任或涉嫌违纪违法的情形，移送检察官惩戒委员会或纪检监察部门处理。

以服务群众为导向推进司法改革 榕江县人民检察院走向群众"满意度"全省第一名

　　榕江县人民检察院在 2018 年公布的全省政法机关群众"满意度"测评中，荣获群众"满意度"全省第一名，群众"满意率"为 100%。

　　榕江县人民检察院是全省检察机关司法体制改革第一批四个试点县（区）级院之一。该院围绕办案要为群众服务的目标，积极探索员额制下的检察官办案责任制新模式——"让审案者主办，由承办人负责"。开展试点工作近一年来，该院蹄疾步稳推进改革，并始终坚持一手抓改革，一手抓业务，以改革为动力推动各项检察业务的开展，以检察业务的开展来检验改革试点的成果，做到了"两不误、双促进"。作为该院改革主体的检察干警，对司法体制改革工作充满了期待，参与热情很高，全院形成了一个浓郁的司法体制改革氛围。

　　为整合办案力量，提高办案质量与工作效率，该院将 11 个内设机构整合成 4 个办案团队。自团队组建以来，审查批捕案件平均每件由原来的 5 天缩短为 4 天，审查起诉案件由去年同期的 57 天缩减为 41 天（含退侦重报审查起诉时间）。同时，也改变了反贪、反渎部门各自为战，力量分散，未能资源共享的不足，形成了大自侦新格局，立案侦查职务犯罪案件同比上升了 40%。该院积极探索羁押必要性审查实施办法，开展羁押必要性审查工作成效明显。2018 年 7 月中旬，在全省刑事执行检察工作推进会上，该院作了经验交流发言。员额制检察官任命后，该院坚决贯彻执行员额制检察官必须到一线办案的要求，仅 2017 年 10 月至 11 月，检察长（副检察长）办理案件就达 20 余件，比 2017 年同期上升了 300%。截至 11 月底，该院共受理生态环保督促履职案件 27 件，督促关停了 12 家违法河道采沙企业，6 家大型砂石山场和群众反映强烈的"文美硅厂"等一批污染企业。由该院立案监督、提起公诉的"莫某某等三人非法毁坏国家重点保护植物案"入选最高人民检察院"全国生态环保司法保护十大典型案例"。

　　为联系群众、方便群众、服务群众，该院深入乡村基层，积极开展"访民生、送法律"服务活动和职务犯罪预防活动，共发送宣传资料4万余份，利用民歌进村入户宣传党的惠民政策，在县直机关建立预防联系点21个，建立全省首个庭审预防职务犯罪警示教育基地。同时，延伸预防触角，扎实开展"一村一检察官"驻村为民服务工作，极大地方便了群众，让群众足不出村就能得到法律服务，并实现了城乡全覆盖大预防格局。此举得到了最高人民检察院预防厅的肯定。

　　在推进司法体制改革试点工作中，该院还结合当地实际，凸显民族地区工作特色，注重对少数民族"双语检察官"的培养和使用，切实加强利民便民服务。针对部分当事人不熟悉汉语的情况，该院安排少数民族检察官接待和办理此类案件。这既节约了诉讼资源，又充分保障了当事人使用本民族语言进行诉讼的权利，特别是刑事和解案件、非诉讼纠纷案件。这一做法，不仅促进了民族团结和谐，也得到了人大代表、政协委员和人民群众的称赞。

刑事速裁为办案提速增效，让公正驶入"快车道"

当前，全国刑事案件高发，司法机关办案压力大增。为此，2014 年召开的党的十八届四中全会中提出：完善刑事诉讼认罪认罚从宽制度。这被看作是我国刑事诉讼制度改革的重大举措，但如何完善仍需司法机关逐步探索。

近年来，遵义市和全国其他地区一样，也面临着刑事案件高发、案多人少的矛盾日渐突出的情况，因此，按照遵义市人民检察院的安排，处于中心城区的红花岗区人民检察院承担了该市探索认罪认罚速裁制度的重任。

一、研发五类案件办案模块

接到任务后，该院从 2015 年 1 月起便积极部署，迅速开展工作。抽调公诉、侦监、案管部门的精干力量成立认罪认罚速裁课题小组，以便对速裁案件进行细致的调研。该课题小组在调研后，摸清了红花岗区内高发刑事案件占比、该院人均办案数、速裁案件程序的特点及重要意义等，并分析近年来该院案件受案数、罪名分布率等。通过分析发现，受理的案件主要涉及盗窃、毒品犯罪、故意伤害、交通肇事、非法拘禁、抢劫、诈骗、妨害公务等刑事案件，其中盗窃、毒品犯罪、抢劫、故意伤害四类犯罪占到了 80% 左右。

根据调研情况，红花岗区人民检察院课题组成员对当前检察业务应用系统内的审查报告进行了改革，针对不同罪名的特点和差别设计模板，在实际办案中不断改良。现在已有 5 类案件模板转化成软件，目前由软件生成的模板已代替审查报告在办案中运行。

庭审不超过 5 分钟

建立刑事案件认罪认罚速裁程序，有利于及时惩治犯罪，维护社会秩序，促进社会和谐稳定，也有利于贯彻宽严相济、惩办与教育相结合的刑事政策。在司法实践中，要提高案件的办理质量和效率，必须要求法、检、公形成一致步伐。

红花岗区人民检察院试行速裁程序期间，依托该区委政法委协调，多次召集该区人民法院、公安分局召开联席会，明确法、检、公在速裁程序中各自承担的职责，并会签了《实施细则》，对适用速裁程序的案件在侦查批准逮捕、审查起诉、审判各环节的衔接等事宜进行了细化。在严守司法公正的前提下，针对刑事诉讼中的被告人自愿认罪、自愿接受处罚、积极退赃退赔的情况，如何缩短、精简庭审时间也是红花岗区人民检察院探索速裁程序的重点。为此，该院同该区人民法院共同建立了集中移送、集中开庭机制，在庭审中将可以简化的程序全部进行简化，通过集中告知权利义务、简要宣读起诉书、简化定罪证据出示，着重量刑证据论证等步骤，将每件案件的庭审时间控制在 5 分钟之内，极大提高了庭审效率。

二、速裁程序能进也能退

红花岗区人民检察院在对适用认罪认罚速裁案件制度的探索中，建立了便捷灵活的进退机制。对于公安机关移送的案件，该院案管部门在受案时做出初评后认为可适用速裁程序的，便将案件标识为"红检认罪速裁"，并交具体承办人办理；承办人在办理过程中发现不适用速裁的案件，可以退出速裁程序；而下一个环节的承办人认为可以适用速裁程序的可再次进入速裁程序。适用速裁程序的案件由该院公诉部门指派专人进行权利义务告知，为承办人节省出阅卷时间，在阅卷基础上再针对案件情况进行讯问，并告知和征求犯罪嫌疑人是否愿意进入速裁程序，这改变了以往承办人既告知又讯问、先提后审的模式，节约了司法资源。

适用速裁程序的案件由红花岗区人民检察院案管部门录入犯罪嫌疑人基本情况（案情、强制措施等情况；定罪证据由该院侦监部门审查时录入；量刑证据由该院公诉部门审查时录入）。整个流程做到了为承办人减压，为审查案件提速。

同时，速裁案件由人民检察院侦监部门作出是否逮捕的决定后，对需要补充的证据则要求公安机关提前取证，改变以往案件在移送审查起诉后再进行补侦取证的习惯，为加快公诉审查效率做好部署。该院为适应速裁案件的工作需要，新建了远程讯问室，实行远程提讯，节约了时间，提高了办案效率。

通过速裁程序的应用，侦监、公诉部门的办案效率有了明显提高，特别是公诉部的结案率有了明显提高，退侦率有了明显下降，节约了司法资源。

从审结时限上看，大部分案件时限均控制在公诉部门 10 天内，侦监部门 5 天内审结；从庭审情况看，速裁案件庭审时间控制在 5 分钟/件之内，均未出现无罪、撤诉案件。

大数据让"汗水检务"变为"智慧检务"

近年来，贵阳市南明区人民检察院主动将检察工作融入"互联网+"行动计划，"互联网+检察"和检察大数据应用水平大幅提升，他们充分发掘统一业务系统数据资源，初步建立了具有贵阳市南明区检察特色的大数据体系。先后建成了大数据应用中心、全省首家案件管理室、全省首家多功能执法工作区和远程视频接访系统、电子卷宗制作系统、网上案件质量评查系统、12309 网上网下一体化服务平台等。

2014 年 9 月，贵阳市南明区人民检察院在贵州省检察系统率先启用远程视频审讯系统，至今已运用办理了 2000 余件案件。贵阳市南明区人民检察院与南明区看守所相距较远，以前检察官办案提审需要花费大量的时间，"一次提审加上花在路上的时间，来回起码要一天。"该院公诉科检察官陈娜娜回忆道，这大大影响了办案效率。为此，贵阳市南明区人民检察院在看守所和人民检察院办公大楼内分别设置专用远程视频审讯室，建立"院所间远程视频审讯系统"。该系统通过驻所检察室的工作人员当面提审，承办检察官在人民检察院的远程讯问室进行讯问。"现在准备好的一次提审最快在 20 来分钟就可以结束了"，陈娜娜说。

"我院地处贵阳市中心城区，侦监、公诉部门人年均办案约 160 件，平均每 1.5 个工作日就要办理 1 个案件，案多人少的矛盾就比较突出。为更好地完成办案、维稳等任务，我院紧扣'强管理'的任务要求，狠抓向科技要检力、要战斗力，缓解了案多人少的矛盾，提高了办案效率，保障了案件质量，强化了办案安全，规范了案件管理。"该院党组书记、检察长黄林介绍道。

大数据规范了司法行为。贵阳市南明区人民检察院依托统一业务应用系统，应用智能语音系统、案件质量评查系统、大数据司法办案辅助系统、大数据分析服务系统、流程监控模块系统、检务保障信息系统及建设数据中心进行模块分析、流程指引、时限预警、节点控制等，对司法办案活动实行全程、实时、动态分析、管理和监督，为决策提供参考，倒逼办案人员转变司法理念、规范司法行为，防止了超期羁押、超期办案等违法情况的发生。有效规范了案件管理、强化了内部监督，促进了自身公正廉洁司法，为确保检察权依法正确行使、提高司法公信力提供了有力的信息化支撑和机制保障。

大数据为检察工作科学发展提供强有力的物质保障。该院首先是通过向科技要检力，破解了案多人少的困局。先后投入科技经费 1300 余万元，建立视频接访系统、检务公开查询系统、人脸识别抓拍系统、多功能执法工作区工作系统等，已实现了案件远程审讯及宣告、三方视频开庭、全区未成年人远程宣教、控申来访预警等功能。2013 年以来，共提供行贿档案查询 13 000余次，远程提审 2000 余次，实现南明区域 100 所中小学未成年人远程法制宣教全覆盖，远程宣教 5000 余人次，大大节约了办案成本及时间。

运用科技手段，提高群众安全感和满意度。"以前到人民检察院的来访群众因为对法律程序的不了解，不知道需要找哪个部门才能办自己的事，不说是跑断腿吧，起码要累出一身汗。现在群众在人民检察院的一站式服务大厅，即可办理涉检的所有相关业务。"贵阳市南明区人民检察院案管室主任王筑煜介绍道。他们还通过"文明窗口创建年"活动，对来访群众作出服务承诺，并设置叫号及服务满意度评价系统、让群众对该院服务工作进行监督，以提高群众满意度及司法公信力。设置触屏查询系统，可以查询该院楼层分布、部门设置、控申指南、法律法规、省市各政法单位的交通位置，方便群众办事；两块全彩 LED 大屏实时进行案件信息公开及发布相关控告申诉信息；为保障律师的执业权利及开展涉法涉诉信访化解工作，设置专门律师工作室；通过"两微一端"平台，实现职务犯罪档案网上查询及业务网上预约，"让数据多跑路、让群众少跑腿"。

大数据着力保障执法办案。贵阳市南明区人民检察院利用全高清、低延迟的音视频设备，实现与看守所监控画面实时传输、远程审讯、宣告、同步录音录像及打印讯问笔录等功能。率先投入使用全省职务犯罪侦查指挥平台，通过平台可以查询公共信息以及银行流水、房产登记、通话记录等个人信息，并对有关证据材料进行分析，节省人力、物力，提高办案效率和保密效果。自主研发的便携式讯问指挥系统，通过内置加密无线网络，将讯问内容传输到指挥室，便于领导同步指挥、掌控侦查讯问。该系统在该院查办的中建四局工作人员职务犯罪案件中发挥了重要作用。利用未成年人润语工作室，对南明辖区近万人次的中小学生开展了远程法制宣教。

大数据着力强化了学习培训和岗位练兵。贵阳市南明区人民检察院借助高清视频会议系统和高速网络传输开展双向远程培训和网络教学，干警足不出户就可参加上级检察机关及业务条线部门组织的各种学习培训，既高效又便捷。突出加强计算机应用能力培训，要求全院干警熟练掌握打字排版、网上办案办公、制作PPT等技能。建立完善相关奖惩制度，将考核成绩与干警的提升、晋职、奖励等挂钩，调动干警练兵的积极性。通过练兵，干警的素质不断增强，队伍战斗力进一步提升。2013年以来，该院有2名干警获得省、市院嘉奖，办理的案件被省、市院评为优秀案件、精品案件，3名干警被省、市院评为业务标兵、办案能手，另有多名干警获得市级先进劳动者等荣誉称号。

黔东南州注重"双语检察官"的遴选与培养

"双语检察官"指除汉语外还懂得本地苗族、侗族、瑶族、水族等少数民族语言之一,并能流利地用少数民族语言进行交流和交谈的检察官。黔东南州是以苗族、侗族为主体民族的民族自治州,少数民族人口占全州总人口的82%,是全国 30 个民族自治州中少数民族比例最多的自治州,与此相对应,全州 759 名干警中,少数民族占 77%。随着经济社会的发展,少数民族逐步汉化,虽然全州检察官中少数民族比例很高,但真正懂少数民族语言的只有30%左右,为了更好地在民族地区开展检察工作、近两年全州检察机关加大了"双语检察官"的遴选与培养力度。我们的做法如下:

一、在招录和遴选时注重发现

每一次招录和遴选时我们特别重视是否懂少数民族语言,在同等条件下优先选择录用懂少数民族语言的考生。

二、定期组织少数民族语言培训

州人民检察院和各县市人民检察院都制定了民族文化学习培训方案,聘请老师到单位进行少数民族文字基础教学,少数民族基本常用语教学,教唱苗歌侗歌。既增长了工作人员的少数民族语言文字知识,又丰富了业余生活。

三、优先安排和组织"双语检察官"外出学习培训

每年最高人民检察院、省人民检察院组织的各种培训,我们都优先安排优秀的双语检察官参加。让他们增长见识,积累经验,更好地为全州检察工作增光添彩。

四、加强沟通与协作，充分发挥"双语检察官"的特殊作用

在接访的现场，调处纠纷，出庭时，我们积极与相关部门作好沟通协作，如有不懂汉语的少数民族人员，我们及时指派"双语检察官"应对，充分发挥他们的特殊作用，做到案结事了。

铜仁市实现司法体制改革下经费保障目标经验做法

2017 年 5 月 24 日，是全市检察人员激动的一天，因为这天每个员额制检察官都收到两条银行打款信息："您的借记卡账户收入人民币 8073 元""您的借记卡账户收入人民币 5645 元"。每个检察辅助人员和司法行政人员，也都收到进账 7400 元左右的信息。这两笔正常工资之外的"意外"收入是什么钱呢？据知情人透露，原来是司法体制改革后，铜仁市财政补发给员额制检察官、检察辅助人员及司法行政人员 2016 年 10 月至 2017 年 5 月的绩效考核奖金。

这只是铜仁在推进司法体制改革过程中落实经费保障的一项内容，除此之外，全市在第一时间内完成工资套改，套改后员额制检察官基本工资人均增加 1200 元左右；人均公用经费增加，各区县人均公用经费由以前的每年人均 1.6 万元提升到 4 万元，市人民检察院由原来的 2.8 万元提升到 5 万元；临聘人员薪酬每人每年由 1800 元提升到 3000 元；市人民检察院每年新增 100 万元、区县院每年新增 30 万元至 50 万元的大要案备用金。从这些数据可以看出，铜仁在争取各方支持、落实改革经费保障措施方面取得了明显成效。

一、吃透司法改革政策实质

司法体制改革推进过程中出台的政策多，如果领会不到位，吃不透政策精神，就会把握不准方向，政策传达错误，使司法体制改革有关要求不能落实。一位市人民检察院领导介绍，刚开始，他在理解检察官绩效奖金时就出现了错误，认为享受了检察官绩效奖金，就不能再享受地方政府发放的目标绩效奖，没有把两者之间的关系理解透。他说，如果按照这个思路去汇报，肯定与中央精神背离，或者因为理解不透彻，无法很好地说服具有同样想法的领导。为避免误读司法体制改革精神，铜仁市人民检察院要求每次参加上级司法体制改革会议的人员必须做好笔记，对于领导讲话材料及有关文件精神，要求司法体制改革办公室人员至少读 3 遍以上，对有疑问的地方向上级有关负责人请教，直到弄懂弄准确为止。

二、检察长亲自争取

经费保障是深化司法体制改革的一项重要内容，具有基础性地位，能否实现应有的经济保障直接关系到改革进程。为早日实现经济保障和市级统管，铜仁市人民检察院检察长亲自挂帅争取，亲自督促检改办每月按时报送改革信息、月进度表，亲自审核司法体制改革工作会议精神传达提纲、审核向市委市政府请求解决经费问题的工作报告，亲自向市委书记、市长、市政法委书记汇报司法体制改革工作进度及存在的问题。为了加大汇报力度，检察长也是"拼"了，不管是在领导办公室，还是开会、接待，只要一有机会，他都会向领导汇报，他说多请示、多汇报没有错，向市委汇报工作既是主动接受党的领导方式，也是让领导理解、支持检察工作的一种有效途径。此外，检察长还多次亲自上门找市财政局长沟通协调，财政局对司法体制改革经费保障工作也是非常的重视，局长多次与检察长共同商讨落实措施，并与检察长一道向市长作专题汇报。

三、磨刀不误砍柴工

为提升与财政人社部门沟通效果，铜仁市人民检察院也是做足了功课，他们分成四步走。第一步，调查摸底。在全市全面推开改革前，便组织人力对各类检察人员组成情况、经费资产构成情况进行摸底调查，形成初步的调查报告，做到心中有数。他们自行设计的经费测算表格，检察长亲自修改十来次才定稿。表格中对市院机关、各县人均公用经费、年度目标奖、三类人员工资、聘用人员薪酬、大要案备用金等 9 个项目前后进行了对比，对比后大家都觉得新增幅度并没有想象中那么高。第二步，传达司法体制改革精神和转发司法体制改革文件。及时传达中央、省委、省人民检察院有关领导讲话精神，特别是省内周边市（州）有关经费保障的一些经验做法，对理解不一致的，想方设法让其理解支持，最终达成一致意见。第三步，由检察长出面与财政局长、人社局长先做沟通，达成方向性意见后，再由分管领导及具体办事人员与两部门的相关人员商谈细节。第四步，拟定方案。根据上级文件要求，结合铜仁市实际，积极与人民法院、财政局讨论研究具体的实施方案，拟定出《铜仁市市区（县）人民法院人民检察院经费资产由市级统一管理实施方案》（以下简称《方案》），为市委市政府快速决策打下了坚实的基础。

四、功夫不负有心人

人民检察院积极努力争取，得到市委市政府的大力支持，市委书记、市长分别就人民检察院的改革工作作出批示，陈晏市长在人民检察院的经费报告上批示：市级财政要全力支持人民检察院人民法院的改革工作。市政府召开常务会讨论《方案》，随后市委又召开常委会讨论，形成《经费资产由市级统一管理的意见》（以下简称《意见》）并以市委办政府办的名义下发到各区县及各部门。《意见》规定了划转原则、划转口径、上划管理及工作要求，三类人员工资、聘用人员工资、人均公用经费均有上升，超出原标准的，按照实际安排标准上划，真正实现经费保障"保高托底"。《方案》中还明确"从2017年起，区（县）人民法院、人民检察院的预算、决算和财务监管由市财政统一管理，作为市一级预算单位编制"。6月，全市实现了经费市级统一管理目标。

难怪铜仁市人民检察院有关领导多次说："在底子薄、基础弱、经费极其紧张的情况下，全市检察机关的经费保障能确保工作需要，不能不说是党委政府对司法体制改革的高度重视，对检察工作的高度重视。"

第四编

制度选录

遵义市汇川区人民检察院《关于完善司法责任制明确检察官权限的暂行规定》

为贯彻落实中央、省委、高检院、省检院关于深化司法体制和工作机制改革的决策部署，进一步完善检察机关执法办案组织、执法办案机制，探索建立突出检察官主体地位的办案责任制，完善检察机关办案责任体系，根据《人民检察院组织法》《刑事诉讼法》《民事诉讼法》《行政诉讼法》等法律和最高人民检察院《关于完善司法责任制的若干意见》《贵州省司法体制改革试点方案》《贵州省检察机关司法体制改革试点工作实施方案》《贵州省人民检察院关于完善县（市、区、特区）级人民检察院司法责任制明确检察官权限的暂行规定》等相关文件精神，结合我院检察工作实际和各业务部门岗位职责，制定本规定。

第一章 总 则

第一条 检察官职权划分的基本原则

（一）坚持检察权依法独立公正行使。检察机关依法独立公正行使检察权，按照检察长负责制和检察委员会民主集中制相结合的决策机制，重大案件和重大事项由检察长或检察委员会决定；

（二）坚持合理放权与加强领导相统一。在法律规定的框架内，合理下放职责权限，更加充分、合理地赋予检察官办案决定权，实现检察官权责相一致。检察长根据需要将部分职权授予主任检察官（独任检察官）行使，主任检察官（独任检察官）对授权范围内的案件具有决定权。在赋予检察官职权的同时，加强检察长、检察委员会对执法办案活动的领导；

（三）坚持权力明确与责任清晰相统一。检察长、检察委员会、主任检察官（独任检察官）根据法律规定和授权范围行使职权，并在各自职责权限内对办案质量终身负责；

（四）坚持突出主体地位与强化监督制约相统一。强化检察官主体地位，突出检察官办案主体作用。同时，强化检察长、检察委员会对办案的监督制约，确保检察权的正确行使。

第二条　检察委员会履行以下职责

（一）审议在检察工作中贯彻执行国家法律、政策的重大问题；

（二）审议贯彻执行本级人民代表大会及其常务委员会决议，拟提交本级人民代表大会及其常务委员会的工作报告、专项工作报告和议案；

（三）审议本地区检察业务、管理等规范性文件；

（四）审议贯彻执行上级人民检察院工作部署、决定的重大问题，总结检察工作经验，研究检察工作中的新情况、新问题；

（五）审议重大专项工作和重大业务工作部署；

（六）经检察长决定，审议有重大社会影响或者重大意见分歧的案件，以及根据法律及其他规定应当提请检察委员会决定的案件；

（七）经检察长决定，审议按照有关规定向上一级人民检察院请示的重大事项，提请抗诉的刑事案件以及应当提请上一级人民检察院复议的事项或者案件；

（八）决定本级人民检察院检察长、公安机关负责人的回避；

（九）审议报请核准追诉案件；

（十）审议信访终结案件；

（十一）审议检察长不同意人民监督员表决意见的案件；

（十二）审议检察长认为需要提请检察委员会审议的其他议题。

第三条　检察长履行以下职责

（一）负责全院办案工作的总体部署、组织实施、调整调度；

（二）对所领导处理的重大复杂疑难案件负领导责任；

（三）直接办理具体案件、事项，并对作出的决定承担责任；

（四）对全院的办案工作进行监督；

（五）决定检察人员回避；

（六）其他需要检察长决定的事项。

第四条　副检察长履行以下职责

（一）负责所分管工作的总体部署、组织实施、调整调度；

（二）对所领导处理的重大复杂疑难案件负领导责任；

（三）负责对需报检察长或检察委员会决定的案件或事项进行审核；

（四）对由自己直接决定案件的法律适用、案件处理负责；

（五）对所分管办案工作的风险评估、防范等负领导责任；

（六）负责对所分管的办案工作进行监督；

（七）直接承办具体案件，并对作出的决定承担责任；

（八）可召集或指令分管业务部门主要负责人召集检察官联席会议，对重大、疑难、复杂案件进行讨论，或征求有关专家咨询意见。

第五条　主任检察官（独任检察官）履行以下职责

（一）主任检察官（独任检察官）根据检察长授权，对本办案组的办案工作负全部责任；

（二）负责部署、组织、调度本办案组的办案工作；

（三）对本办案组所办案件的事实和证据负责；

（四）对有权决定的法律适用、案件处理负责，对需要提交检察长（副检察长）、检察委员会决定案件的法律适用、案件处理提出明确具体的意见；

（五）在授权范围内对办案中的法律监督工作负责，对需要提交检察长（副检察长）、检察委员会决定的法律监督事项提出明确具体的意见；

（六）对本办案组所办案件中的风险评估、防范等负主要责任；

（七）对本办案组工作人员的办案情况进行监督和管理，对检察官助理的履职情况提出考核意见；

（八）就办案工作向检察长或分管副检察长提出意见建议；

（九）下列办案事项应当由主任检察官（独任检察官）亲自承担：

1. 询问关键证人和对诉讼活动具有重要影响的其他诉讼参与人；

2. 对重大案件组织现场勘验、检查，组织实施搜查，组织实施查封、扣押物证、书证，决定进行鉴定；

3. 组织收集、调取、审核证据；

4. 主持公开审查、宣布处理决定；

5. 代表检察机关当面提出监督意见；

6. 出席法庭；

7. 其他应当由检察官亲自承担的事项。

第六条　承办检察官履行以下职责

（一）承办检察官对自己承担的办案工作负责，对风险评估、防范等负主要责任；

（二）对所办案件的事实和证据负责；

（三）对所办理的主任检察官有权决定案件的法律适用、案件处理，向主任检察官提出明确具体的意见，并就自己的意见承担责任。对需要提交检察长（副检察长）、检察委员会决定的案件，提出具体意见交主任检察官审核；

（四）就办案工作向主任检察官提出意见建议；

（五）参与本办案组的办案工作；

（六）带领和指导检察官助理等辅助人员正确履行职责，对检察官助理的履职情况提出考核意见。

第七条 检察官助理履行以下职责

（一）在检察官的指导下，讯问犯罪嫌疑人、被告人，询问证人和其他诉讼参与人；

（二）在检察官的指导下，接待律师及案件相关人员；

（三）在检察官的指导下，现场勘验、检查，实施搜查，实施查封、扣押物证、书证；

（四）在检察官的指导下，收集、调取、核实证据；

（五）在检察官的指导下，草拟案件审查报告，草拟法律文书；

（六）协助检察官出席法庭；

（七）完成检察官交办的其他办案事项。

第八条 本规定中的"重大、疑难、复杂"案件，是指具备以下情形之一的案件：

（一）犯罪情节特别恶劣的；

（二）造成特别严重危害后果的；

（三）在法律适用方面存在重大分歧意见的；

（四）涉及人大代表、政协委员、县处级以上干部、司法工作人员的；

（五）可能引起重大舆情的；

（六）涉及国家安全、外交和社会稳定的；

（七）上级人民检察院交办的案件；

（八）其他检察长认为重大、疑难、复杂的案件。

第二章 职权划分

第九条 检察长依法委托副检察长代行检察长部分职权；副检察长根据

检察长的依法授权，在授权范围内行使职权。

第十条　以下职权，检察长可以委托副检察长行使决定权，副检察长认为确有必要时，可以提请检察长或检察委员会决定：

（一）职务犯罪侦查业务

1. 提出初查、不予初查、缓查存查、移送其他部门或单位的意见；

2. 对公开初查或接触初查对象提出意见；

3. 对立案、补充立案或不立案提出意见；

4. 批准辩护律师会见特别重大贿赂犯罪案件中在押或者被监视居住的犯罪嫌疑人；

5. 采取技术侦查措施；

6. 延长技术侦查期限；

7. 报请上级人民检察院批准延长羁押期限；

8. 重新计算羁押期限；

9. 冻结、查封、扣押犯罪嫌疑人的财产、文件；

10. 是否许可出售冻结、扣押财产；

11. 在本辖区内进行通缉；

12. 报请上级人民检察院批准采取辖区外通缉、边控、全国网上追逃、限制出境等侦查措施；

13. 采取拘传、取保候审、监视居住、拘留强制措施；

14. 报请上级人民检察院决定逮捕或采取指定居所监视居住；

15. 解除或者变更拘传、取保候审、监视居住、拘留强制措施；

16. 终止侦查；

17. 案件侦查终结；

18. 案件移送审查起诉、不起诉；

19. 申请撤销案件；

20. 移送、退还、解除查封、扣押、冻结财物和文件；

21. 对办案中发现的线索提出处理意见；

22. 批准赴外省、市调查取证；

23. 报请上级人民检察院批准赴国（境）外调查取证；

24. 报请上级人民检察院就担任实职的县（处）级以上领导干部的相关侦查协作事项进行安排；

25. 组成重大责任事故调查组；

26. 审批重大责任事故调查报告；

27. 发出检察建议；

28. 应上级人民检察院要求，派员参与办理重大复杂案件；

29. 对从本院抽调侦查人员，成立专门的临时办案组织，统一进行案件侦查提出建议；

30. 对逃匿、死亡犯罪嫌疑人适用违法所得没收程序。

以上事项由主任检察官或独任检察官提出意见后报检察长、副检察长决定。

（二）职务犯罪预防业务

1. 审批惩治和预防职务犯罪年度报告；

2. 移送在预防工作中发现的案件线索；

3. 批准预防介入，发出预防检察建议；

4. 批准开展重大警示教育宣传活动；

5. 复核行贿犯罪档案查询结果；

6. 其他需要由检察长或检察委员会研究决定的事项。

（三）审查逮捕业务

1. 决定不批准逮捕；

2. 撤销逮捕决定或者撤销不批准逮捕决定；

3. 发出检察建议或纠正违法通知书。

（四）公诉业务

1. 决定不起诉或报请上级人民检察院批准作出不起诉决定；

2. 提请支持抗诉；

3. 对于侦查机关提请的不起诉复议，决定撤销或决定维持原不起诉决定；

4. 提出变更强制措施的建议；

5. 就是否撤回起诉向上级人民检察院请示；

6. 对上级人民检察院撤回抗诉提起复议；

7. 决定取保候审、监视居住（重新办理）等涉及人身自由和财产处置的措施；

8. 撤销附条件不起诉；

9. 发出检察建议、纠正违法通知书；

10. 启动没收违法所得程序；

11. 启动强制医疗。

（五）侦查监督业务

1. 决定通知公安机关立案或撤销案件；

2. 要求本院侦查部门立案侦查或者撤销案件；

3. 对公安机关就撤案通知提请的复议、复核作出决定；

4. 对本院侦查部门违法行为情节较重、需要给予党政纪处分或者追究刑事责任的提出处理意见；

5. 决定是否排除非法证据；

6. 决定发出检察建议、纠正侦查违法通知书。

（六）刑事审判监督业务

1. 决定是否排除非法证据；

2. 向有关机关提出释放或变更强制措施的意见；

3. 对刑事审判活动中的违法行为提出书面纠正意见或者检察建议；

4. 向有关机关或部门移送犯罪线索；

5. 对本院提出抗诉但上级院撤回抗诉的案件提请上级院进行复议；

6. 审查认为生效刑事判决、裁定确有错误，决定提出抗诉，提请上级人民检察院抗诉；

7. 对被监督单位提出的异议提出复核决定；

8. 审批书面纠正违法通知书、检察建议以及其他法律监督文书；

9. 决定再审阶段的强制措施。

（七）民事行政检察业务

1. 决定对民事行政申请监督案件提出再审检察建议；

2. 决定对民事行政申请监督案件提请抗诉；

3. 决定对民事行政申请监督案件作出不支持监督申请决定；

4. 决定对民事行政执行案件提出检察建议；

5. 决定对人民法院民事行政立案、审理、调解、执行过程中的违法行为提出检察建议（纠正违法通知书）；

6. 督促行政机关依法履行职责；

7. 决定检察机关提起公益诉讼；

8. 决定支持起诉；

9. 移送职务犯罪线索；

10. 决定依职权进行监督；

11. 决定撤回本级院的监督决定；

12. 决定不公开案件；

13. 决定跟进监督；

14. 决定向上级人民检察院请示重大案件。

（八）刑事执行业务

1. 决定自行组织或者要求人民法院、监狱、看守所对暂予监外执行罪犯重新组织进行诊断、检查或者鉴定；

2. 指令开展监管事故的审查、调查和相关处理工作，对被监管人员死亡事故，决定组织补充鉴定或者重新鉴定，审批调查处理情况报告；

3. 经羁押必要性审查程序后，建议撤销或者变更强制措施；

4. 移送职务犯罪案件线索；

5. 对刑罚执行和监管活动中的职务犯罪案件立案侦查、职务犯罪预防工作，其具体职权参照职务犯罪侦查业务和职务犯罪预防业务执行；对罪犯又犯罪案件审查逮捕、审查起诉，对立案、侦查和审判活动是否合法实行监督，其具体职权分别参照审查逮捕业务、公诉业务和诉讼监督业务执行；受理辩护人、诉讼代理人对看守所阻碍行使诉讼权利的申诉、控告以及被监管人及其近亲属、法定代理人的控告、举报和申诉，其具体职权参照控告（举报）业务和刑事申诉检察业务执行。

（九）控告（举报）业务

1. 对重要举报线索和反映检察干警违法违纪举报线索提出处理意见；

2. 审查本院作出不立案决定的举报线索，提出需要重新初查意见或应当立案侦查意见；

3. 提出需要初核的举报线索；

4. 审批初核报告；

5. 提出需要保护举报人的措施和奖励举报有功人员方案；

6. 提出需要进行举报失实澄清的意见；

7. 审查妨碍刑事诉讼权利的控告案件，并进行调查工作，提出纠正建议；

8. 审查对本院办理刑事案件中的违法行为的控告案件，提出纠正建议；

9. 审查上级机关交办督办的或本院受理的涉检的及其他重大、疑难、复杂的控告案件，提出处理意见；

10. 指挥、调处重大的集体访、过激访、缠访闹访以及扬言制造极端事件的案件。

（十）刑事申诉检察业务

1. 决定立案复查，并决定进行侦查实验、鉴定或者补充鉴定；

2. 决定立案复查案件终止办理；

3. 决定纠正原处理决定；

4. 立案复查后，决定提请抗诉、提出抗诉、提出再审检察建议；

5. 决定将办案中发现的线索移送相关部门处理；

6. 经审查认为请求赔偿的侵权事项事实清楚，应当予以赔偿的，由检察长审批决定并签发《刑事赔偿决定书》；

7. 经复议认为原赔偿决定认定事实或者适用法律错误的，需要予以纠正的，或者复议认为原赔偿决定的赔偿方式、项目、数额不当的，需要予以变更的，由检察长审批决定并签发《刑事赔偿复议决定书》；

8. 经复查认为检察机关原刑事案件处理决定确有错误，影响赔偿请求人依法取得赔偿的，报检察长审批决定审查处理意见；

9. 决定对国家机关工作人员提出追偿和处分意见；

10. 经审查认为人民法院行政赔偿判决、裁定确有错误，决定向同级人民法院提出抗诉、再审检察建议或提请上级人民检察院抗诉；

11. 对于符合国家司法救助条件的，决定救助方式和金额；

12. 对于急需医疗救治等特殊情况，依据救助标准，决定先行垫付救助资金。

（十一）案件管理业务

1. 决定不予受理案件；

2. 案件流程监控中发现严重违法办案情形的，决定予以督促纠正；

3. 结案审核中发现严重违反规定情形的，决定予以督促纠正；

4. 法律文书监管中发现严重违反规定情形的，决定予以督促纠正；

5. 涉案财物监管中发现严重违反规定情形的，决定予以督促纠正；

6. 组织、指导开展案件质量评查，包括随机评查、重点评查、专项评查，批准评查方案、审核评查报告，决定评查结果的运用；

7. 组织检察业务考评，确定考评方法、考评标准，审核考评结果；

8. 组织开展执法风险评估预警、风险防范和矛盾化解工作，对存在违反相关规定情形的，决定予以督促纠正；

9. 组织开展案件信息公开，对严重违反相关规定情形的，决定予以督促纠正。

（十二）法律政策研究（检察委员会办公室）业务

1. 审查和组织起草业务性文稿、规范性文件；

2. 组织对司法实践中存在的普遍性问题开展调查研究，提出解决问题的意见、建议；

3. 其他由检察长授权的事项。

第十一条 生态检察业务、未检业务检察官履行侦查监督、审查起诉、诉讼监督等职责时，参照相关业务职权规定。

第十二条 检察委员会专职委员受检察长委托，可以履行副检察长职责。

第十三条 除本规定中明确由检察长、副检察长、检察委员会履行的职责外，其余职权由检察长授予主任检察官（独任检察官）行使审批决定权。

属主任检察官（独任检察官）审批决定的案件或事项，主任检察官（独任检察官）审查后认为重大、疑难、复杂的，可以报请分管副检察长审查决定。

主任检察官（独任检察官）应按照授权范围行使职权，原则上不得将授权范围内的案件和事项提交检察长或检察委员会决定。确需提交检察长或检察委员会决定的，须经分管副检察长审核同意。

第三章　责任划分

第十四条 以个体责任形式承担办案责任的，根据以下情形确定责任：

（一）因决定产生的办案责任，由决定者独立承担；

（二）因参与决定产生的办案责任，由参与人独立承担，但责任轻重应与参与人过错程度相当；

（三）因事实和证据产生的办案责任，由案件承办人独立承担。

以共同责任形式承担办案责任的，每个责任人均要承担全部责任。

第十五条 检察长（副检察长）责任。检察长（副检察长）决定的案件，由检察长（副检察长）在职责权限内对案件处理决定承担办案责任。以人民检察院名义制作的法律文书，由检察长或授权的分管副检察长签发。检察长授予主任检察官（独任检察官）独立行使职权的案件，需由检察长（副检察长）签发法律文书的，检察长（副检察长）不因签发法律文书承担办案责任。

第十六条　检察委员会委员责任。检察委员会决定的案件，由检察委员会委员按照各自的表决意见及理由承担相应办案责任。

第十七条　主任检察官（独任检察官）责任。主任检察官（独任检察官）亲自办理并作出决定的案件，由主任检察官（独任检察官）对案件处理决定承担办案责任。

主任检察官（独任检察官）提请检察长或检察委员会作出决定的案件和事项，主任检察官（独任检察官）对本人汇报的事实和证据负责，检察长和检察委员会对所作决定负责；检察长或检察委员会改变或者部分改变主任检察官（独任检察官）意见的，主任检察官（独任检察官）对改变部分不承担办案责任；主任检察官（独任检察官）未经授权擅自对检察长或检察委员会职责权限内的案件和事项作出处理决定，由主任检察官（独任检察官）承担办案责任。

在办案中遇到无明确职权划分的情况，主任检察官（独任检察官）须报请检察长（副检察长）决定审批层级。主任检察官（独任检察官）对其自行决定的事项，负全部责任。

第十八条　承办检察官责任。主任检察官办案组内其他检察官承办的案件，如果主任检察官与承办检察官意见相同，由主任检察官与承办检察官承担共同办案责任；如果主任检察官改变承办检察官的意见，由主任检察官对案件的处理决定负责，承办检察官对事实和证据负责。

主任检察官办案组提请检察长或检察委员会作出决定的案件和事项，同意主任检察官意见的，主任检察官对汇报的事实和证据负责；同意承办检察官意见的，由承办检察官对汇报的事实和证据负责。检察长或检察委员会改变主任检察官、承办检察官意见的，主任检察官、承办检察官不负责。

第十九条　检察官助理责任。检察官助理对依法办理的具体事项负责。

第四章　附则

第二十条　本院举报工作暂由检察长分管。本规定第（九）控告（举报）业务中的第1条至第6条由检察长决定或提出处理意见。

第二十一条 主任检察官（独任检察官）提请检察长或授权的分管副检察长签发起诉书或批准逮捕决定书时，要一并报送审查报告。检察长或授权的分管副检察长因不认真审查审查报告，导致案件的处理决定存在重大错误的，在分清责任大小的基础上，应当追究主任检察官（独任检察官）和检察长或授权的分管副检察长的相应责任。

第二十二条 刑事检察案件建立随机分案为主、指定分案为辅的案件承办确定机制。案件承办人分到案件后认为该案属于重大、疑难、复杂案件且应由检察官办案组办理的案件，应于收到案件起2日内向分管副检察长提出建议。内部执法监督团队在收案时，认为应由检察官办案组办理的案件，可将案件直接分配给分管副检察长。分管副检察长审核后认为确有必要由检察官办案组办理的，向检察长作出汇报，由检察长确定成立检察官办案组及其组成人员。

第二十三条 最高人民检察院、贵州省人民检察院对检察官职权划分有新规定的，从其规定。

第二十四条 本规定由遵义市汇川区人民检察院检察委员会负责解释。

贵阳市花溪区人民检察院《加强司法办案内部监督暂行规定（试行）》

第一条　为强化内部监督，确保检察官依法履职，保证检察权依法独立公正行使，根据高检院《人民检察院执法办案内部监督暂行规定》制定本规定。

第二条　司法办案内部监督是指依据相关规定，对自身司法办案活动和检察人员履行办案职责权限的全过程进行全面、系统、有效的监督的制度。

第三条　强化内部监督要始终坚持突出检察官主体地位与加强监督制约相结合，坚持主观过错与客观行为相一致、责任与处罚相适应、惩戒与教育相结合。

第四条　司法办案内部监督的对象是检察官及其他检察人员的司法办案活动。

第五条　司法办案内部监督的责任主体是检察长、分管检察长、纪检监察部门以及检察官。

案管办、检办依据规定履行对司法办案的监督管理职责。

第六条　司法办案内部监督的主要内容是：

（一）在司法办案活动中履行法定职责的情况；

（二）在司法办案活动中遵守法律规定的情况；

（三）在司法办案活动中遵守检察纪律和规章制度的情况。

第七条　在司法办案内部监督中，应当重点监督下列案件：

（一）初查后决定不立案的具有较大影响的职务犯罪案件；

（二）对犯罪嫌疑人、被告人变更强制措施的职务犯罪案件；

（三）侦查机关或者侦查部门持有异议的不予逮捕或者不予起诉的刑事案件；

（四）犯罪嫌疑人、被告人被逮捕后撤销案件、不起诉或者撤回起诉的刑事案件；

（五）人民法院作出无罪判决或者被人民法院改变犯罪性质、改变罪名后明显影响量刑的刑事案件；

（六）当事人长期申诉、上访的刑事案件及民事、行政申诉案件；

（七）人民监督员提出不同意见，或者在本院内部存在重大意见分歧的职务犯罪案件；

（八）社会普遍关注，或者人民群众反映强烈的刑事案件、民事、行政申诉案件；

（九）上级院要求重点监督的刑事案件、民事、行政申诉案件。

第八条 在司法办案内部监督中，应当重点防止和纠正下列行为：

（一）侵犯举报人、控告人、申诉人合法权益，或者泄露、隐匿、毁弃、伪造举报、控告、申诉等有关材料的；

（二）违法违规剥夺、限制诉讼参与人人身自由，或者违反办案安全防范规定的；

（三）非法搜查，违法违规查封、扣押、冻结追缴款物，或者违法违规处理查封、扣押、冻结追缴财物及其孳息的；

（四）违法违规采取、变更、解除、撤销强制措施，或者超期羁押犯罪嫌疑人、被告人的；

（五）刑讯逼供、暴力取证，或者以其他非法方法获取证据的；

（六）违法使用警械警具，或者殴打、体罚虐待、侮辱诉讼参与人的；

（七）隐匿、毁弃、伪造证据，违背事实作出勘验、检查、鉴定意见，包庇、放纵被举报人、犯罪嫌疑人、被告人，或者使无罪的人受到刑事追究的；

（八）违反法定程序或者办案纪律干预办案，或者未经批准私自办案的；

（九）私自会见案件当事人及其亲友、辩护人、代理人，或者接受上述人员提供的宴请、财物、娱乐活动的；

（十）为案件当事人及其亲友、代理人打探案情、通风报信，或者泄露案件秘密的；

（十一）越权办案、插手经济纠纷，利用执法办案之机拉赞助、乱收费、乱罚款，让发案单位、当事人报销费用，或者占用发案单位、当事人的交通、通讯工具的；

（十二）违法违规剥夺、限制当事人诉讼权利，或者妨碍律师参与刑事诉讼的；

（十三）具有法定回避情形而不申请回避的；

（十四）其他不履行或者不正确履行法律监督职责的。

第九条　司法办案内部监督主要通过以下途径进行：

（一）上级院的领导、监督；

（二）加强检察长、检察委员会对案件的审查、决定和检查；

（三）加强各诉讼环节之间的监督制约；

（四）实行检察官联席会议制度，加强办案组织内部监督；

（五）加强释法说理，副检察长、案件管理部门加强法律文书管理、质量评查；

（六）实行实体办案权和流程监督权相分离，由案件管理部门对办案全过程进行监督，实现办案全程留痕；

（七）加强对重点案件的质量监控和结果评价，每月开展案件评查；

（八）讯问、询问等司法办案活动在司法办案区进行，实行全程同步录音录像；

（九）对检察内部人员违反规定过问案件，实行记录或责任追究制度；

（十）完善检察官执法业绩档案，健全检察官业务考核评价制度；

（十一）开展专项检务督察；

（十二）受理对检察官以及检察人员在司法办案活动中违法违纪的控告、举报。

第十条　职务犯罪案件不立案、撤销案件、不起诉等终结性处理决定和判决情况及时报上级院进行备案同步审查。

第十一条　检察长、副检察长可以依法对检察官办理的案件进行检查，认为检察官处理决定不当的，可直接改变检察官的处理决定，或将案件交由其他检察官办理或提交检察委员会讨论决定。

第十二条　检察长、副检察长对主任检察官办案组和独任检察官的司法办案工作负有监督责任。

第十三条　主任检察官对本办案组的司法办案工作进行监督，发现问题应主动介入并向分管副检察长报告。

独任检察官发现检察辅助人员办案中存在问题的应当及时进行指导，发现不当履行职责等问题时应当予以纠正，问题严重的应当及时报告分管副检察长。

第十四条 案件管理部门对检察官办理的案件进行即时全面监督，从实体、程序、法律文书及内部报告等方面进行检查，发现办案中存在不当履行职责等问题要及时通报。

第十五条 检察官以及检察辅助人员应当全面、全部、全程使用统一业务应用系统开展司法办案活动，案件管理部门要加强对业务系统的管理，做到客观、全面记录办案流程，案件办理全程留痕；案件管理部门对办案流程进行管理，通过发送预警提示、流程监控通知书，及定期通报办案情况等方式，发现和纠正办案不规范行为。

第十六条 对检察机关内部人员违反规定过问和干预其他人员正在办理的案件，办案人员应当全面、如实记录，做到全程留痕，有据可查。对过问和干预情况应及时向纪检监察部门通报。

第十七条 政工部门要进一步建立健全检察官执法业绩档案，全面记录检察官办案数量、质量、效率、效果、职业操守、研修成果等绩效指标，客观公正评价检察官业务绩效。

第十八条 纪检监察部门按照纪检监察有关规定，对办案工作中执行纪律、制度情况进行监督，发现问题应当及时报告检察长。

纪检监察部门受理对检察官以及其他检察人员违法违纪的控告、举报并进行核查处理，依照规定对检察官履行职责、行使职权、遵章守纪、检风检容等开展检务督察，并提出处理意见。

第十九条 检察官在履行司法办案内部监督职责时，具有下列情形之一的，应当给予批评教育并责令其改正，构成违纪违法的，应当依照有关规定追究其违纪违法责任：

（一）不履行或者不正确履行监督职责，导致发生严重违纪违法案件的；

（二）发现严重执法过错和违纪违法行为不及时制止、纠正或者报告的；

（三）非法干预执法办案工作的；

（四）泄露案件或者工作秘密的；

（五）其他玩忽职守、滥用职权的。

第二十条 检察官以及其他检察人员在司法办案活动中发生执法过错或者违纪违法行为的，应当按照有关规定追究其执法过错责任和违纪违法责任。

（一）属于违纪违法行为，应当给予纪律处分或者追究刑事责任的，由纪检监察部门依照《检察人员纪律处分条例》《人民检察院监察工作条例》等有关规定办理；

（二）属于执法过错的，依照最高人民检察院《检察人员执法过错责任追究条例》有关规定办理。

第二十一条 检察官以及其他检察人员拒不接受司法办案内部监督，并具有下列情形之一的，应当给予批评教育并责令其改正，构成违纪违法的，应当依照有关规定追究其违纪违法责任：

（一）故意干扰，阻挠司法办案内部监督的；

（二）拒不配合有关部门对执法过错和违纪违法行为进行调查处理的；

（三）对提出监督意见的人员进行打击报复的；

（四）造成其他不良后果或者影响的。

第二十二条 本规定由花溪区人民检察院检察委员会负责解释。

第二十三条 本规定自下发之日起施行。

贵定县人民检察院《检察官司法档案管理办法（试行）》

第一条 为贯彻落实办案质量终身负责制和错案责任倒查问责制，促进严格、规范、公正、文明司法，根据最高人民检察院《关于完善人民检察院司法责任制的若干意见》和上级院相关规定，结合工作实际，制定本办法。

第二条 本办法所称检察官司法档案，是指对检察官办案的数量、质量、效率、效果、安全，履行综合业务管理职责的情况，进行检查、考评所形成的各种资料。

第三条 检察官司法档案的建立与管理，应当坚持实事求是、及时准确的原则。

第四条 检察官司法档案实行一人一档，个人填写与组织记录相结合，由检察事务部集中统一管理。

第五条 检察官司法档案应当包括以下内容：

（一）办案的基本情况，包括办理案件的数量、质量、效率、效果、安全等；

（二）所在部门案件质量检查情况；

（三）出庭履行职责检查情况；

（四）案件质量评查情况；

（五）司法规范化检查情况；

（六）案件督查督导情况；

（七）司法行为反馈及评价情况；

（八）司法过错责任追究情况；

（九）其他应纳入司法档案的材料。

检察官办案组承办的案件，应当将前款有关情况记（装）入（主任）检察官的司法档案。

第六条 职务犯罪预防检察官司法档案，主要记录其组织开展预防调查、行贿档案查询等履职情况。

检察事务检察官司法档案，主要记录其组织开展办案流程监管、案件质量评查、法律适用与检察改革研究等履职情况。

第七条　检察官司法档案的有关内容，应当及时动态记（装）入。

办案的基本情况，由检察官每季度填写一次，报分管检察长审核后，移交检察事务部装入其司法档案。

检察官所在部门开展案件质量检查的情况，相关部门在检查结束后及时将材料移交检察事务部装入相应的检察官司法档案。

检察事务部或者上级人民检察院完成对检察官出庭履行职责的检查、案件质量评查、司法规范化检查、案件督查督导、司法行为反馈及评价、司法过错责任追究等监督管理工作后，由检察事务部及时将有关结论记（装）入相应的检察官司法档案。

第八条　检察事务部应当报经院党组审核同意，按季度公示检察官司法档案的内容，并于每年年底整理装订成册。

第九条　司法档案应当作为检察官年度考评、晋职晋级和奖惩的重要依据。组织人事部门可以依职权调取检察官司法档案，检察事务部门应当予以配合。

第十条　相关部门、个人应当如实填写司法档案。不如实填写或者弄虚作假，造成严重后果或者恶劣影响的，依照有关规定给予相应的纪律处分。

第十一条　检察官司法档案可以采取电子文档的方式进行制作、管理。

第十二条　检察业务管理部门应当将检察官司法档案长期保存。

第十三条　检察官职务、岗位等发生变化时，检察事务部应当及时做好变动登记。

因工作调动、退休、被免职等不再从事检察业务工作的，检察事务部应当对其档案进行封存。

第十四条　检察辅助人员可以参照本办法的规定建立司法档案。

第十五条　本办法由贵定县人民检察院负责解释。

第十六条　本办法自发布之日起施行。

贵定县人民检察院
检察官司法档案

（　年度）

姓　名
部　门
职　务

贵定县人民检察院制

说　　明

一、表内所列项目，可以根据本院实际进行调整。

二、表内所列项目本人没有内容填写的，可写"无"。个别项目填写不下时，可加附页。司法档案建成后，续年填写时，检察官基本情况、司法工作简历两栏可只填写变动的情况。

三、"照片"一律用近期二寸着装正面半身免冠彩色彩片。

四、工作单位调动的检察官，档随人走。不再从事检察业务工作的，由检察事务部移交院档案室封存。

五、表内的年、月、日一律用公历和阿拉伯数字。

六、职务犯罪预防检察官司法档案，主要记录其组织开展预防调查、行贿档案查询等履职情况；综合业务管理检察官司法档案，主要记录其组织开展办案流程监管、案件质量评查、法律适用与检察改革研究等履职情况。

	姓 名		性别		民族		照片
检察官基本情况	出生年月						
	参加工作时间			政治面貌			
	第一学历			第二学历			
	学 位						
	毕业院校						
	初任检察官时间			检察官等级			
	任检察官时间						
	工作岗位						
司法工作简历	年 月 至 年 月在						
	年 月 至 年 月在						
	年 月 至 年 月在						
	年 月 至 年 月在						
	年 月 至 年 月在						
	年 月 至 年 月在						
	年 月 至 年 月在						
	年 月 至 年 月在						

表一：检察官办案基本情况

　　填写说明：检察官办理案件的基本情况，包括办理案件的数量、质量、效率、效果、安全等，还应当包括开展立案监督、侦查活动监督、审判监督等情况。

　　检察官办案基本情况包括直接承办案件的情况，以及指派检察辅助人员办理案件的情况。

　　检察官办案组承办的案件，包含主任检察官、检察官的相关办案情况。

表二：检察官案件检查、评查情况

　　填写说明：检察官所在部门开展案件质量检查的情况，检查结束后及时将检查报告移交给综合业务管理部门，由综合业务管理部门将材料放置在此处。

　　由综合业务管理部门将本院或者上级人民检察院出庭履行职责检查、案件质量评查、司法规范化检查通报的检察官不规范的司法行为予以登记，或者将相关通报材料放置在此处；将督查督导报告反映出的检察官不规范行为予以登记，或者将督查督导报告放置在此处；对检察官司法行为情况进行测评，将测评结果登记在此处；将追究检察官司法过错责任的情况予以登记，同时附追责相关文书复印件。

表三：其他应记（装）入司法档案的材料

榕江县《轻微刑事案件快速办理实施办法（试行）》

为建立公正高效权威的司法制度，提高诉讼效率，有效预防、打击和减少犯罪，维护社会和谐稳定，深入推进司法体制改革，根据省委政法委《关于建立轻微刑事案件快速办理机制的若干规定（试行）》，结合我县实际，制定本办法。

第一条 办理轻微刑事案件应当坚持的原则

（一）以宪法、刑法、刑事诉讼法为依据。必须严格执行法律的规定，不能违背刑事实体法及程序法；

（二）快速办理，提高效率。在确保案件质量的前提下，公安机关、检察机关、审判机关、司法行政机关要加强协调配合，对纳入快速办理机制的轻微刑事案件信息互通，优化司法资源配置，规范案件流程，尽可能缩短办案期限，提高办案效率，确保轻微刑事案件快速办理机制有序高效运行；

（三）保障诉讼参与人的合法权益。应当充分尊重和保障诉讼参与人的合法权益，不得以快速办理为由妨碍诉讼参与人行使法定诉讼权利。

第二条 快速办理轻微刑事案件的适用范围

（一）案情简单，事实清楚，证据确实、充分；

（二）依法可能判处三年以下有期徒刑、拘役、管制、单处附加刑或者免于刑事处罚；

（三）犯罪嫌疑人承认实施了被指控的犯罪且对指控的犯罪事实和证据没有异议；

（四）犯罪嫌疑人对适用轻微刑事案件快速办理没有异议；

（五）无民事赔偿问题或民事赔偿问题已妥善解决。

第三条 不适用轻微刑事案件快速办理的范围

（一）复杂的共同犯罪案件；

（二）证据认定、法律适用有分歧的案件；

（三）有揭发、检举线索需要核实的案件；

（四）需要退回补充侦查或者请示的案件；

（五）有重大社会影响、敏感的案件；

（六）当事人缠访、闹访的案件；

（七）辩护人作无罪辩护或者对主要犯罪事实有异议的；

（八）犯罪嫌疑人是盲、聋、哑人或者是尚未完全丧失辨认或者控制自己行为能力的精神病人；

（九）共同犯罪案件中部分犯罪嫌疑人不认罪或者对适用快速办理有异议；

（十）危害国家安全、恐怖活动、黑社会性质犯罪、涉外刑事案件、国家工作人员职务犯罪案件；

（十一）因司法鉴定、事故责任认定、刑事和解或者犯罪嫌疑人委托辩护人、聘请翻译以及因病治疗等客观原因不具备快速办理条件；

（十二）存在其他情形不能快速办理。

第四条　符合本办法第二条适用条件，且不属于第三条规定的除外情形的下列案件，应优先适用轻微刑事案件快速办理程序：

（一）危险驾驶、交通肇事犯罪案件；

（二）盗伐林木、滥伐林木犯罪案件；

（三）情节较轻的故意伤害犯罪案件；

（四）情节较轻的抢夺、盗窃、敲诈勒索犯罪案件；

（五）情节较轻的故意毁坏财物犯罪案件；

（六）情节较轻的妨害公务犯罪案件；

（七）情节较轻的寻衅滋事犯罪案件；

（八）情节较轻的贩卖少量毒品犯罪案件；

（九）因婚姻家庭、邻里纠纷等民间纠纷矛盾引发的轻微刑事案件。

第五条　公安机关对于符合快速办理机制的轻微刑事案件，应及时提出适用快速办理机制的建议，由单位负责人审核批准后纳入快速办理程序，尽快完成侦查和证据完善工作，并及时将有关案件情况通报人民检察院、人民法院。在移送人民检察院批准逮捕或移送审查起诉时，在卷宗封首加盖"快速办理"印章（见附件二），提示人民检察院及时启动快速办理机制，确保案件办理程序衔接顺畅。检察机关案件管理部门应于当日将案件移送办案部门。

第六条　公安机关应专门印制《快速办理提讯证通知书》，人民检察院、人民法院在案件办理中持该通知书即可提讯犯罪嫌疑人、被告人。

第七条 适用快速办理机制的轻微刑事案件，审查逮捕期限一般不超过三日，侦查期限一般不超过九日，审查起诉期限一般不超过七日，一审审理期限一般不超过十二日。需要开展社区调查评估的，司法行政机关一般应在五日内完成。需要提供法律援助的，法律援助机构一般应当在五日内作出指派决定。

第八条 适用快速办理机制的轻微刑事案件，公安机关、人民检察院、人民法院在依法的前提下，应当通过简化文书制作、流转程序和审批环节等措施，提高办案效率。

第九条 检察机关侦查监督部门对于公安机关提请批准逮捕的轻微刑事案件，经审查认为符合轻微刑事案件快速办理条件的，应当制作《适用轻微刑事案件快速办理程序建议书》（见附件一），建议公安机关启动快速办理程序、及时移送审查起诉。公安机关收到建议书后，应按快速办理机制及时移送审查起诉。

第十条 公安机关移送审查起诉的轻微刑事案件未加盖"快速办理"印章，检察机关公诉部门经审查认为符合本办法快速办理条件的，应按本办法的要求启动快速办理程序。

第十一条 检察机关对适用快速办理机制的轻微刑事案件，除法律规定应由检察长或者检察委员会决定的事项，或者本办法另有规定外，由主任检察官负责审批决定。在起诉时，要随卷附适用简易程序意见函，在起诉书上加盖"快速办理"印章，提示人民法院注意。

第十二条 快速办理的案件，检察机关决定建议人民法院判处管制或者缓刑的犯罪嫌疑人，在提起公诉前应制作调查评估委托函（见附件三），委托犯罪嫌疑人居住地所在的司法所对犯罪嫌疑人居所情况、家庭和社会关系、一贯表现、犯罪行为的后果和影响、居住地村（居住）委员会和被害人意见、拟禁止的事项等开展调查报告，并监督司法行政机关五个工作日完成后，及时向委托单位及受理案件的人民法院反馈评估意见。

第十三条 人民法院在收到提起公诉的快速办理案件后，立案庭要及时进行审查，符合条件的一般应当日移交办案部门适用简易程序办理。

第十四条 适用快速办理机制的轻微刑事案件，公诉人宣读起诉书可以概要宣读，仅宣读起诉书认定事实、证据以及简要起诉意见；讯问被告人可以简化；经征求控辩双方的意见，对无异议的证据可以不再出示，仅就证据的名称及所证明的事项作出说明，对有异议的证据应当宣读、出示并质证；法庭辩论应针对有争议的问题进行。被告人最后陈述不能省略。

第十五条　适用快速办理机制的轻微刑事案件，犯罪嫌疑人、被告人困难或者其他原因没有委托辩护人的，本人及其近亲属可以向法律援助机构申请法律援助；犯罪嫌疑人、被告人无法及时提供经济状况证明的，经办理案件的公安机关、人民检察院书面注明，可以视作符合法律援助条件。需要对被告人提供法律援助的，应当及时通知法律援助机构。辩护律师提出要求听取意见或阅卷的，检察机关案件管理部门应及时联系案件办理部门并在二日内作出安排。

第十六条　在移送案件时，应当一并移送起诉意见书、起诉书、社会调查报告等法律文书及案件材料的电子文档。

第十七条　人民法院在送达起诉书副本以及庭审中，应明确向被告人说明适用轻微刑事案件快速办理程序的条件及法律后果，确认被告人是否认罪和统一适用轻微刑事案件快速办理程序；被告人有辩护律师的，在保障辩护律师行使阅卷权、会见权的前提下加快工作进度；辩护律师提出异议，或者拟作无罪辩护的，及时终止快速办理程序；庭审中应给予被告人必要的辩护、陈述时间，保障律师充分发表质证、辩护意见，确保被告人的法定诉讼权利不受任何影响。

第十八条　人民检察院对违反法律规定的诉讼程序或者严重妨害当事人的法定诉讼权利，可能影响案件公正处理的，应当及时提出监督意见。

第十九条　公安机关、人民检察院、人民法院、司法局以联席会议的形式建立轻微刑事案件快速办理通报机制和定期会商机制，定期召开会议，交流经验做法，通报存在的问题，共同剖析原因，商讨解决办法，确保工作衔接顺畅，形成适用快速办理机制的合力。未尽事宜，由榕江县人民法院、榕江县人民检察院、榕江县公安局、榕江县司法局协商解决。

第二十条　本办法（试行）自下发之日起执行。

附件：

1. 适用轻微刑事案件快速办理程序建议书；
2. "快速办理"标示；
3. 调查评估委托函。

附件一：

_____ 人民检察院（公安局）
适用轻微刑事案件快速办理程序建议书

检（公）　轻快建〔　　〕　号

_____ 一案，经本院（局）审查，符合轻微刑事案件快速办理的规定，建议你院（局）对此案适用轻微刑事案件快速程序办理。

此致
_____ 人民法院（或_____公安局、人民检察院）

＊＊＊＊年＊＊月＊＊日
（院印）

注：此文书一式两份，一份送达人民法院或公安机关，一份入卷存档；建议公安机关启动快速办理程序的，应当同时抄送公诉部门。

附件二：

快 速 办 理

侦　　查：　年　月　日至　年　月　日

审查起诉：　年　月　日至　年　月　日

说明：

1. 本标示为检察机关对实行快速办理的案件提起公诉时使用，以蓝印加盖在起诉书右上角空白处。

2. 标示中的"侦查"和"审查起诉"期限，是指快速办理期限，应如实填写；对于侦查中未快速办理，审查起诉中快速办理的，侦查期限无需填写。

3. 本标示按下列规格，由各单位自行刻制：

（1）边框4.5磅实线，长9 cm，宽3 cm；

（2）框内"快速办理"宋体，二号，左右居中，字间距10磅；"侦查：年　月　日至　年　月　日"与"审查起诉：　年　月　日至　年　月　日"，仿宋体，五号，左右居中，预留必要的填写空间；

（3）上述框内内容分三行，单倍行间距。

附件三：

＊＊＊人民检察院
调查评估委托函
_____（样本）

检 轻委调 ［ ］ 号

司法局：

本院办理的 _____一案，需对犯罪嫌疑

人_____进行调查评估，现委托贵单位对该犯罪嫌疑人居所情况、家庭和社会

关系、一贯表现、犯罪行为的后果和影响、居住地村（居）民委员会和被害人

意见、拟禁止的事项等进行社会调查评估，请在七个工作日内完成并将调查评

估报告送交我院，并送受理本案的__人民法院。

调查评估对象基本情况：姓名_____，性别：____，身份证号码：____

_____，户籍所在地：_____，实际居住地：_____，暂住地：__

_____，联系电话：_____。

（公章）

年 月 日

后 记

从接到任务起，课题组就深知责任重大。检察体制改革是我国司法体制改革的重要组成部分，改革成功与否需要探明，改革的经验得失和特色亮点都将为未来的走向提供重要借鉴。作为第三方进行评估，优势在于客观性，缺点在于对检察体制改革工作的陌生。为了克服第三方评估的劣势，课题组必须深度研究各项改革文件、进行大量的实地调研和走访。在这一过程中，非常感谢贵州省人民检察院的高度配合，尤其是杨承志副检察长多次召开座谈评估工作推进会，对本课题研究进度、人员安排、需要落实的问题等进行安排，贵州省人民检察院研究室同志对本评估工作给予具体指导，解答课题组成员的各种问题。调研阶段，课题组获得了第一批试点人民检察院的支持，各试点人民检察院对课题组的每次调研都高度重视，领导班子及各科室负责人、办案团队负责人、检察官代表接受访谈，课题组带去的问卷也及时分发给院内人员并认真作答，在此表示感谢。除了获得来自人民检察院方面的帮助，本课题也获得了本校领导的支持，从课题的立项到本书的出版，都离不开学校这个大平台作为我们的坚强后盾。我们还要感谢远在北京的陈卫东教授在百忙之中阅读本评估报告，并为本书作序。感谢本校的研究生杨家佳，作为课题组秘书，很多沟通、报账、资料整理等琐碎的工作都是她完成的，没有她的"润滑剂"作用，课题组的老师们难以全身心地投入到核心工作中去。要感谢的人还有很多，包括贵州民族大学法学院的其他老师和课题组成员的家属，难以在此一一点名。总之，每一个成果都来之不易，需要所有环节的联动配合。

对检察体制改革绩效进行评估，是我们开展的尝试性工作，可能存在诸多不足，在本书付梓之际，恳请专业人士和广大读者不吝赐教，鞭策我们以后能做得更好！也一并在此感谢！

贵州民族大学检察体制改革绩效第三方评估课题组

二〇一八年九月十日